Ulrich Tilgner

Krieg im Orient

Das Scheitern des Westens

Rowohlt · Berlin

Originalausgabe

Veröffentlicht im Rowohlt · Berlin Verlag, Oktober 2020

Copyright © 2020 by Rowohlt · Berlin Verlag GmbH, Berlin

Satz Freight Text bei Pinkuin Satz und Datentechnik, Berlin

Druck und Bindung CPI books GmbH, Leck, Germany

ISBN 978-3-7371-0097-7

Die Rowohlt Verlage haben sich zu einer nachhaltigen Buchproduktion
verpflichtet. Gemeinsam mit unseren Partnern und Lieferanten setzen
wir uns für eine klimaneutrale Buchproduktion ein, die den Erwerb von
Klimazertifikaten zur Kompensation des CO_2-Ausstoßes einschließt.
www.klimaneutralerverlag.de

Beendet die Seuche des Krieges und bekämpft
die Krankheit, die unsere Welt verwüstet.

UN-Generalsekretär António Guterres,
24. März 2020

Inhalt

Warum ich dieses Buch schreibe

In meinen bisherigen Arbeiten zum Thema Orient habe ich mich weitestgehend auf konkrete Beschreibungen und Teilanalysen der Lage in Iran, Irak oder generell im Mittleren Osten beschränkt. In diesem Buch möchte ich versuchen, den Blick über den Orient hinaus zu erweitern, um das Scheitern des Westens dort mit seinen katastrophalen Ergebnissen als grundsätzliches Problem des globalen Gesamtsystems beschreiben zu können. Nicht nur in Afghanistan und Irak wurden Failed States, gescheiterte Staaten, hinterlassen – nicht nur in der dortigen Region wurden Kriege und Bürgerkriege ausgelöst, die weltweite Auswirkungen haben.

Ich verbinde meine Erfahrungen und Erlebnisse im Mittleren Osten mit Problemen in anderen Teilen der Welt, wie zum Beispiel dem Scheitern der «Entwicklungshilfe»,[1] die heute mit dem Begriff «wirtschaftliche Zusammenarbeit» bezeichnet wird, den Defiziten der Globalisierung, den Wanderungsbewegungen von Afrika nach Europa und dem erneuten Aufkommen extremer Nationalismen. Ich verfolge dabei zwei Absichten: Zum einen möchte ich die bloß beschreibende Ebene überwinden, zum anderen das Scheitern des Westens verstehen. Dies geht meiner Meinung nach nur, wenn die Fehlentwicklungen im Orient im weltweiten Zusammenhang gesehen werden.

Weil es Überwindung kostet, die Staaten und Gesellschaften des Westens für die zunehmenden Probleme der Welt verantwortlich zu machen, habe ich mich entschlossen, dieses Buch mit autobiographischen Erfahrungen zu unterfüttern. Wie im gesamten Text wurde dabei das generische Maskulinum verwendet; es sind gegebenenfalls Männer und Frauen gemeint. Im Fortgang möchte ich diese Erfahrungen bewerten, wobei mir bewusst ist, dass es sich um persönliche Wertungen handelt. Gleichzeitig bin ich jedoch überzeugt, dass diese Urteile dabei helfen, die globale Entwicklung besser zu verstehen.

Heute bin ich über siebzig Jahre alt und stelle fest, dass ich mich in meinem Leben immer wieder mit den gleichen Problemen im Mittleren Osten auseinandersetzen musste. Immer neue, modische, nur vermeintlich nützliche Modelle sollten die Wende bringen und die Kritiker verstummen lassen. Dabei waren diese neuen Lösungsansätze oftmals nur der Versuch, das vorherige Scheitern zu verdecken. Das Scheitern erfolgte zwangsläufig, selbst wenn der neue Ansatz mit guten Vorsätzen begonnen wurde. Diese scheinbaren Verbesserungen dienten aber oft nur dazu, das Bisherige in Vergessenheit geraten zu lassen oder zumindest die Spuren des Scheiterns früherer Lösungsansätze zu verwischen.

Nun bin ich es müde, immer wieder auf Theorien und Absichtserklärungen einzugehen, die später durch die Wirklichkeit widerlegt werden, weil sie das zentrale Problem nicht benennen. Kritik am Vorgehen des Westens ist notwendig und überfällig. Sie wird oftmals nicht akzeptiert, um die eigene Verantwortung zu verdrängen oder Kritiker ins Leere laufen zu lassen. Aber standhaft zu argumentieren und in diesem Punkt nicht nachzugeben, fällt mir deswegen relativ leicht, da ich die katastrophale Entwicklung im Mittleren Osten und Nordafrika selbst vor Ort miterlebt und schon seit Jahren Beschreibungen der dortigen Fehlentwicklungen geliefert habe.

Wo stehen wir heute

Nach dem Zweiten Weltkrieg wurde versucht, mit der Entsendung von Experten oder Geldzahlungen Unterentwicklung zu beseitigen. Offiziell wurden derartige Maßnahmen «Entwicklungshilfe» genannt, später wurde dieser Begriff durch «Entwicklungszusammenarbeit», danach durch «Wirtschaftliche Zusammenarbeit» ersetzt. Die unterschiedlichsten Konzepte und Bemühungen, durch staatliche Initiativen Unterentwicklung zu bekämpfen oder wirtschaftliche Probleme zu lösen, sind im Großen und Ganzen gescheitert. Jetzt will die Privatwirtschaft die Probleme angehen, bei deren Überwindung selbst reiche Staaten versagt haben. Zunehmend sollen Stiftungen die weltweite Armut und das globale Elend reduzieren, Superverdiener wollen einen Teil ihrer Einkommen dafür einsetzen, um Ungleichheit zumindest abzuschwächen. Nur wird die Unterentwicklung in Wirklichkeit nicht abgebaut, vielmehr vergrößert sie sich. Unterschiedliche Stiftungen schaffen zwar Arbeitsplätze in den entwickelten Zentren, können aber die Unterentwicklung insgesamt nicht mindern und schon gar nicht beseitigen.[2] Sie werden auch nicht die ungleiche Entwicklung unterschiedlicher Teile des Planeten verhindern können.

Denn ein großer Teil von privatwirtschaftlich bereitgestellten Geldern wird bereits in den Industriestaaten ausgegeben. Zudem handelt es sich vielfach um Propagandaaktionen gegen Forderungen, Gewinne zu versteuern oder die Spitzensteuersätze zu erhöhen. Dabei kann nur abgeschöpfter Reichtum und dessen globale Umverteilung zunehmende Ungleichheit rückgängig machen.

Die Debatte um das Verbot von Rüstungsexporten verdeutlicht, wie Industrieländer versuchen, sich aus der Verantwortung zu stehlen. Eine Behauptung lautet, es sei falsch, ein Verbot der Ausfuhr zu fordern, da kein Zusammenhang zwischen den steigenden Waffenexporten und der Zunahme von Kriegen in den ärmsten Gebieten der Welt bestehe. Oft heißt es in diesem Zusammenhang, Kriege und Konflikte würden weltweit abnehmen. Hierbei wird die vergleichsweise friedliche Entwicklung der Industriestaaten zum Maßstab genommen. Man übersieht dabei aber, dass bewaffnete Konflikte heute meist außerhalb der Grenzen dieser Staaten geführt werden. Gegner des Verbots von Rüstungsexporten begründen ihre Haltung oft mit Argumenten, die jegliche moralische Verantwortung für das eigene Handeln leugnen. So heißt es zum Beispiel, ein Exportverbot der deutschen Regierung könne nicht unterbinden, dass die Waffen stattdessen von anderen Staaten geliefert würden. Zudem seien nicht die waffenliefernden Exportstaaten, sondern die beteiligten Parteien für den Ausbruch von Kämpfen und bewaffneten Konflikten verantwortlich zu machen.

Der jahrzehntelange Aufenthalt in einer anderen Kultur und das Kennenlernen anderer Lebensweisen hat mich in der Ansicht bestärkt, dass Interessen in der Regel auf unterschiedlichen Einstellungen und Bewertungen gründen. Oft trägt auch räumliche Distanz zu einer abweichenden Bewertung bei. So verlieren Tote, die nicht zum eigenen Kulturkreis zählen, an Bedeutung. Je weiter weg ein Todesfall sich ereignet, desto weniger berührt er uns. Ereignisse, von denen man sich nicht direkt bedroht fühlt, werden nicht als relevant angesehen.

Diese einfache Einsicht habe ich erst nach einigen Umwegen entwickeln können. Zuerst musste ich mir eingestehen, dass die Wirklichkeit ganz anders war, als ich es erwartet hatte. Einen ersten richtigen Kulturschock erlebte ich 1983 in Jordanien, als mir bewusst wurde, dass ich meine Freizeit nahezu täglich mit Männern verbrachte, deren Ehefrauen ich niemals kennenlernen würde. Aber diese Beobachtung darf nicht dazu führen, die in der eigenen Heimat fehlende Gleichberechtigung der Geschlechter zu beschönigen, nur weil es anderswo darum noch schlechter bestellt ist. Vielmehr ist es wichtig, eine Sensibilität dafür zu entwickeln, dass Überlegenheit in einzelnen Bereichen mit Unterlegenheit in anderen gepaart ist.

Während meiner Arbeit als Journalist ist mir zunehmend klar geworden, dass immer unterschiedliche Sichtweisen auf dieselben Vorgänge bestehen. Dies mag ein Allgemeinplatz sein, aber er entwickelt Sprengkraft, wenn es um die Wertung von Vorgängen oder Entwicklungen geht, die sich weit weg vom eigenen Lebensbereich abspielen. Voreingenommene Überzeugungen beruhen auf den eigenen Einschätzungen, wie sie zu Hause üblich sind, und widersprechen oft den tatsächlichen Verhältnissen. Das «Andere» ist anders, als man normalerweise denkt.[3]

Die Ursachen dieser subjektiven Sichtweise gehen weit über den Umstand hinaus, dass Beobachter an voneinander entfernten Orten eine unterschiedliche Wahrnehmung von derselben Situation haben. Das Beispiel des Todes wird höchst brisant, wenn es um den eigenen geht. Im Orient und in weiten Teilen der islamischen Welt wird der Tod meist als eine das Leben begrenzende Normalität angesehen. Da niemand weiß, wann das eigene Ende kommt, wird das Überirdische bemüht. Die Lebensdauer, so meint man, sei vorherbestimmt, weil Gott es so wolle. Dessen Allmacht sei entscheidend.

Hinter dieser Haltung Gleichgültigkeit zu vermuten oder auch nur die mangelnde Bereitschaft zur Gestaltung des eigenen Lebens zu sehen, führt in die Irre. Auch gläubige Moslems sehen die Begrenztheit und Zerbrechlichkeit des Lebens. Völlig absurd wird es, wenn im Krieg die Tötung von Zivilisten billigend in Kauf genommen wird, weil es sich um Moslems handelt.[4] Natürlich hängen auch sie an ihrem Leben, und viele von ihnen versuchen, es zu verlängern. Aber sie verdrängen den Tod nicht und sind sich bewusst, dass er auch überraschend kommen kann und jeder Mensch gerade deshalb auf ihn vorbereitet sein sollte.

Die Rückkehr in meinen ursprünglichen Kulturkreis hat mir 2013 die Augen weiter geöffnet. Waren für mich «Andere» normale «Gläubige», so waren sie für Landsleute abzulehnende «Flüchtlinge», die «uns» langfristig zu «dominieren» und zu «überlagern» drohen. Es ist kein Zufall, dass die Ausländerfeindlichkeit dort besonders groß ist, wo es keine oder kaum Fremde gibt.

Die seit 2015 verstärkt geführte Debatte über Flüchtlinge verfolge ich mit Schrecken. Obwohl Politiker Migrationsbewegungen unterbrechen und gegen Schutzsuchende tödliche Barrieren errichten lassen, werden sie von fremdenfeindlichen Bürgern beschimpft und kritisiert, nichts gegen den Zuzug von Fremden zu unternehmen. Menschen wird außerhalb Europas, fern von den eigenen Wählern, die Freizügigkeit verweigert. Flüchtlinge werden dort gestoppt und müssen beim Versuch, sich in Sicherheit zu bringen, aufs Schlimmste leiden, werden nicht selten misshandelt und sterben.[5]

Mit Schiffbrüchigen im Mittelmeer existiert immerhin eine begrenzte Solidarität, und auf dort Ertrunkene wird mit Betroffenheit reagiert. Dagegen werden Menschen, die beim Versuch, die Wüste Sahara zu durchqueren, verdursten, in der Regel nicht einmal mehr registriert. Die Abschottung Europas und die schwache Solidarität mit Flüchtlingen und Menschen, die ihre Heimat verlassen und sich eine neue Existenzgrundlage schaffen wollen, schockieren mich immer wieder.

US-Präsident Donald Trump hat diese Politik auf die Spitze getrieben. Gleichzeitig glaubt er, durch Verhandlungen mit Nordkorea und die Verteufelung Irans neue außenpolitische Akzente setzen zu können. Durch eine aggressive Haltung Moslems gegenüber und die Blockade des Zuzugs von Fremden will er die Privilegien von Alteingesessenen stärken und Letztere vor Konkurrenz durch Zuwanderer schützen. Eine neue Zollpolitik mit der Androhung oder der Einführung von Strafzöllen soll die Unternehmen der USA stärken. Vor allem die ärmsten Staaten der Welt werden einen zusätzlichen Preis für diese auf falsch verstandenem Nationalismus gründende Politik bezahlen.

Bei Trump handelt es sich nicht um einen Hochstapler, der durch geschicktes Taktieren zum mächtigsten Politiker der Welt geworden ist. Trump ist vielmehr der Ausdruck einer Politik, die auf der Durchsetzung von nationalen Eigeninteressen basiert und weltweit wachsenden Zuspruch findet. In Deutschland wird diese Tendenz im weiteren Erstarken der AfD sichtbar, deren Gründung (2013) und Aufstieg vor dem Amtsantritt Trumps begann. Für mich handelt es sich um die Spitzen eines Eisbergs, denn eine Politik, die den Zweck verfolgt, «weiße» Vorherrschaft zu verteidigen, ist auch in anderen Parteien verbreitet.[6]

Diese Politik, die letztlich eine angebliche Überlegenheit der «weißen Rasse» behauptet, verschweigt, dass Europäer die Welt kolonialisiert und ausgebeutet haben. Menschen, die Flüchtlinge abweisen, leugnen den Zusammenhang zwischen dem eigenen Wohlstand und dem Elend in anderen Teilen der Welt. Sie sind entschlossen, diesen Wohlstand mit allen Mitteln zu verteidigen, und wollen sich an der Unterwerfung und Ausbeutung von Menschen in anderen Erdteilen bereichern.[7] Wohlstand allein auf das Ergebnis eigener harter Arbeit zurückzuführen, verhindert nicht nur das Erkennen der wirklichen Zusammenhänge, sondern verdeckt auch den Grund, warum der Reichtum zwischen unterschiedlichen Gesellschaften unterschiedlich verteilt ist.

Die europäische und damit westliche Politik im Orient ist seit Jahrhunderten von Gewalt geprägt. Im Zeitalter des Kolonialismus wurde der Orient vor allem britischen und französischen Interessen unterworfen. Bereits den Kreuzzügen des Mittelalters lagen nicht nur religiöse Absichten zugrunde. Sie galten auch dem Zweck, Märkte zu erschließen und Handelswege zu kontrollieren. Zwischen 1500 und 1800 (Zeitalter des Merkantilismus und Beginn der Neuzeit) wurden die finanziellen und wirtschaftlichen Interessen dann immer weniger verschleiert.

Selbstherrliche Herrscher nutzten den zusammengeraubten Reichtum und die enormen Handelsgewinne, um ihren Prunk zu erhalten und ihre Macht zu sichern. Gleichzeitig bildeten das Geraubte oder der Handelsgewinn seit zweihundert Jahren eine Basis für die wirtschaftliche Entwicklung und den Aufschwung der europäischen Staaten. Die Kenntnis der vorindustriellen Zusammenhänge ist notwendig, um die Verteilung des heutigen weltweiten Reichtums zu verstehen.

Eine besondere Rolle bei der Ausplünderung anderer Erdteile nimmt der Sklavenhandel ein, an dem umfassend verdient wurde. Er basiert auf der Theorie, einige Menschen seien niedriger gestellt als andere. Insofern bildet der in den vergangenen Jahren aufgekommene Nationalismus in den Industriestaaten, der mit der Einschränkung oder der Beseitigung der Menschenrechte einhergeht, nichts Neues. Alte Sichtweisen und Wertesysteme werden wiederbelebt und zur Verteidigung aktueller Machtpositionen genutzt.

Die Entrechtung von Menschen durchzieht die Geschichte vermeintlich entwickelter Gesellschaften seit dem Altertum wie ein roter Faden. Wer die Demokratie der griechischen Stadtstaa-

ten eine Errungenschaft nennt, ohne auf die damalige Sklaven-
kultur einzugehen, vernebelt geschichtliche Zusammenhänge
und schwächt die gesellschaftlichen Kräfte, die notwendig sind,
Faschismus oder einen rassistischen Nationalismus abzuwehren. Ich habe mich als Journalist mit der aktuellen Politik der
westlichen Staaten beschäftigt und auch Menschenrechtsverletzungen durch Soldaten dargestellt. Doch erst nach meinem
Berufsleben wurde mir bewusst, dass Menschenrechtsverletzungen in der Regel einem bestimmten Schema folgen. Viele
nehmen sie wegen eines neuen Wertesystems hin, weil sie ihr
altes aus Eigeninteresse geändert haben. Menschenleben und
Menschenwürde werden unterschiedlich gewertet.

Das Scheitern westlicher Politik im Mittleren Osten steht
im Mittelpunkt des Buches. Heute führe ich dieses Scheitern
nicht mehr nur auf einzelne Fehler von Militärs und Politikern
zurück, sondern begreife es als Ausdruck einer grundsätzlich
falschen Politik. Es markiert einen Wendepunkt der gesamten
globalen Politik. Zurückblickend wird nämlich deutlich, dass
den westlichen Industriestaaten inzwischen die Kraft fehlt, ihre
Ziele im Orient mit Gewalt durchzusetzen. Der Kolonialismus
wurde zwar durch eine neue Vorherrschaft der westlichen Industriestaaten abgelöst, doch auch diese neigt sich derzeit ihrem
Ende zu.

Neokolonialismus scheint mir einer der passendsten Begriffe
für diesen geschichtlichen Abschnitt vom Ende der Kolonial-
herrschaft bis heute zu sein. Das militärische Scheitern beim
Versuch, die eigene Vormachtstellung mit Waffeneinsatz zu verteidigen, betrifft zwar vor allem die Vereinigten Staaten, doch
die Mehrheit der EU-Staaten hat sich an dieser Politik beteiligt
und folgt bis heute dem militärischen Vorgehen der USA.[8]

Diese haben bislang weltweit die Interessen der westlichen

Industriestaaten vertreten und mit ihren militärischen und politischen Kräften auch durchsetzen können. Die Bundesrepublik Deutschland beginnt erst, aus dem Schatten der USA zu treten, seit klar ist, dass deren Stärke nicht mehr ausreicht. Vielfach wird eine weitere europäische Einigung als Schritt gesehen, diese Interessen ohne die Vereinigten Staaten durchsetzen zu können. Solange ein Eintreten für die Einigung Europas nicht mit Forderungen nach Verzicht auf militärische Stärke einhergeht, handelt es sich um klassische Machtpolitik. Die großen Medien in Deutschland haben ihre Kritik an den USA seit dem Amtsantritt Trumps verstärkt. Damit tragen sie dazu bei, eine Stimmung anzuheizen, bei der ein starkes deutsches Auftreten, auch als Militärmacht, immer wichtiger wird.

Statt Hintergründe und Ursachen für die laufenden Veränderungen darzustellen, verspotten Medien Trump oder zeigen die Sprunghaftigkeit seiner Politik. Das ist leicht verdauliche Kost. Auch wenn es damit gelingt, Auflagen und Quoten zu steigern, geben die Medien mit derartigen Berichten dem aufkommenden Nationalismus zumindest Raum, statt die ihr zugrunde liegende, verhängnisvolle Wendung aufzudecken.[9] Bis zur Ermordung George Floyds wurde Trumps Politik nur in Ausnahmefällen als eine im Kern rassistische und nationalistische beschrieben. Stattdessen spüren die Medien nur offensichtliche Widersprüche und extreme Unstimmigkeiten auf.[10]

Derartig oberflächliche Darstellungen habe ich vor Jahren im Orient erlebt. Kolleginnen und Kollegen haben den Einsatz der US-Streitkräfte in den Medien oft kritisiert, aber über gleiches oder ähnliches Auftreten deutscher Einheiten wiederholt nicht berichtet oder deutsche Soldaten gar als reine «Helfer in Uniform» dargestellt. Der immer größeren Rolle des Militärischen steht die zunehmende Oberflächlichkeit der Medien gegenüber,

Wo stehen wir heute

die dazu führt, dass bedeutende Konflikte nicht mehr richtig verstanden werden können.

Besonders deutlich werden diese Veränderungen bei der Auseinandersetzung mit dem Terrorismus. Statt die eigene Mitverantwortung bei dessen Entstehung zu erkennen, wird im militärischen Einsatz, im sogenannten «Krieg gegen den Terror», eine Art Allheilmittel gesehen. Die Logik einer derartigen Politik führt zu einer weltweiten Ausbreitung des Terrorismus und damit geradezu zwangsläufig zu weltweiten Militäreinsätzen. Deren steigende Zahl im Ausland erfolgt nicht allein aus der Zunahme dortiger Konflikte. Vielmehr muss sie als Ausdruck der Bereitschaft seitens der Regierenden gesehen werden, am Krieg gegen den Terrorismus teilzunehmen und Konflikte im Ausland mit militärischen Mitteln zu lösen.

Auch in diesem Bereich entspricht die Politik von Trump einem internationalen Trend. Es ist nur konsequent, wenn er den Mitarbeiterstab im Außenministerium der USA und die Zahl der Mitarbeiter im diplomatischen Dienst ausdünnt, während gleichzeitig die Militärausgaben steigen. Diese Militarisierung der Politik gefährdet den Frieden, obwohl der US-Präsident immer wieder betont, keine neuen Kriege führen zu wollen. Seine Aussagen deuten darauf hin, dass die USA im «Krieg gegen den Terror» überfordert sind. Gleichzeitig zeigen der Ausbau und der Einsatz des Militärs aber auch, dass Trump in der Tradition steht, die politischen Ziele der USA mit militärischer Gewalt durchzusetzen.

Trumps Drohungen gegen Iran sind Ausdruck dieser gefährlichen Position. Doch gerade im Verhalten des Präsidenten gegenüber Iran zeigt sich die Beständigkeit der US-Politik seit Jahrzehnten. Drohungen und Sanktionen sind nicht neu. Sie begannen nach dem Sturz der prowestlichen Schah-Monarchie.

Auslöser war die Besetzung der US-Botschaft im November 1980. Doch war diese Politik von Beginn an ein zugleich stumpfes und zweischneidiges Schwert in den Händen der größten Weltmacht. Erst unter Trump errichteten die USA ein Sanktionsregime, das Iran zu lähmen droht. Zuvor hatten Sanktionen eher dazu beigetragen, dass sich die iranische Wirtschaft entwickeln konnte. Seit 1980 stufenweise verschärfte Maßnahmen haben das Land vom Weltmarkt getrennt und dadurch eine gewisse Eigenständigkeit erzwungen. Im Bereich der Politik haben sie das Gegenteil von dem bewirkt, was erreicht werden sollte. Statt die Führung zu einer Änderung ihrer politischen Linie zu bringen, wurden die Politiker in Teheran nur in ihrer Unnachgiebigkeit bestärkt. Damit ist den Vereinigten Staaten sogar ein militärischer Gegner erwachsen. Iran hat auf militärischen Druck aus Washington mit einer dauernden Verfeinerung seiner Mittel reagiert und will der militärischen Supermacht USA asymmetrisch, also durch die Entwicklung ungleicher Kampfformen begegnen. Ähnlich wie sein amerikanischer Gegenspieler nimmt Iran dabei keine Rücksicht auf die Unabhängigkeit und die Unantastbarkeit von Staaten im Orient.

Langfristig werden die USA diese Politik der Machtdemonstrationen und der politischen Einschüchterungen nicht durchhalten können. Ob das Ende ihrer Vormachtstellung aus einem Zermürbungskrieg gegen Iran, einer Aufkündigung der politischen Gefolgschaft durch die Industriestaaten Europas oder einfach aus fehlender wirtschaftlicher und militärischer Macht erfolgt, lässt sich derzeit nicht vorhersagen. Mit dem Abbau der militärischen Brückenköpfe der USA im Orient hat Präsident Barack Obama einen Rückzug eingeleitet. Trumps Verstärkung der US-Streitkräfte im Orient ist eine vorübergehende Maßnahme und ein Rückfall in alte Verhaltensmuster, selbst wenn es zu einem Krieg gegen Iran kommen sollte.

Derartige Veränderungen werden durch die neuen Entwicklungen auf dem Weltölmarkt und die damit veränderten Interessen der Vereinigten Staaten beschleunigt. Der Wandel im Auftreten in der Golfregion ging mit dem Verlust der weltweiten Vormachtstellung der USA einher. Die Volksrepublik China dürfte versuchen, diese frei gewordene Stellung zu übernehmen. Eine neue Weltordnung kann aber auch zur Bildung regionaler Zentren führen, die ihre Widersprüche durch Verhandlungen und eben nicht, wie in der Geschichte bisher üblich, durch Kriege lösen. Persönlich halte ich eine derartige Entwicklung für unwahrscheinlich. Zum einen werden die USA ihre Positionen sicher nicht kampflos räumen. Zum anderen werden die jetzt aufstrebenden Mächte nicht bereit sein, ihren Reichtum für einen Ausgleich weltweiter Gegensätze aufzugeben.

Das Scheitern der westlichen Politik im Orient

Mit den Anschlägen auf die beiden Türme des World Trade Center in New York am 9. September 2001 begann ein neues Kapitel internationaler Politik. Es ist geprägt vom Kampf gegen den Terrorismus, der von den Industriestaaten des Westens als Krieg geführt wird. US-Präsident George W. Bush startete ihn, als er seinen Streitkräften den Befehl gab, Afghanistan deshalb anzugreifen, weil die Taliban-Regierung sich weigerte, Osama Bin Laden, den Führer von Al-Kaida, auszuliefern.

Die Aussichten auf einen schnellen militärischen Erfolg gegen die im Land unpopulären Taliban machten es für Präsident Bush einfach, den Krieg zu beginnen. Dabei sind in den letzten zweihundert Jahren sowohl die britischen Truppeneinmärsche als auch die sowjetische Besetzung in Afghanistan gescheitert. Möglicherweise hat der US-Präsident den Angriffsbefehl aber auch überhastet gegeben, weil der Nachrichtensender CNN bereits Stunden nach den Anschlägen auf das World Trade Center seine Dauerberichterstattung unter das Motto «America at War» gestellt hatte. Die USA standen unter Druck, militärisch zu reagieren, und entschlossen sich zum Afghanistankrieg, auch wenn sich unter den Attentätern des 11. September kein Afghane befand. Sie machten die Regierung in Kabul mitverantwortlich, weil sie Al-Kaida Gastrecht im Land gewährt hatte.[11]

Zwei Jahre später, am 20. März 2003, folgte der Krieg gegen den von Saddam Hussein und der Baath-Partei beherrschten Irak. Die US-Regierung setzte auf einen schnellen militärischen Erfolg, der mit dem leichten militärischen Sieg in Afghanistan vergleichbar sein sollte. Doch anders als beim Vorstoß gegen die Taliban blieben die USA weltweit politisch isoliert. Sie konnten die Mitglieder des Weltsicherheitsrats nur durch ein Lügengebäude davon abhalten, eine Resolution gegen den Krieg zu verabschieden.[12] Sechs Wochen nach dem Angriff auf Irak, am 1. Mai, nannte Präsident Bush an Bord des Flugzeugträgers «USS Abraham Lincoln» den Sturz Saddam Husseins einen Sieg im Krieg gegen den Terror, der weitergeführt werden müsse, und erklärte den Irakkrieg zur «mission accomplished» und damit für beendet.[13] Tatsächlich zeichnete sich aber schon wenige Tage nach der Besetzung Bagdads ab, dass die US-Streitkräfte in Irak in einen Zermürbungskrieg verwickelt werden würden.

Welche Konsequenzen diese Fehleinschätzung hatte, lässt sich fast zwanzig Jahre später aus der Rückschau wesentlich einfacher beurteilen als zu Kriegsbeginn. Allein die Kriegskosten übersteigen selbst die Möglichkeiten der USA. In einer Studie des Watson-Instituts der Brown-Universität über Opfer und Kosten der Kriege ermittelte die Politikwissenschaftlerin Neta C. Crawford einen Betrag von 4933 Milliarden US-Dollar.[14]

Fünf Billionen US-Dollar allein für die Kriege in Afghanistan, Irak und Pakistan überfordern selbst die größte Wirtschafts- und Militärmacht der Welt. Donald Trump hat diese Zahl bei den von ihm genannten Ausgaben für die Kriege im Orient (sieben Billionen) um 40 Prozent überboten. Diese hohen Kosten bilden einen wichtigen Grund, Trump davon abzuhalten, einen weiteren Krieg zu beginnen. Zusätzlich zu den von Crawford errechneten fünf Billionen US-Dollar werden die amerikanischen Steuerzahler in den kommenden Jahren weitere Hunderte von Milliarden für die Versorgung von schwerverletzten Veteranen und für Renten an die Hinterbliebenen der getöteten Soldaten zahlen müssen.

Die wirtschaftliche und soziale Lage in Irak und Afghanistan ist weiterhin katastrophal. Trotz des Sturzes der alten Regierungen und gewaltiger Ausgaben im zivilen Bereich blieben die angekündigten Verbesserungen der Lebensverhältnisse weitgehend aus. Die Zustände sind bis heute verheerend. Bestechungen und Veruntreuung haben ein neues Ausmaß angenommen. Die beiden Staaten stehen in der Weltbestechungsrangliste von Transparency International auf den Plätzen 162 und 173. Bei insgesamt 180 aufgeführten Ländern werden sie in dem Teil der Welt nur noch von den Bürgerkriegsstaaten Jemen und Syrien (177 und 178) unterboten.[15]

In Afghanistan, Pakistan und Irak hat die Kriegsführung des Westens der einheimischen Bevölkerung Tod und Zerstörung gebracht. In den Aufstellungen über die Kriegsopfer finden sich in den verschiedenen Studien zwar unterschiedliche Zahlen, doch in allen übertrifft die Zahl der toten Zivilisten in diesen Ländern die der Toten in den Reihen der Angreifenden deutlich.[16]

Todesopfer in den Hauptkriegszonen Afghanistans, Pakistans (jeweils Oktober 2001 – Oktober 2018) und Iraks (März 2003 – Oktober 2018)

	Afghanistan	Pakistan	Irak	Insgesamt
US-Militär	2401		4550	6951
Zivile Todes-opfer laut US-Verteidigungs-ministerium	6		15	21
US-Sicher-heitsfirmen	3937	90	3793	7820
Nationales Militär und Polizei	58596	8832	41726	109154

	Afghanistan	Pakistan	Irak	Insgesamt
Andere alliierte Soldaten	1141		323	1464
Zivilisten	38480	23372	182272– 204575	244124– 266427
Oppositions-kämpfer	42100	32490	34806– 39881	109396– 114471
Journalisten/ Medienbericht-erstatter	54	63	245	362
Humanitäre Helfer/NGO-Mitarbeiter	409	95	62	566
Todesopfer ins-gesamt	147124	64942	267792– 295170	479858– 507236
Todesopfer	147000	65000	268000– 295000	480000– 507000
(gerundet auf ~1000)				

Tabelle nach Crawford, Human Cost of the Post-9/11 Wars

Die hohe Zahl der zivilen Opfer zeugt von der Rücksichtslosigkeit der westlichen Mächte. Sie bildet einen wichtigen Grund für die Entwicklung des erfolgreichen Widerstandes gegen die Fremden. Unter den Angehörigen der ausländischen Streitkräfte, die inzwischen zum größeren Teil abgezogen wurden, gibt es immer weniger Tote. Auch die Zahl der Selbstmordanschläge ist zurückgegangen. Aber die vom Westen aufgebauten und ausgebildeten Streitkräfte setzen die Tradition des Kampfes gegen Aufständische mit der Rücksichtslosigkeit der Ausländer fort. Die hohe Zahl ziviler Opfer blieb deshalb unverändert.

Bushs Nachfolger Barack Obama hat im Krieg gegen den Terror eine Wende eingeleitet, die Trump im Kern weiterverfolgt. In einer Rede in der Militärakademie West Point sagte Obama

Das Scheitern der westlichen Politik im Orient

am 28. Mai 2014: «Auf absehbare Zeit wird die direkteste Bedrohung für Amerika sowohl im Inneren und Äußeren der Terrorismus bleiben. Aber eine Strategie, die beinhaltet, jedes Land zu erobern, in dem terroristische Netzwerke existieren, ist naiv und nicht durchzuhalten. Ich glaube, wir müssen unsere Antiterrorstrategie ändern. Dabei müssen wir aus den Erfolgen und Misserfolgen in Irak und Afghanistan lernen. Wir müssen effektiver mit Ländern zusammenarbeiten, in denen Terroristen Fuß fassen wollen.»[17]

Diese neue Militärtaktik hat bis heute weitreichende Konsequenzen. Die US-Streitkräfte suchen Partner für die einzelnen Schlachtfelder, auf denen der Krieg gegen den Terror geführt wird. Dadurch werden alle möglichen Bündnisse für Militäreinsätze vorstellbar.[18] Diese geänderte Haltung brachte der US-Generalität einen Machtzuwachs, von dem sie bis heute zehrt. Die amerikanischen Streitkräfte führen ihre Kriege seither gleichermaßen offen und verdeckt. Mit einem Haushalt von 716 Milliarden Dollar verfügte das Verteidigungsministerium 2019 über genügend Mittel, Kriegsteilnahmen zu finanzieren, obwohl der US-Kongress keine Angriffe beschlossen hatte. Dies gilt zum Beispiel für die Beteiligung der USA am Jemenkrieg. Für 2020 sind im Verteidigungshaushalt Ausgaben von 738 Milliarden US-Dollar, also eine Erhöhung um weitere 3 Prozent, geplant. Der zwischen Demokraten und Republikanern im Kongress erzielte Kompromiss stellt erneut einen Erfolg für die Republikanische Partei dar. Die Militärausgaben der USA sind etwa dreimal so hoch wie die der Volksrepublik China, und sie betragen das Zehnfache der russischen. Mit dem Geld werden unter anderem achthundert Militärstützpunkte im Ausland unterhalten. Mit dem zusätzlichen Geld kann Präsident Trump den Handlungsspielraum für die US-Streitkräfte erneut erweitern und den Militärs noch größere Verantwortung übertragen. Generäle können heute sogar Entscheidungen treffen, die früher nur von Politikern gefällt wurden.[19]

Damit dürften sich die Schwierigkeiten der USA und in deren Folge auch die ihrer Partner vergrößern, denn die Tendenz der vergangenen Jahre, politische Probleme militärisch zu lösen, wird bis auf Weiteres fortgesetzt werden. Dies erklärt auch, warum die Bemühungen, den Krieg im Jemen und den Bürgerkrieg in Libyen und in Syrien diplomatisch zu beenden, hinter der Bereitschaft verblassen, militärische Gewalt einzusetzen. Ein derartiges Vorgehen hat bisher zu einer Stärkung und weltweiten Ausbreitung des Terrorismus beigetragen, wird es auch weiter tun und bildet einen wichtigen Grund für das Scheitern des Westens im Orient.

Präsident Trump hielt zu Beginn seiner Amtszeit eine große Rede in der arabischen Welt. Anders als Amtsvorgänger Obama, der für seinen Auftritt die Universität Kairo ausgewählt hatte, sprach er am 21. Mai in Riad, der Hauptstadt Saudi-Arabiens, das zu dem Zeitpunkt bereits im Jemen Krieg führte. Statt zu Studenten zu sprechen, verkündete Trump den Herrschern islamischer Staaten, am Vortag sei vereinbart worden, dass Saudi-Arabien für hundertzehn Milliarden Dollar Rüstungsgüter in den USA kaufe. Saudi-Arabien werde im eigenen Land und in den USA vierhundert Milliarden Dollar investieren und damit in beiden Ländern «viele Hunderttausende von Arbeitsplätzen» schaffen.[20]

Auch in diesem Fall kam es in verschiedenen arabischen Staaten nach der Rede eines US-Präsidenten zu Demonstrationen. Diese Bewegungen, sogar die Hunderte von Toten bei den Protesten, wurden von den deutschsprachigen Medien meist übergangen. Oft waren die Berichte, wenn es denn doch welche gab, nicht korrekt. Es wurde nicht wirklich gewürdigt, dass im

Das Scheitern der westlichen Politik im Orient

Laufe dieses neuen Arabischen Frühlings in verschiedenen Ländern mehrere arabische Regierungen gestürzt wurden. Anders als die Proteste in den Jahren 2010 und 2011 wird diese neue Welle an Aufständen nicht mehr zu großen Teilen von einzelnen politischen Fraktionen getragen, die auf einen Machtwechsel hinarbeiten. Die Aktivisten fordern keinen Austausch der Eliten, sondern einen Systemwechsel.

Afghanistan: Am Hindukusch wird keine Demokratie verteidigt

Die islamische Aufstandsbewegung der Taliban hat, seitdem die von ihr gestellte Regierung im Krieg gegen die USA im Herbst 2001 gestürzt wurde, stetig an Durchschlagskraft gewonnen. Um diese Entwicklung verstehen zu können, sollte man einige Besonderheiten der Gesellschaft, der Wirtschaft und der Geschichte Afghanistans kennen. Auch wenn die afghanischen Städte in einer atemraubenden Geschwindigkeit wachsen, ist die politische Entwicklung des Landes von der Haltung der Menschen in den ländlichen Regionen geprägt. Anders als in den meisten Ländern des Orients wird sich daran in den kommenden Jahren wenig ändern. Die Mehrheit der im Jahr 2020 etwa 39 Millionen Afghanen wohnt in etwa 30000 Dörfern. Meist haben diese Dörfer keine Strom- und Wasserversorgung. Die Bewohner können Krankenstationen oder Krankenhäuser oft nur mit äußerster Mühe, im Winter manchmal gar nicht erreichen. In der Hauptstadt Kabul leben heute etwa vier Millionen Menschen.[21] 1950 waren es nur etwa 150000 Einwohner. Bis zum Jahr 2050 dürfte die Hauptstadt auf etwa 15 Millionen Einwohner anwachsen. Damit würde sich die Zahl der Bewohner in hundert Jahren um etwa das Hundertfache vergrößert haben. Neben Kabul wird es mindestens vier weitere Städte mit mehreren Millionen Einwohnern geben (Herat, Masar-e Sharif, Kandahar und Jalalabad). Seit 2015 ist nach der Beobachtung meines ehemaligen Producers Eamal Parsalai eine zunehmende Landflucht zu beobachten. Die Grundstückspreise am Stadtrand oder in Stadtnähe seien um ein Vielfaches gestiegen.

Dieser Trend einer Verstädterung Afghanistans dürfte anhalten. Wegen des vierzig Jahre andauernden Krieges hat sie hier später als in den anderen Ländern der Region begonnen. Auch wenn 2050 die Landbevölkerung nicht mehr die Mehrheit der nach einer Schätzung der Vereinten Nationen dann 65 Millionen Menschen ausmachen und der Gegensatz von Stadt und Land also zurückgehen wird, ist die aktuelle Politik von diesem Gegensatz geprägt.[22] Bedeutsam ist auch, dass neunzehn Jahre nach dem Sturz der Taliban etwa die Hälfte der Afghanen weder lesen noch schreiben kann. In abgelegenen Regionen ist die Rate der Analphabeten deutlich höher als in den Städten.

In der Provinz hat die Zugehörigkeit zu einer Volksgruppe oder zu einem Stamm eine wesentlich größere Bedeutung als in den Zentren, und die Abwehr des Fremden wird als Verteidigung der eigenen Werte, also der des Stammes oder der Volksgruppe, empfunden. Diese Haltung ist insbesondere bei den Paschtunen, der bedeutendsten Volksgruppe in Afghanistan, die sich aus verschiedenen Stämmen zusammensetzt, verbreitet. Für sie besitzt das Paschtunwali – das Regelwerk für das Recht und die Ehre der Paschtunen – einen großen Stellenwert, in ländlichen Regionen sogar einen größeren als die staatlichen Gesetze, die von Politikern in der Hauptstadt entworfen und erlassen wurden. Im Paschtunwali spielt das Gast- und Asylrecht eine besondere Rolle. Danach dürfen zum Beispiel Gäste nicht abgeschoben oder ausgeliefert werden.[23] Besonders für die Paschtunen ist das Gastrecht unantastbar. Gleichzeitig sehen sie es auch als Pflicht, gegen Fremde zu kämpfen, um äußere Einmischung abzuwehren.

In den abgelegenen Dörfern sind die Menschen bis heute bereit, das eigene Leben für die Verteidigung dieser Werte zu opfern. Die Taliban nutzen diese Bereitschaft, um den Einfluss der vom Ausland aufgebauten Regierungstruppen zurückzudrängen. Die Bewohner der ländlichen Regionen haben nicht nur die Mehrheit der Mudjahedin im Kampf gegen die Sowjetarmee gestellt, sie waren auch als Erste bereit, den ab 2003 aus Pakistan zurückkehrenden Kämpfern der Taliban Unterschlupf zu bieten oder sich sogar der Organisation anzuschließen. In den von Paschtunen besiedelten Gegenden gelang es den Taliban auch, alte Organisationsstrukturen wieder zu beleben. Diese waren 2001 nach der schnellen Niederlage im Krieg gegen die US-Streitkräfte und die mit den Staaten des Westens verbündeten Gruppen der Taliban-Gegner zusammengebrochen.

Die Frage, ob die Regierung oder die Taliban den größeren Teil des Landes kontrollieren, wird von verschiedenen Beobachtern unterschiedlich beantwortet. Entscheidend ist, dass in Afghanistan ein Bürgerkrieg herrscht, dessen Frontverlauf zwischen Stadt und Land verläuft. Auch der Kampf gegen die kommunistischen Regierungen, die nach Putschen 1978 und 1979 an die Macht gekommen waren, begann in den ländlichen Regionen. Damals lebten über 84 Prozent auf dem Land. Ähnlich war es im Kampf gegen die sowjetischen Besatzungstruppen, die im Dezember 1979 einmarschiert waren.[24] Da in Afghanistan seither ohne Unterbrechung Krieg geführt wird,[25] hat die Landflucht so spät eingesetzt. Deshalb wird sich in den kommenden Jahren nur wenig an der militärischen Situation ändern. Die Taliban werden die ländlichen Regionen mit den Distrikten beherrschen, und die Regierung wird vor allem die Ballungsgebiete kontrollieren, selbst wenn es ihr gelingen sollte, einige Distrikte zurückzuerobern. Dieser Stadt-Land-Gegensatz wird andauern, und deshalb ist ein schnelles Ende der Kämpfe nur möglich, wenn sich die Taliban und die Regierung in Kabul bei Verhandlungen auf ein Ende dieser Kämpfe einigen. Ein militärischer Sieg einer der beiden Seiten ist ausgeschlossen.

Das Scheitern der westlichen Politik im Orient

Der Krieg von 2001 und der gescheiterte Neuanfang

Bereits am 19. September 2001, also nur acht Tage nach den Terroranschlägen von New York, forderte der UN-Sicherheitsrat die Taliban-Regierung auf, Bin Laden «sofort und bedingungslos auszuliefern». Die USA hatten anfangs nur eine Ausweisung Bin Ladens gefordert, nicht eine Auslieferung. Warum George W. Bush sich für einen Krieg gegen Afghanistan entschloss, ist bis heute unklar. Die US-Streitkräfte begannen am 7. Oktober mit den Kampfhandlungen, weil die afghanische Regierung sich weigerte, den Führer von Al-Kaida auszuliefern. In den ersten Tagen unterstützten die US-Streitkräfte die Kampfverbände der Nordallianz vor allem mit Luftangriffen. Die Nordallianz war ein Bündnis von Taliban-Gegnern, die das Pandschschir-Tal und Teile der Provinz Badakhshan kontrollierten und bei vielen Menschen in Nordafghanistan Rückhalt fanden. Burhanuddin Rabbani, einer der Kriegsfürsten, leitete in Faizabad eine Gegenregierung, nachdem er aus Kabul geflohen war. Er zählte zu den ehemaligen Kommandeuren der Mudjahedin, die untereinander zerstritten waren und 1996 die Nordallianz mit dem Namen Nationale Islamische Vereinigte Front zur Rettung Afghanistans gebildet hatten, um den Siegeszug der von Pakistan unterstützten Taliban-Bewegung zu stoppen. Der Krieg zwischen den Taliban und der von den Staaten des Westens anerkannten Gegenregierung war nach der Ermordung von Ahmad Shah Massoud, des tadschikischen Führers des afghanischen Widerstandes, am 9. September 2001 durch zwei Selbstmordattentäter, die von Al-Kaida gesteuert waren, wieder entbrannt.

Die Taliban hatten die Regierungsgewalt in Kabul übernommen und kontrollierten den größten Teil des Landes. Ein wichtiger Grund für ihren Erfolg war die Haltung der Bevölkerung. Die

Afghanen wünschten ein Ende des Bürgerkrieges zwischen den Kriegsfürsten der Mudjahedin. Bei diesen handelte es sich nicht um traditionelle Führer, die sich auf Stämme stützen konnten. Sie haben ihre Macht erst im Kampf gegen die Sowjettruppen aufgebaut und sehr oft die Hilfe Saudi-Arabiens und der USA genutzt, um ihre Position zu festigen oder gar auszubauen. Weil die Taliban den Bürgerkrieg beendeten und islamische Gerechtigkeit versprachen, nahmen viele Afghanen sogar deren Herrschaft in Kauf, da sie den Taliban zutrauten, Korruption und Vetternwirtschaft beseitigen zu können. Die Kriegsfürsten waren die entschiedensten Gegner der Taliban. Als sie im Jahr 2001 von den USA militärische Unterstützung erhielten, bildeten diese damit von Beginn an eine Partei im innerafghanischen Machtkampf.

Zu Beginn des Krieges bin ich von Iran aus nach Afghanistan gereist und habe die Vertreibung und die Flucht der Taliban erlebt. Dabei kam es zu einer höchst merkwürdigen Kooperation. Ismael Khan, der Kriegsfürst in Westafghanistan, wurde zusammen mit ihm ergebenen Kämpfern von den iranischen Revolutionsgarden an die afghanische Grenze gebracht. US-Hubschrauber haben sie dann in östlich gelegene Dörfer geflogen. Wahrscheinlich hat Qasem Soleimani, der am 3. Januar 2020 von den USA in Bagdad ermordete iranische General, damals den Einsatz von Ismael Khan und seinen Leuten mitorganisiert und deren Zusammenarbeit mit den US-Streitkräften unterstützt.[26] Iran hatte sich auf einen Krieg gegen die Taliban vorbereitet und sich mit der Nordallianz zusammengeschlossen. Da Soleimani bereits seit 1997 Kommandeur der Auslandsbrigaden der iranischen Revolutionswächter war, dürfte er auch das militärische Bündnis mit den Kämpfern gegen die Taliban organisiert haben. In Westafghanistan brach die Herrschaft der Taliban über Nacht zusammen.

Die Militärstützpunkte der Taliban in Westafghanistan wurden durch die Angriffe der US-Luftwaffe zerstört, und zahlreiche Mitglieder der Streitkräfte der Taliban wurden dabei getötet. Aber die meisten von ihnen zogen sich in den Süden des Landes zurück oder flohen nach Pakistan. Ismael Khan konnte seine Anhänger in den Bergdörfern östlich von Herat versammeln und die Millionenstadt einnehmen, ohne auf größeren Widerstand zu treffen. Ein Kriegsfürst und alter Bündnispartner der USA übernahm also mit Unterstützung Irans die Macht in Westafghanistan, weil Iran und die USA beim Sturz der Taliban zusammengearbeitet hatten.

Da ich Ismael Khan und seine Leute nicht begleiten durfte und das gesamte ZDF-Team an der Grenze zurückgeschickt wurde, beantragten wir im von Taliban-Gegnern übernommenen Konsulat im iranischen Mashad afghanische Visa.[27] Wir erreichten Herat wenige Stunden, nachdem Khan mit seinen Milizen die Macht übernommen und diejenigen Taliban, die nicht geflohen waren, festgenommen hatte.

Von Herat fuhren wir einige Tage später nach Tschaghtscharan, in eine Provinzhauptstadt in der Mitte Afghanistans. Menschen in abgelegenen Dörfern flohen aus ihren Häusern, weil sie meine Kollegen und mich für ein durchreisendes Al-Kaida-Kommando hielten. Es gelang uns nur mit Mühe, ihnen zu signalisieren, dass wir für einen deutschen Fernsehsender arbeiteten. Dann dauerte es meist nur Minuten, bis wir von Alten umringt wurden. Sie dachten, wir seien gekommen, um Lebensmittel zu verteilen. Fremde waren in ihren Augen entweder gewaltbereite Agenten der gestürzten Regierung in Kabul oder ausländische Helfer, von denen sie Wohltaten erwarteten.

Die unbeschreibliche Armut hatte eine besondere Lebensweise hervorgebracht. In vielen Dörfern warteten die Alten, um Hilfen für ihre Familien zu empfangen. Jüngere Frauen der Familien lebten mit ihren Kindern in Flüchtlingslagern weiter westlich, nahe der iranischen Grenze, um dort ebenfalls eine Ration im Rahmen der Hilfsprogramme internationaler Organisationen zu beziehen. Ihre Männer arbeiteten meist im Iran, um den Unterhalt für die Familien zu sichern. Aber zwei Hilfsrationen und die Einnahmen eines Saisonarbeiters in Iran reichten damals gerade zum Überleben. Die Ersparnisse eines Saisonarbeiters auf einer Baustelle in Teheran betrugen nach seiner Rückkehr nicht einmal hundert Dollar.[28] Arme Bauern in Afghanistan können sich bis heute nur in Ausnahmefällen eine Migration nach Europa leisten. In Einzelfällen legt eine Dorfgemeinschaft ihre Rücklagen zusammen, um mehrere hundert Dollar für eine Wanderung aufzubringen, die für einen Einzelnen zu teuer wäre. Viele der jungen Flüchtlinge aus Afghanistan stehen deshalb ihr Leben lang unter dem Druck, eine Gemeinschaft in ihrer Heimat mit Geld unterstützen zu müssen, um ihre Schuld abzutragen. Viele der armen Afghanen wandern knapp zweitausend Kilometer durch Iran und verdienen sich ihren Lebensunterhalt als Tagelöhner, um die zwanzig Dollar für die Busfahrt zu sparen. Ihr mitgebrachtes Geld nutzen sie erst ab der Westtürkei, um Schlepper für Grenzübergänge bezahlen zu können.

Eine derartige Armut zwingt Afghanen zu Handlungen, die Ausländer nicht nachvollziehen können. So kommt es vor, dass Familien ihre Söhne nicht nur als Kämpfer zu den Taliban, sondern auch als Soldat oder Polizist zu den Regierungseinheiten schicken. Sie sollen in den jeweiligen Positionen Geld verdienen. Die Familien wollen zudem auf diese Weise sicherstellen, dass sie auf der siegreichen Seite – welche auch immer es wird – vertreten sind. Armut erzwingt taktisches Verhalten, selbst wenn in den ländlichen Regionen die Bereitschaft überwiegt, gegen ausländische Soldaten zu kämpfen, die in Afghanistan auftreten.

Das Scheitern der westlichen Politik im Orient

Diese Ablehnung ist seit jeher verbreitet, und die Bereitschaft zum Kampf wird zusätzlich gesteigert, wenn die Fremden Waffen tragen und nicht einmal Moslems sind.

Anfangs stießen ausländische Soldaten nicht auf Feindseligkeit, weil die Bevölkerung vor allem im Norden und im Nordwesten Afghanistans den Fremden dankbar war, die Herrschaft der Taliban beendet zu haben. Denn erst die US-Streitkräfte hatten den Sieg gegen die Regierung in Kabul möglich gemacht. Hinzu kam, dass Minister aus reichen westlichen Staaten versprochen hatten, dafür zu sorgen, dass der Lebensstandard aller Afghanen steigen werde. Die Menschen erhofften sich mehr als die spärlichen Nahrungsmittel, die UN-Organisationen an Hilfsbedürftige verteilten.

Als sich die Lebensverhältnisse aber nicht deutlich verbesserten und in den Dörfern alles beim Alten blieb, begann die Stimmung gegen die Ausländer umzuschlagen. Dieser Umschwung wurde durch Aktionen der fremden Soldaten gegen die wieder auftretenden Taliban beschleunigt, denn in den Kämpfen wurden mehr und mehr unbeteiligte Zivilisten getötet.

Wie Sieger mit Blindheit geschlagen sein können, zeigte die Afghanistan-Konferenz auf dem Petersberg bei Bonn im Jahr 2001. Nach dem Prinzip «Die siegreiche Partei erhält alles» wurde bereits während des Krieges die Zukunft Afghanistans geplant. Offensichtliches Ziel war, die afghanischen Bündnispartner des Westens an die Schaltstellen des neuen Staates zu bringen. Zunächst hatten die Vertreter der Vereinten Nationen, die die Konferenz organisierten, auf Mohammed Zahir Schah gehofft. Der seit 1973 im italienischen Exil lebende letzte König Afghanistans sollte als eine Art Übergangsherrscher bis zur Einführung einer neuen politischen Ordnung arbeiten. Doch der ehemalige König wollte keine politische Verantwortung übernehmen und war nicht bereit, der geplanten Übergangsverwaltung vorzustehen.[29]

Die ausgewählten Delegierten waren Vertreter von Oppositionsgruppen. Bundesaußenminister Joschka Fischer bezeichnete sie in seiner Rede zur Eröffnung der Konferenz als Vertreter des afghanischen Volkes.[30] Die Konferenz ernannte den nicht anwesenden Paschtunen-Politiker Hamid Karzai am 4. Dezember zum neuen Übergangspräsidenten. Dieser politische Neuanfang festigte die Zusammenarbeit von westlichen Siegern und deren einheimischen Bündnispartnern, gab ihr eine zusätzliche politische Rechtfertigung und erweiterte sie um Politiker, die ihre neue Machtstellung den Siegern zu verdanken hatten.

Karzai war einer von ihnen. Er war zwar Chef einer bedeutenden Familie der Popalzai, eines Unterstammes der Durrani, des mächtigsten Stammes der Paschtunen. Karzai wusste jedoch, wem er seine neue Macht zu verdanken hatte, und entwickelte sich zu einem treuen Gefolgsmann der USA.[31] Er blieb bis 2014 afghanischer Präsident, nachdem er im Jahr 2004 die Präsidentschaftswahlen gewonnen hatte und auch 2009 zum Sieger erklärt worden war. Vor allem bei den Wahlen 2009 soll es massive Fälschungen zu seinen Gunsten gegeben haben. Karzai beherrschte Afghanistan in Bündnissen mit den von den USA im Krieg gegen die sowjetischen Besatzungstruppen mit Milliarden finanzierten Kommandeuren der Mudjahedin.[32] Diese Kriegsfürsten hatten nach der Niederlage der Sowjettruppen und deren Abzug im Jahr 1989 Krieg gegen die prosowjetische Regierung in Kabul geführt und nach deren Sturz im Jahr 1992 in wechselnden Bündnissen gegeneinander gekämpft.[33]

Karzai schuf im Bündnis mit diesen abgehalfterten Kriegsfürsten ein prowestliches System, das auf Bestechungs- und Vetternwirtschaft beruhte und die Schaffung unvorstellbaren

Reichtums für einige wenige ermöglichte. Statt die großzügige ausländische Finanzhilfe zum Aufbau einer neuen Wirtschaft und neuer gesellschaftlicher Strukturen zu nutzen, verschwand der größte Teil dieses Geldes in den Taschen der Eliten des Landes, die zusammen mit den Drogenbaronen das Land beherrschten.[34] Karzais Politik wurde von westlichen Politikern aktiv unterstützt. So nannte Joschka Fischer zur Eröffnung einer Afghanistan-Konferenz am 31. März 2004 in Berlin das Land ein geachtetes Mitglied der Völkergemeinschaft, lobte die Petersberg-Vereinbarungen von 2001 und sagte: «Seitdem arbeitet das afghanische Volk unter der Regierung von Präsident Karzai Hand in Hand mit den Vereinten Nationen und der internationalen Gemeinschaft mit großer Energie am Wiederaufbau.»[35] In Wirklichkeit wurden in Kabul die Grundstrukturen für ein Netzwerk der Korruption gelegt. Im Jahr 2004 waren allein beim Planungsministerium in Kabul tausendfünfhundert Nichtregierungsorganisationen (NGOs) registriert, deren Arbeit die Lebensverhältnisse der meisten Afghanen aber nicht verbesserte. Oft hatte die Registrierung einer NGO das Ziel, afghanischen Partnern oder Mitarbeitern Geld übertragen zu können. In den meisten Fällen hatten diese Organisationen nur Büros in Kabul. Nur die wenigsten von ihnen starteten Projekte außerhalb der Hauptstadt.

Die Strukturen des Failed State verfestigten sich. Sie hatten sich in der Zeit der Besetzung durch die Sowjettruppen, während der weitgehend auf Städte begrenzten Herrschaft der kommunistischen Parteien, dem anschließenden Bürgerkrieg zwischen den proamerikanischen Kriegsfürsten und schließlich der Herrschaft der Taliban herausgebildet. Die Politiker der USA und ihrer Verbündeten verschlossen vor der Wirklichkeit die Augen.[36] Später sah Fischer die Probleme beim Neuanfang in

Afghanistan ein, führte diese jedoch darauf zurück, dass der US-Regierung die Mittel fehlten, diese Probleme zu beseitigen. Es handele sich um die Auswirkungen einer verfehlten Irak-Politik.[37] Dabei machten die Vereinigten Staaten in Irak und Afghanistan nahezu identische Fehler, weil sie glaubten, mit militärischen Mitteln und dem Einsatz von Geld im Bündnis mit siegreichen Oppositionellen der jeweiligen Länder die großen Probleme lösen zu können. Die USA unterschätzten die Schwierigkeiten des Neuanfangs in Irak genauso wie in Afghanistan. So stützten sie afghanische Kriegsfürsten, statt diese anzuklagen; zum Beispiel wurde Rashid Dostum – ehemaliger General und Mitglied der usbekischen nationalen Minderheit – nach dem Sturz der Taliban kein Prozess gemacht, obwohl seine Truppen mehrere Tausend ehemalige Taliban-Milizionäre, die sie gefangen hielten, ermordet haben sollen. Aber Dostum war Mitglied der Regierung an der Seite Karzais und wurde als solches akzeptiert. Mohammed Fahim konnte unter dem neuen Präsidenten seine Position als Kriegsfürst der Tadschiken zurückzugewinnen und festigen. Ismael Khan, der «Emir» von Herat, wurde Energieminister und bediente sich aus einem Topf mit Milliarden Dollar internationaler Geldgeber. Die Mehrheit der Politiker westlicher Staaten widersprach einer derartigen Entwicklung nicht. Zudem glaubten sie, mit einem eigenen Afghanistan-Einsatz das Verhältnis zu den USA verbessern zu können.

Spätestens nach der Reorganisation der Taliban in Pakistan (Ende 2002) und nach dem Beginn ihres bewaffneten Auftretens in Afghanistan (Anfang 2003)[38] hätte auch Beobachtern aus der Ferne deutlich werden müssen, dass trotz aller Bemühungen der Aufbau eines neuen Afghanistan nicht gelang. Natürlich war es nicht einfach, die wirkliche Entwicklung zu begreifen, da die US-Regierung und vor allem die Führung der amerikanischen

Streitkräfte mit beschönigenden Berichten versuchten, ein vorteilhaftes Bild von der Lage zu zeichnen.

Deutschland beteiligte sich an dem Neuaufbau von Afghanistan von Anfang an. Soldaten wurden in das Land am Hindukusch geschickt, Gelder für zivile Projekte gezahlt und die Verantwortung für den Aufbau der Polizei übernommen. Alle drei Maßnahmen müssen als gescheitert bewertet werden.[39] Für den Aufbau der nationalen Polizei Afghanistans stellte das Auswärtige Amt jährlich elf Millionen Euro zur Verfügung. Bereits 2006 waren die USA aber von dem deutschen Beitrag so genervt, dass sie selbst eine Milliarde Dollar für einen Schnellaufbau der Polizei bereitstellten. In der Umsetzung führte die Kurzausbildung von mehr Polizisten nur zu deren Militarisierung. Hunderte von ihnen starben, wenn sie von Taliban-Kommandos angegriffen wurden, nachdem sie ohne umfassende Vorbereitung an Kontrollposten eingesetzt worden waren.

Die deutsche Politik in Afghanistan folgte jeweils der amerikanischen. Daran hat sich bis heute nichts geändert. Dabei wurde jahrelang versucht, den Einsatz deutscher Soldaten in der Öffentlichkeit als hauptsächlich humanitäre Hilfe darzustellen. In Wirklichkeit hatte sich die Art des Einsatzes seit 2003 völlig verändert. Mit ihrer Verlegung von der Hauptstadt Kabul in die Provinz übernahmen deutsche Soldaten auch Kampfaufgaben. Es dauerte allerdings bis zum Oktober 2010, bis ein deutscher Minister, Karl-Theodor zu Guttenberg, von «Krieg» in Afghanistan sprach.[40] Diese Änderung in der Darstellung des Einsatzes war überfällig.

Dabei war die Bundeswehr gegründet worden, Deutschland im Falle eines Angriffs zu verteidigen; Auslandseinsätze waren nicht vorgesehen. Sie erfolgten schleichend, um die kriegsmüde deutsche Bevölkerung wieder an Kriegseinsätze deutscher Soldaten zu gewöhnen. Deshalb wurden sie zuerst nur von Sanitätern geleistet und konnten so als Hilfseinsätze dargestellt werden. In Afghanistan vollzog sich dieser Wandel vom Hilfs- zum Kampfeinsatz im Ausland am deutlichsten. Bezeichnend ist, dass bis heute Unklarheit über die Kosten besteht. Während zum Beispiel dem Bundestag bei der Abstimmung über die Entsendung der Bundeswehreinheiten im Jahr 2010 Kosten von etwa einer Milliarde Euro vorgelegt wurden, kam ein Analyseteam des Deutschen Instituts für Wirtschaftsforschung in Berlin (DIW) auf doppelt so hohe Ausgaben, weil die Kosten im Verteidigungsministerium nicht vollständig erfasst und die in anderen Ressorts nicht eingeschlossen waren.[41] Das eigentlich Aufregende an dem Bericht, der als eine erste Schätzung erstellt wurde, besteht darin, dass keine weiteren Aufstellungen mit genauen Angaben zu den Kriegskosten folgten.

Im Gegensatz dazu berechnet das Watson-Institut der Brown-Universität in den USA die Kriegskosten für die USA immer wieder neu. Diese Kostenermittlung spielt daher auch eine bedeutende Rolle, wenn über neue Kriege in den USA diskutiert wird. In Deutschland dagegen wird der Auftrag der Bundeswehr ohne große öffentliche Debatte verändert, und die zusätzlichen Kosten werden auch von Gegnern der Bundeswehreinsätze nur selten zum Thema gemacht. Die Medien blenden das Thema meistens vollständig aus.

Dagegen setzte die «Washington Post» 2019 vor Gericht durch, dass sie vierhundert Interviews von Personen einsehen konnte, die an dem Afghanistan-Einsatz der US-Armee beteiligt und durch Mitarbeiter des Sondergeneralinspekteurs für den Wiederaufbau Afghanistans (SIGAR) befragt worden waren. Die Interviews sollten nicht veröffentlicht werden. Der erste Absatz des Berichts der «Washington Post» über die freigegebe-

Das Scheitern der westlichen Politik im Orient

nen Dokumente lautet: «Ein vertraulich gehaltener Schatz von Regierungsdokumenten, den die ‹Washington Post› erhalten hat, enthüllt, dass hochrangige US-Beamte während des gesamten achtzehnjährigen Feldzuges nicht die Wahrheit über den Krieg in Afghanistan gesagt haben und stattdessen rosige Verlautbarungen machten, von denen sie wussten, dass sie falsch waren, sowie Beweise, die den Krieg unverkennbar als nicht gewinnbar erscheinen ließen, verschleierten.»[42] Craig Whitlock schrieb nach Auswertung der Interviews mehrere lange Artikel. Seine Arbeit kann gar nicht hoch genug eingeschätzt werden,[43] weil er die bedeutenden Aussagen der Interviews aufgearbeitet hat. Zudem hat die «Washington Post» die Interviews ins Netz gestellt.[44] Aus ihnen geht das Scheitern in Afghanistan deutlich hervor.

Das Versagen ohne Ende

Es ist sehr schwer, die sich nach dem Krieg 2001 ausbreitende Vetternwirtschaft in Afghanistan und die damit verbundenen Geldflüsse oder offenen Betrügereien nachzuweisen, da derartige Machenschaften natürlich auch dort offiziell verboten sind und deshalb große Energien aufgewendet wurden, Straftaten dieser Art zu verschleiern. Es entwickelte sich ein weit vernetztes System, in dem Gelder verschwinden, mit denen eigentlich ein gesellschaftlicher Wandel finanziert werden sollte. Diese Korruption im großen Maßstab, bei der Milliarden verloren gehen, ist nicht zu verwechseln mit der – vergleichsweise kleinen – Alltagskorruption, bei der schlecht bezahlte Staatsbedienstete ihr Gehalt mit Bakschisch aufstocken.

Diese Gehaltsaufbesserungen werden schwer verdient. Es handelt sich um eine Art Geschenk von Leuten, die eine Zusatzzahlung an schlecht verdienende Staatsangestellte leisten, damit die etwas eigentlich Gesetzmäßiges für sie erledigen. Das wirkliche Problem dieser Art der Korruption besteht in der Unterbezahlung von Beamten, deren Alltagsschwierigkeiten meist von einer in den Staaten des Mittleren Ostens üblichen Inflation vergrößert werden. Kleine Beamte können staatliche Leistungen zurückhalten und bearbeiten den Vorgang manchmal erst, wenn sie vom Leistungsempfänger dafür bezahlt werden. Vom Polizisten an der Ecke bis zum Spitzenpolitiker bereichert sich in Afghanistan nahezu jeder, der die Möglichkeit dazu hat. Nur sind die Summen unterschiedlich, und bei Politikern kann keine Rede davon sein, dass sie ihr Gehalt aufbessern, um der eigenen Familie ein Überleben zu sichern. Bis heute prägt Bestechlichkeit den gesellschaftlichen Alltag, da Beamte schlecht bezahlt werden und auf Zuwendungen für von ihnen geleistete Dienste angewiesen sind. Aber es ist schwierig, die Grenze zwischen der Alltagskorruption im Kleinen und der Ausplünderung des States im großen Stil festzulegen.

Doch die neue Oberschicht konnte nur so reich werden, weil sie durch Betrug so große Einnahmen erzielte. Sie brachte ihr Geld in Koffern ins Ausland, in der Regel nach Dubai. Vielfach gab es sogar offizielle Genehmigungen für derartige Transporte. Nur zu oft handelte es sich um Teile der Milliarden, die andere Staaten, allen voran die USA, für den Krieg gegen die Taliban oder Aufbaumaßnahmen bereitgestellt hatten. Kommandeure der Regierungsstreitkräfte kassierten in ähnlicher Weise wie die Taliban Schutzgeld von Händlern oder internationalen Organisationen, die in ihrem Einflussbereich arbeiteten.

Mir ist an zwei Beispielen deutlich geworden, welche Bandbreite diese Bestechung angenommen hatte. An ihnen wird auch sichtbar, dass es auf die Einzelheiten ankommt, wenn man von

Bestechung spricht. Erstes Beispiel: Ein hoher afghanischer Polizeioffizier erhielt zehn Afghani von einem Besucher. Wir waren zu ihm gegangen, um über Korruption zu reden. Er nahm vor laufender Kamera den Geldschein (etwa 15 Cent) von dem Mann und erregte sich später über die Korruption, die im Innenministerium herrsche, auf dessen Gelände das Interview stattfand.[45] Zweites Beispiel: Der Strom für Kabul wurde in einem Elektrizitätswerk erzeugt, das von einem Politiker mit dreifach überteuertem Brennstoff beliefert wurde. Die Stromversorgung aus anderen Quellen wurde von dem zuständigen Minister blockiert.[46]

Ich unterscheide zwischen Bakschisch, einer Zahlung, bei der es sich auch um Bestechung handelt, und einer kriminellen Zahlung. Bestechung fängt an, wenn Arbeitsabläufe durch Zahlungen beschleunigt werden. Schwere Bestechung und Betrug, und damit kriminelle Handlungen, liegen meiner Meinung nach vor, wenn Entscheidungen mit Geld beeinflusst werden oder wenn bei einem Vertrag ein großer Teil der vereinbarten Summe an einen Vermittler gezahlt werden muss und der Vertrag dann entsprechend angepasst wird. Wer glaubt, Bestechung sei auf die Staaten des Mittleren Ostens beschränkt, irrt. Bei großen Beträgen, die bei Geschäften als Kommission anfallen, sind in der Regel westliche Firmen beteiligt. Zwar werden oft Makler- und Notargebühren gespart, doch wer im Orient Geschäfte machen will, führt in der Regel unterschiedlich große Geldmengen an die Gegenseite ab. Besonders interessant wird es, wenn westliche Vertragspartner ein sogenanntes «Kick-back» erhalten, womit ein Teil der vermeintlichen Bestechungskosten zurückerstattet wird. Um «Kick-back» akzeptabel zu machen, werden entsprechende Zahlungen auch «Provisionsrückerstattungen» genannt.[47]

Die Steigerung von Korruption ist Betrug: Der Bruder eines afghanischen Mitarbeiters, der als Polizeioffizier für die Versorgung mehrerer Einheiten zuständig war, wurde von seinem Vorgesetzten gezwungen, bei der Verpflegung der Untergebenen 50 Prozent einzusparen und diesen Betrag dem Vorgesetzten zu überlassen. In Afghanistan ist, ähnlich wie in Irak, die offizielle Zahl der besoldeten Soldaten oder Polizisten in vielen Fällen nahezu doppelt so hoch wie die der tatsächlich existierenden, weil hohe Offiziere das gesamte Gehalt von Scheinuntergebenen einstreichen. In derartigen Fällen werden Staatsgelder, die in Afghanistan regelmäßig aus dem Ausland stammen, durch Betrug in Privatbesitz gebracht.

Der größte mir bekannte derartige Skandal in Afghanistan betraf 2010 die Kabul-Bank,[48] an der Mahmoud Karzai, der Bruder von Präsident Hamid Karzai, und Haseen Fahim, der Bruder von Vizepräsident Mohammed Fahim, mindestens 9 Prozent der Anteile besaßen. Für deren Kauf hatten sie von derselben Bank einen Kredit erhalten. Der Zusammenbruch der Kabul-Bank wurde durch die Zentralbank des Landes verhindert. Hierfür soll eine Milliarde US-Dollar aufgewandt worden sein. Damit konnte Präsident Karzai weiter Geld für seinen Wahlkampf nutzen, das er von der Kabul-Bank erhalten hatte.

Dabei gab sich Karzai immer bescheiden. Als er seinen Besitz bei einem Fernsehauftritt – wie von der Wahlordnung vorgeschrieben – aufdecken musste, log er vor laufender Kamera und behauptete, kein Vermögen zu haben. Er bezifferte sein monatliches Einkommen mit 525 Dollar, zudem verfüge er über ein Bankguthaben von 2000 Dollar. Eine Woche später korrigierte er diese Aussage. Diesmal erklärte er – wieder vor laufender Kamera –, auf seinem Konto befänden sich nicht US-Dollar, sondern Euro. Seine Besitztümer im Ausland, die seine Ehefrau einer meiner Bekannten gegenüber beiläufig erwähnte, verschwieg er. Korruption und Vetternwirtschaft erreichten unter Karzai ein Ausmaß, welches eine normale Wirtschaftsentwicklung des Landes verhinderte.

Karzai zeichnete sich dadurch aus, dass er in den Hauptstädten der westlichen Alliierten das Auftreten der jeweiligen Länder in Afghanistan lobte, aber direkt nach seiner Rückkehr in Kabul das genaue Gegenteil sagte. Die politischen Grundsatzentscheidungen wurden während der Amtszeit Karzais in Washington gefällt. Die europäischen Alliierten folgen der Politik der USA, und das seit dem Kriegsbeginn 2001. Daran hat sich auch während der Präsidentschaft von Trump wenig geändert. Präsident Obama erhöhte sogar die Zahl der US-Soldaten, und während seiner Amtszeit versprach die amerikanische Regierung mehrfach, gegen die von ihr finanzierten Missstände auftreten zu wollen.

Doch der Diebstahl an Staatsgeldern hielt an und soll nach den vom «Washington Post»-Mitarbeiter Whitlock aufgearbeiteten Aussagen von US-Offiziellen sogar zugenommen haben, da mit dem von Obama ausgeweiteten Kriegseinsatz zusätzliches Geld aus den USA ins Land kam. Verantwortliche westliche Politiker verschlossen vor diesen Zuständen die Augen. In Deutschland fehlen offizielle Untersuchungen über den Verbleib deutscher Steuergelder, die nach Afghanistan geflossen sind.

US-Militärs übernahmen die Aufgabe, der amerikanischen Öffentlichkeit die immer größeren Verlustzahlen des Krieges zu erklären. Statt die wahren Gründe, nämlich die wieder zunehmende Stärke der Taliban, zu nennen, erklärten die Generäle diese Angriffe für ein letztes Aufbäumen der Taliban vor ihrer bevorstehenden Niederlage. Dass die Militärtaktik der USA und ihrer Verbündeten den Taliban weitere Unterstützung brachte, wurde natürlich verschwiegen.

Bereits Donald H. Rumsfeld, Verteidigungsminister unter George W. Bush, hatte angeordnet, dass die USA sich die Unterstützung der Kriegsfürsten im Kampf gegen die Taliban mit direkten Zahlungen sichern sollten. Die amerikanische Botschaft bezahlte ihre Unterstützer in den ersten Jahren nach dem Sturz der Taliban systematisch. Diese Art der geheimen Geldzuwendung an die herrschende Elite wurde von Mund zu Mund oder als Gerücht verbreitet und von den Taliban propagandistisch genutzt. Wenn mir Afghanen von derartigen Geldtransfers erzählten, reagierte ich eher ungläubig. Aber die Berichte in der «Washington Post» über den von US-Behörden in Afghanistan festgestellten Missbrauch von Geldzahlungen scheinen mir glaubwürdig zu sein, glaubwürdiger jedenfalls als die vagen Behauptungen, die Passanten in den Straßen Kabuls in Interviews äußerten.

Unstrittig ist auf jeden Fall, dass die USA und andere Staaten des Westens mit ihren Zahlungen und ihrem politischen Auftreten eine neue prowestliche Elite an die Macht gebracht haben, die von den Taliban erbittert bekämpft und von großen Teilen der Afghanen abgelehnt wird. Leider können Gegner der Regierung deswegen die Demokratie als eine Staatsform verunglimpfen, in der sich die politische Elite durch Betrügereien Geld verschaffen kann oder es vom Ausland direkt erhält.

Für die amerikanische Militärführung bedeutet dies eine schwere Belastung. Viele Afghanen unterstellen, US-Einheiten zögen nur in den Kampf, weil sie, wie Söldner, dafür bezahlt würden und weil sie mit ihrem Vorgehen die Herrschaft einer neuen Elite sichern sollen. Einige US-Offiziere waren sich dieser Zusammenhänge bewusst. Ihnen war zum Beispiel bekannt, dass die Schutzgelder für einzelne Lastwagen, mit denen die amerikanischen Streitkräfte ihre Militärgüter transportierten, hauptsächlich in den Taschen von Mitgliedern der Oberschicht in Kabul und nur zum kleineren Teil bei den Taliban landeten. Vergessen wird dann oft, dass diese neue Elite ein Interesse an der Aufrechterhaltung der Missstände entwickelt, denn deren Beseitigung würde sie auch um ihre Einnahmen bringen. Für die Sicherung eines einzelnen Lastzugs, der Wasser oder Benzin von Kabul nach Kandahar (496 km) transportierte, wurden bis zu zehntausend Dollar gezahlt. Wöchentlich wurden Konvois mit bis zu tausend Lastwagen gebildet. Mit derartigen Zahlungen leisteten die USA seit 2008 einen direkten Beitrag für die Verlängerung des Krieges.

Interessierte Beobachter, zumindest aber die Offiziere der westlichen Truppen, wussten auch, dass im Fall des Rückzugs der ausländischen Soldaten ein afghanischer Militärapparat zurückbleiben würde, dessen Unterhalt der afghanische Staat aus eigenen Einnahmen nicht würde bezahlen können. Seitdem sich die ausländischen Kampftruppen im Jahr 2014 zurückgezogen haben (maximal waren 150 000 im Land), müssen westliche Staaten der Regierung in Kabul mindestens vier Milliarden Dollar pro Jahr zukommen lassen, um allein die Existenz der Streitkräfte zu sichern und einen militärischen Triumph der Taliban zu verhindern. Damit scheint der Zusammenbruch der Regierung nur noch eine Frage von Jahren zu sein, wenn es ihr nicht gelingen sollte, sich mit den Taliban zu einigen.

Der chronische Geldmangel der afghanischen Regierung beruht auf der wirtschaftlichen Schwäche des Landes. Die wichtigsten Einnahmen werden mit der Ausfuhr von Opium und Heroin erzielt. Militärisches Vorgehen und vom Ausland geförderte Maßnahmen gegen den Drogenanbau wurden immer damit begründet, dass die Taliban ihre Kampfverbände mit den Einnahmen aus Steuern auf Anbau und Export von Drogen bezahlen würden. Aus unterschiedlichen Berichten des Büros der

Vereinten Nationen für Drogen- und Verbrechensbekämpfung (UNODC) geht jedoch hervor, dass sich alle Teile der afghanischen Gesellschaft am Drogenanbau bereichern, nicht nur die Taliban.

Opium wird durch das Anritzen der Blütenkapseln des Schlafmohns gewonnen. Diese Kapseln sondern dann einen braunen Saft ab, das Rohopium. Heroin entsteht aus der Verarbeitung der zehnfachen Menge dieses Opiums, das im Orient vor allem geraucht wird.[49] Der Export von Opium und Heroin verhindert den Aufbau eines modernen afghanischen Staates, weil dieser die Drogenproduktion verhindern könnte. So nimmt die Bedeutung der Drogenwirtschaft seit dem Sturz der Taliban ständig zu und lähmt die Entwicklung des Landes.

Als ich im April 2011 die afghanische Provinz Helmand besuchte, sah ich schon aus dem Flugzeug die blühenden Schlafmohnfelder rechts und links des Hilmend-Flusses. Dort wurde so viel Opium produziert wie in allen dreiunddreißig anderen Provinzen Afghanistans und der übrigen Welt zusammen. Bereits fünf Jahre zuvor hatte mir der deutsche General der Internationalen Sicherheitsunterstützungstruppe (ISAF), Bruno Kasdorf, versprochen, mit mir den Kajakai-Staudamm zu besuchen, der 1953 im Norden mit US-Geldern gebaut worden war. Der Staudamm liefert das Wasser für die Mohnfelder. 1975 wurde eine Turbine zur Stromgewinnung eingebaut. Diese Stromgewinnung sollte erweitert werden. Doch bis heute konnte dieser Plan nicht verwirklicht werden. Weder ausländischen Soldaten noch den Truppen der Regierung in Kabul ist es trotz verschiedener Großangriffe gelungen, die Taliban aus dem Gebiet, in dem der Staudamm liegt (im Norden der Provinz Helmand) zu vertreiben. Bis heute können Ausländer ohne Zustimmung der Taliban den Kajakai-Damm nicht besuchen.

Der Kampf gegen den Anbau, die Verarbeitung und den Export von Drogen kostete die USA bis zum Jahr 2019 etwa neun Milliarden Dollar. Aber alle Versuche, diese weltgrößte Drogenproduktion zu unterbinden, sind gescheitert. Seit dem Sturz der Taliban-Regierung hat sich der Drogenanbau vervierfacht. Während die weltweite Anbaufläche zurückgeht, steigt sie in Afghanistan. Nach UNODC-Angaben wurden dort im Jahr 2018 82 Prozent des weltweiten Opiums gewonnen.[50] Die Taliban-Führung hatte den Drogenanbau aus religiösen Gründen verboten. Im Jahr 2001 wurden Drogen deshalb nur noch in Gebieten angebaut, die unter der Kontrolle der von westlichen Staaten anerkannten Regierung standen.

Die ersten Mohnfelder filmte ich in den Dörfern direkt südlich der Provinzhauptstadt Lashkar Gah. Die eigentliche Überraschung war jedoch, dass schräg über diesen Feldern ein Aufklärungsballon der amerikanischen oder britischen Streitkräfte schwebte. Afghanische Polizisten haben unsere Aufnahmen von der Opiumernte gesichert. Am Folgetag wurden die Mohnfelder zerstört und wir aus der Ferne beschossen, als wir es filmten. Unklar blieb, ob Aufständische oder Bauern, die ihre Ernte verteidigten, geschossen haben. Frauen am Straßenrand weinten. Sie wussten, welches Elend über die Familien kommen konnte, wenn die Ernte zerstört wird. Mir wurde dabei klar, warum ausländische Soldaten in Helmand auf verlorenem Posten stehen. Die Grenzen zwischen Aufständischen und Vollzeitbauern existieren oft nicht mehr. Polizisten plauderten damals mit Männern, die die Mohnblüten anritzten, als ob sie mit Brüdern redeten. Einer der Bauern sagte knapp: «Solange sie gegen uns kämpfen, werden wir ihnen Drogen schicken.» Ausländer werden mit dem bisher üblichen Vorgehen die Produktion von Drogen nicht beenden können.

Zabihullah Tamanna, einer meiner afghanischen Producer, der drei Jahre später nur wenige Kilometer weiter südlich von den Taliban erschossen wurde, erzählte mir am Abend nach unserer Rückkehr ins Gästehaus des Gouverneurs, die Polizisten, die die Mohnernte zerstört hätten, seien von Kollegen gefragt worden, wie viel Geld sie denn bekommen hätten, um andere Felder nicht zu vernichten. Es ist klar: Wer zahlt, darf ernten. Die Gruppe der Polizisten, die die Opiumfelder zerstört hatte, stellte ihre Arbeit am Folgetag ein. Der Einsatz war nur erfolgt, um mir, dem ausländischen Journalisten, Aufnahmen zu ermöglichen, die beweisen sollten, dass in Afghanistan Mohnfelder beseitigt werden.

Zu allem Überfluss kam dann noch Mohammed Daud Ahmadi ins Plaudern. Er war der Sprecher des Gouverneurs und hatte während der Herrschaft der Taliban als Redakteur bei Radio Taliban in Kandahar gearbeitet. In der Zeit des Kampfes gegen die sowjetischen Truppen in den achtziger Jahren sei mit dem Anbau von Mohn im großen Stil begonnen worden, um den Krieg zu finanzieren. Nach dem Sturz der Taliban habe Präsident Karzai mit Mullah Sher Mohammed Akhundzada einen Drogenbaron zum ersten Gouverneur der Provinz ernannt. Es habe sich um den Neffen des Gründers des Mohnanbaus in Helmand, Mullah Nassim Akhundzada, gehandelt. Der damalige Gouverneur habe den bekannten Drogenbaron Abdulrahman Jan zum Polizeichef ernannt. Dieser habe in den Zeiten des Kampfes gegen die Sowjetarmee seine Leute mit den Gewinnen aus Drogenanbau, -handel und -schmuggel bezahlt. Der in die Geschäfte verwickelte Moalem Mirwali sei Armeechef und Amir Dot Mohammed Khan sei Leiter des Geheimdienstes in der Provinz geworden. Letzterer habe den Spitznamen Amir Dadou getragen und den Taliban vierhundert Kalaschnikows geliefert.

Das Scheitern der westlichen Politik im Orient

Allianzen mit Kriegsfürsten, Verschwendung oder Veruntreuung von Geldern,[51] die Steigerung von Drogenproduktion und -handel und der Aufbau eines mit den Regierungseinnahmen nicht bezahlbaren Sicherheitsapparates zeigen, dass Afghanistan ein Failed State ist. Während der Präsidentschaft Karzais sind die Missstände nicht kleiner, sondern größer geworden. Es wäre jedoch falsch, afghanische Politiker für diese Entwicklung allein verantwortlich zu machen. Die wichtigsten Entscheidungen trafen die USA und deren Bündnispartner. Ein Beispiel bildet die Machtverteilung nach den Präsidentschaftswahlen 2014. Als der ehemalige Außenminister Abdullah Abdullah den Wahlsieg des damals fünfundsechzigjährigen Ghani nicht akzeptierte, erzwangen die Vereinigten Staaten die Bildung einer Koalitionsregierung zwischen dem Sieger und seinem unterlegenen Wahlgegner. Obamas Außenminister John Kerry setzte die Einigung im August 2014 durch. Wahlsieger und -verlierer bildeten unter dem Druck Amerikas eine gemeinsame Regierung. Statt die Macht der Kriegsfürsten zu brechen, bestätigten die USA diese in ihrer Hilflosigkeit. Die Taliban nutzten den Rückzug der ausländischen Truppen und das Durcheinander nach den Wahlen zu einer Offensive, die ihnen die bisher größten Geländegewinne brachte. Mit der Bildung einer Regierung aus Gewinnern und Verlierern der Präsidentschaftswahl sollte das Desaster in Afghanistan verdeckt werden.

Ghani schluckte auch diese bittere Pille, obwohl er wusste, worauf er sich eingelassen hatte. Das von ihm und der Britin Clare Lockhart geschriebene Buch «Fixing Failed States» zeigt, dass er eine Vorstellung hatte, welch gewaltige Probleme in Afghanistan gelöst werden müssen.[52] Die Koautorin hatte zuvor in Afghanistan als UN-Mitarbeiterin für den Wiederaufbau des Landes gearbeitet. Bezeichnend ist, dass das Buch entstand, nachdem Ghani von 2002 bis 2004 Finanzminister unter Karzai gewesen war.

Während des Abzugs der ausländischen Kampftruppen im Jahr 2014 war das Ausmaß des politischen und gesellschaftlichen Chaos in Afghanistan für Außenstehende schwer zu erkennen, weil die Situation in der Regel beschönigt wurde, um das Scheitern des ausländischen Militäreinsatzes, vor allem der Nato-Staaten, zu vertuschen. Politiker und Journalisten, die von westlichen Soldaten und Entwicklungshelfern durchs Land geschleust wurden, haben nach derartigen vororganisierten Kurzaufenthalten in der Provinz und Treffen mit afghanischen Politikern die Situation in der Regel nicht richtig beschrieben oder beschreiben wollen.

Dabei sollten Journalisten und Politiker gelernt haben, Propagandamaßnahmen zu durchschauen. Ihnen sollte bewusst sein, dass afghanische Politiker Entschlossenheit vortäuschen müssen, eine moderne Zivilgesellschaft aufzubauen, da andernfalls Zahlungen aus dem Ausland ausbleiben.[53] Doch leider wurde damals versäumt, die Öffentlichkeit in den westlichen Staaten von Beginn an über die wahren Verhältnisse in Afghanistan aufzuklären. Neunzehn Jahre nach Beginn des Krieges der USA gegen die Taliban hilft nur eine schonungslose Darstellung der afghanischen Verhältnisse, um ein neues Desaster und eine Wiederholung jener Katastrophe zu verhindern, wie sie sich nach dem Rückzug der Sowjetarmee ereignete.

Rückzug und Aussöhnung

US-Präsident Trump gab seinen Streitkräften in Afghanistan weitgehend freie Hand. In einer Rede am 21. August 2017 erklärte er, er wolle nicht seinem Instinkt folgen und die Truppen aus Afghanistan abziehen. Er habe seine Haltung während der Beratungen über die Afghanistan-Politik der USA geändert. Er erklärte, künftig würden keine Zahlen und Daten über die geplante Truppenstärke oder den Abzug von Truppen mehr genannt, um Gegnern keine Anhaltspunkte für ihre militärische und politische Taktik zu liefern. Trump verkündete aber auch eine für die USA neue Grundsatzhaltung, die mit bisher propagierten Grundsätzen der Außenpolitik brach: «Aber wir werden nicht länger die militärische Macht Amerikas nutzen, um in fernen Ländern Demokratien aufzubauen oder zu versuchen, Systeme nach unseren Vorstellungen zu entwickeln. Diese Zeit ist jetzt vorbei. Stattdessen werden wir mit Verbündeten und Partnern daran arbeiten, unsere gemeinsamen Interessen zu verteidigen. Wir werden andere nicht bitten, ihren Lebensweg zu ändern, aber wir werden sie bitten, gemeinsame Ziele zu verfolgen, damit unsere Kinder ein besseres und sichereres Leben führen können. Dieser grundsätzliche Realismus wird unsere Entscheidungen vorantreiben.»[54] Mit diesen Aussagen hielt sich Trump in der Afghanistan-Politik alle Optionen offen. Bis Anfang 2020 setzte er die Politik seines Amtsvorgängers fort, unter dem die schleichende Verstärkung der eingesetzten Truppen begonnen hatte.

Am 22. Februar 2020 kündigte Trump in Neu-Delhi dann eine Verringerung der Truppen von etwa 13000 auf 8600 Soldaten an. Dies entspricht genau der Anzahl, die die USA nach dem Abzug der Kampftruppen im Jahr 2014 im Land gelassen hatten, um als Militärberater die schwachen afghanischen Regierungsstreitkräfte auszubilden. Doch die Zahl der Soldaten wurde allmählich wieder auf knapp 14000 erhöht. Die veröffentlichten Kampfeinsätze amerikanischer Flugzeuge erreichten neue Höchststände. In den ersten Jahren der Amtszeit von Präsident Trump nahmen sie deutlich zu und stiegen zwischen 2017 und 2019 von 4361 auf 7423. Im letzten Amtsjahr von Obama waren es 1337, im Jahr 2015 – nach dem Abzug der US-Truppen – 947.[55] Die dramatische Zunahme der Einsätze zeigt, dass die US-Regierung den Krieg wieder ausweitet. Der Grund dürfte darin bestehen, dass die afghanischen Streitkräfte den Kampf gegen die Taliban nicht allein führen konnten oder wollten.

Die Zahl der getöteten afghanischen Zivilisten ist seit acht Jahren gleich hoch geblieben. Nach Angaben der Unterstützungsmission der Vereinten Nationen in Afghanistan (UNAMA) wurden im Jahr 2019 zum sechsten Mal in Folge mindestens 10 000 Zivilisten bei den Auseinandersetzungen in Afghanistan getötet oder verletzt.[56] Davon wurden bei Luftangriffen der Regierung und ihrer Verbündeten im Jahr 2019 mindestens 700 Zivilisten getötet und 345 verletzt. Dies bedeutete eine kontinuierliche Erhöhung der Opferzahlen in fünf Jahren. Die höchste Zahl der zivilen Opfer gab es weiterhin bei Kampfhandlungen oder Anschlägen der Taliban.

Diese hohen Zahlen von zivilen Opfern in ländlichen Regionen haben vor allem zwei Ursachen: Zum einen nutzen die Taliban ihre Verbindungen in den Dörfern für ihre militärischen Aktionen. Es ist schwierig, gegen die Taliban zu kämpfen, ohne auch Unbeteiligte zu treffen, vor allem bei Luftangriffen. Zum anderen töten die US-Einheiten und die von ausländischen Militärs aufgebauten, ausgerüsteten und bezahlten afghanischen Streitkräfte (etwa 350 000) bei ihren nächtlichen Angriffen Menschen, die sich ihnen widersetzen, auch wenn es Zivilisten sind.

Die Taliban können das Vorgehen der ausländischen Truppen und der afghanischen Einheiten nutzen, um die ländliche Bevölkerung noch stärker gegen die Ausländer und die Regierung in Kabul aufzubringen. Dies ist einer der Gründe, warum die

Das Scheitern der westlichen Politik im Orient

Taliban der Forderung der Ghani-Regierung nach einem vierwöchigen Waffenstillstand als Vorbedingung für innerafghanische Friedensverhandlungen bisher offiziell nicht zustimmen wollen. Aber die seit der Jahreswende von 2019 auf 2020 deutlich abnehmende Zahl ziviler Opfer ist ein Zeichen, dass Afghanen immer weniger bereit sind, gegeneinander zu kämpfen, und dass Kontakte zwischen der Regierung und den Taliban existieren. Beide Seiten dürften wissen, dass sie den Bürgerkrieg nur durch Verhandlungen und Kompromisse beenden können.

Die US-Regierung und die Taliban verhandeln bereits seit Ende 2018 in Katar. Hauptstreitpunkt der Gespräche in Doha, der Hauptstadt Katars, war der Rückzug der amerikanischen Streitkräfte und ein allgemeiner Waffenstillstand. Es gab im Grundsatz bereits eine Einigung. Doch Trump sagte ein mit der Verhandlungsdelegation der Taliban bereits für den 8. September 2019 vereinbartes Geheimtreffen ab, aus Rücksicht auf die Regierung in Kabul und mit Blick auf die verständnislose Reaktion zu Hause in den USA. In einem Tweet begründete er diesen Schritt am Vortag des Treffens mit einem Selbstmordanschlag auf einen Kontrollposten, bei dem zwei Tage zuvor auch ein US-Soldat getötet worden war. Doch fünf Monate später, am 29. Februar 2020, unterschrieben beide Verhandlungsdelegationen in Doha eine Grundsatzübereinkunft. In der Vereinbarung sind Gespräche der Taliban mit der Regierung in Kabul und die Einstellung der Kämpfe vorgesehen.

Die Taliban haben durch die Verhandlungen mit der US-Regierung ihr internationales Ansehen weiter verbessern können. Sie verstanden sich in Afghanistan schon seit zehn Jahren als Schattenregierung. Der internationale Durchbruch gelang ihnen jedoch erst im Jahr 2014 nach dem Rückzug der ausländischen Kampftruppen. Vor allem Gegner und Konkurrenten der Vereinigten Staaten, wie China, Russland oder Iran, arbeiteten immer offener mit den Taliban zusammen. Gerade diesen drei Staaten geht es auch darum, die inneren Widersprüche in Afghanistan zu schüren, um vor allem die USA möglichst lange in Afghanistan zu binden. Damit erfährt der Bürgerkrieg eine weitere Internationalisierung, die dessen Beendigung erschwert. Nach dem Sturz der Taliban hatte die pakistanische Regierung ihren Einfluss auf die Gegner der USA genutzt, um sich erneut in die Politik des Nachbarlandes einzumischen. Die Einflussnahme auf die afghanische Politik ist vereinfacht worden, weil sich die Taliban in den vergangenen Jahren um zusätzliche ausländische Unterstützung bemüht haben.

Doch weder durch zunehmende internationale Anerkennung noch durch weitere Unterstützung aus dem Ausland können die Taliban das Grundproblem Afghanistans lösen. Erst die Einigung zwischen den Aufständischen und der Regierung in Kabul kann das Land befrieden und zu einem Abzug der ausländischen Truppen führen. Solange die Taliban nicht zu diesem Schritt bereit sind, werden ausländische Soldaten im Land bleiben, um den Zusammenbruch der vor allem von den USA gestützten Regierung zu verhindern. Die Taliban haben ihre internationale Anerkennung auch der Zunahme der internationalen Spannungen zu verdanken. Damit besteht die Gefahr, dass ein Ende der innenpolitischen Auseinandersetzungen zunehmend davon abhängt, dass Staaten wie Russland, China und Iran nicht versuchen, die Bürgerkriegsparteien in Afghanistan gegeneinander auszuspielen. Die US-Delegation hatte den Auftrag von Präsident Trump, im Alleingang mit den Taliban zu verhandeln und die Voraussetzung zu schaffen, um die finanziellen und militärischen Verpflichtungen der Vereinigten Staaten beenden zu können. Es ist den Taliban gelungen, die von ihnen gehasste Regierung in Kabul ein Stück weit zu isolieren, aber ihr Versuch eines verhandlungspolitischen Alleingangs mit den USA hat bislang in eine Sackgasse geführt.

Mit ihrer Forderung eines vierwöchigen Waffenstillstands vor dem Beginn von Verhandlungen zwischen seiner Regierung und den Taliban hat Afghanistans Präsident Ashraf Ghani die USA vor ein nicht so schnell zu lösendes Dilemma gestellt, indem er Trump gezwungen hat, zwischen der Regierung in Kabul und den Taliban zu wählen. Deshalb mussten die Vereinigten Staaten mit den Taliban nachverhandeln. Denen ist in Präsident Ghani ein ernsthafter innenpolitischer Gegner erwachsen, der versucht, die Altlasten des Systems abzutragen. Abdullah Abdullah, der Verlierer bei den Präsidentschaftswahlen im Jahr 2014 und im September 2019, hatte zwar immer wieder angekündigt, das Ergebnis der Wahlen nicht anzuerkennen. Doch Ghani setzte seine Politik unbeirrt fort, nachdem die Wahlkommission ihn im Dezember 2019 zum Wahlsieger erklärt hatte. Schritt für Schritt hatte er bereits einen Teil der Kriegsfürsten zurückgedrängt. Während sein Vorgänger Karzai es nicht geschafft hatte, Atta Mohammed Noor, den von ihm 2004 eingesetzten Gouverneur der Provinz Balch, zum Rücktritt zu bewegen, erzwang ihn Ghani im Jahr 2017. Auch wenn nur ein Teil der Macht des tadschikischen Gouverneurs gebrochen ist, dürfte Ghani seinen Einfluss deutlich erweitert haben, da jetzt mit Dostum und Atta zwei tadschikische Kriegsfürsten miteinander konkurrieren und sich damit ein Stück weit gegenseitig blockieren.

Deutsche Politiker und Entwicklungsexperten haben Noor immer wieder hofiert, da die Mehrzahl der deutschen Soldaten in Balch stationiert war und dort seit dem Abzug der regulären Truppen auch die meisten deutschen Soldaten wieder stationiert sind. Sie sollen im neuen Nato-Einsatz «Resolute Support» die afghanischen Streitkräfte darin unterstützen, die Sicherheit im

Land selbst zu gewährleisten. Da der größte Teil der deutschen Hilfsgelder in das Umfeld deutscher Soldaten geflossen ist, hat Atta davon profitiert.[57] Trotz seiner innenpolitischen Probleme versucht der afghanische Präsident die völlige Abhängigkeit des afghanischen Staatshaushalts von den Devisenzahlungen des Auslands zu beseitigen. Ob Ghani im Failed State Afghanistan funktionierende Strukturen entwickeln kann, entscheiden die westlichen Staaten. Wenn sie ihre Zusagen einhalten, der Regierung in Kabul weiter Geld überweisen und den größten Teil der Kosten des afghanischen Sicherheitsapparates tragen, könnte Ghanis Plan aufgehen.

Die Bereitschaft der US-Regierung, mit den Taliban direkt und ohne Beteiligung der Regierung in Kabul zu verhandeln, sollte als Weckruf verstanden werden. Wenn deutsche Diplomaten, Politiker und Mitarbeiter von Instituten versuchen, zu einem Erfolg derartiger Verhandlungen beizutragen, sollte die deutsche Öffentlichkeit gewarnt sein. Nach 2001 wurde selten Kritik am Vorgehen der USA und an den innerafghanischen Entwicklungen geübt. Heute darf dieser Fehler nicht durch Darstellungen ausgeglichen werden, in deren Zentrum die Zerrüttung des afghanischen Staates steht. Wenn ein in vielen Bereichen hilfloser Präsident, der versucht, den von westlichen Staaten hinterlassenen Schutt zu beseitigen, für die aktuellen Zustände mitverantwortlich gemacht wird, dann ebnen Medien mit einer derartigen Berichterstattung den Weg, ihm die notwendige Unterstützung zu entziehen.

Dies gilt insbesondere für Autoren, die in der Vergangenheit Missstände verschwiegen oder diese gar schöngeredet haben. Die Besetzung Afghanistans durch sowjetische Truppen und das politische Chaos nach deren Rückzug sollten als Mahnung dafür verstanden werden, was passieren kann, wenn ein Land geopolitischen Überlegungen geopfert wird und finanzkräftige Staaten sich aus der Verantwortung stehlen, nachdem sie zuvor durch ihre Politik Chaos angerichtet haben.[58] Die Zeit drängt. Es gilt zu verhindern, dass der Bürgerkrieg nicht beendet wird, weil ausländische Kräfte versuchen, innere Auseinandersetzungen zu schüren, um sich gegenseitig zu schwächen. Die Staaten, die mit ihren Bemühungen gescheitert sind, in Afghanistan nach dem Sturz der Taliban neue politische Strukturen zu schaffen, müssen aus den Fehlern der Vergangenheit lernen. Dies bedeutet, dass die afghanische Regierung auch künftig finanziell unterstützt werden muss und dass die politischen und diplomatischen Bemühungen verstärkt werden, den Bürgerkrieg zu beenden.

Irak: Der sinnlose Krieg

In der irakischen Bevölkerung sind die beiden Hauptströmungen des Islam vertreten, die Mehrheit sind Schiiten und die Minderheit Sunniten. Zudem leben Kurden und Araber in dem Land – also zwei Volksgruppen oder Ethnien. Die Kurden sind mehrheitlich Sunniten, doch die religiöse Orientierung ist bei den meisten weniger bedeutsam als das Zugehörigkeitsgefühl zur Volksgruppe der Kurden.[59]

Entscheidend für die irakische Politik sind jedoch die Stämme. Nicht nur in den ländlichen Regionen haben sie eine zentrale Bedeutung. Auch während seiner Gewaltherrschaft in Irak ist es Saddam Hussein nicht gelungen, die Macht der Stämme endgültig zu brechen. Stammesherrschaft und Stammesgesetze stehen oft im Widerspruch zu den Gesetzen des Zentralstaates. Deshalb führen Stämme heute noch wandernder Beduinen, vor allem in schwer zugänglichen Regionen wie den Wüstengebieten, ein staatlich nur schwer zu überwachendes Eigenleben.

Die Spaltung der Moslems in Schiiten und Sunniten entstand wegen eines Streites um die Nachfolge des Propheten Mohammed und vollzog sich nach der Schlacht von Kerbala (680 n. Chr.), in der Hussein, der Enkel des Propheten, getötet wurde. Kerbala liegt in der Mitte Iraks. Diese Spaltung brachte eine tiefe Abneigung zwischen den beiden Konfessionsgruppen, die durch die Jahrhunderte immer wieder in offene Feindschaft umschlug, insbesondere nach der Entstehung des Wahhabismus in Saudi-Arabien im 18. Jahrhundert. Vor allem bei Stämmen, die in den Wüstenregionen nahe der Grenze zu Saudi-Arabien lebten, fand diese sunnitische Ausprägung der Rückbesinnung auf den frühen Islam viele Anhänger. Für Wahhabiten sind Schiiten Ketzer,

Das Scheitern der westlichen Politik im Orient

die man töten darf. Die heutige Feindschaft geht bei den Schiiten auch auf die Eroberung der für die Schiiten heiligen Stätten in Kerbala und Nadjaf zu Beginn des 19. Jahrhunderts durch den Wahhabiten-Prinzen Saud zurück. Beduinenkämpfer von Abd al-Aziz ibn Mohammed ibn Saud, des zweiten Herrschers der zum Wahhabismus bekehrten Familie Saud, brandschatzten, raubten und ermordeten Einwohner und Pilger in Kerbala. Sie benutzten das Grabmal des Imam Hussein, eine der wichtigsten Pilgerstätten der Schiiten, als Stall für ihre Pferde.[60] Schiiten werden den Überfall – in ihren Augen handelt es sich um Gotteslästerung – nicht vergessen. Obwohl sie im Kernland des heutigen Irak, dem Gebiet zwischen Euphrat und Tigris, die Mehrheit der Bevölkerung ausmachen, wurden sie bis zur Eroberung Iraks durch die US-Streitkräfte von sunnitischen Politikern beherrscht oder regiert.

Auch Saddam Hussein unterdrückte die Schiiten und führte gegen deren Willen und mit Unterstützung westlicher Staaten einen Krieg gegen die Islamische Republik Iran, wo die schiitische Geistlichkeit nach dem Sturz des Schahs die Macht übernommen hatte. Er nutzte die Einnahmen aus den Ölverkäufen, um ganze gesellschaftliche Gruppen in den Staatsapparat zu integrieren oder sie auf sonstige Weise mit Geld ruhigzustellen. Mit einem der größten Ölvorkommen der Welt verfügt Irak über genügend Reserven für eine solche Beschwichtigungspolitik.[61] Saddam Hussein nutzte die Ölgelder aber vor allem, um einen gigantischen Unterdrückungs- und Militärapparat aufzubauen und zu unterhalten. Kurdische Proteste und Unabhängigkeitsbestrebungen beantwortete er mit einer Zwangsarabisierung. Er zerstörte kurdische Dörfer und ließ für deren überlebende Bewohner Siedlungen bauen, erschwerte die Ausstellung von Pässen für Kurden, zwang sie, Arabisch zu lernen, und siedelte

Araber vor allem aus dem Südirak in kurdischen Städten an. Als die Politik der Zwangsarabisierung scheiterte und die Führer der kurdischen Opposition mit dem damaligen Kriegsgegner Iran zusammenarbeiteten, ließ Hussein 1988 und 1989 etwa fünfzig- bis hunderttausend Kurden ermorden.

Gegenüber den sunnitischen Stammesführern wählte Hussein eine andere Taktik. Diese hatten sich während der britischen Kolonialzeit[62] und seit Gründung des Iraks im Jahr 1932 immer wieder der staatlichen Kontrolle entzogen. Saddam Hussein versuchte vergeblich, ihre Macht zu brechen. Seit dem Sturz der Monarchie in Irak durch einen Militärputsch im Jahr 1958 wurden die Stammesführer zwar wirtschaftlich durch eine Landreform geschwächt, in deren Verlauf viele von ihnen den größten Teil ihrer Ländereien durch Enteignung verloren. Doch die meisten Stämme setzten ihr Eigenleben fort.[63] Hussein war als Präsident und Diktator darauf angewiesen, die Stammesführer in seine Politik einzubinden. Diese waren in der Regel zu einer Zusammenarbeit bereit, aber nur wenige unterwarfen sich ihm.

Nach seinem Sturz und der militärischen Besetzung Iraks ist es den US-Regierungen nicht gelungen, die unterschiedlichen gesellschaftlichen Gruppen zusammenzubringen. Im Gegensatz zu seinem Sohn hatte Präsident George H.W. Bush im Kuwait- krieg 1991 die Besetzung Iraks vermieden und General Norman Schwarzkopf, den damaligen Oberbefehlshaber in Irak, an einem Vormarsch auf Bagdad und an einer Besetzung großer Teile des Landes gehindert. Bush senior dürfte bewusst gewesen sein, dass die US-Streitkräfte zwar in der Lage waren, Irak zu besetzen, dass es ihnen aber sehr schwerfallen würde, das Land anschlie- ßend zu kontrollieren. Sein Sohn George W. Bush, der von einer Gruppe neokonservativer Mitarbeiter getrieben wurde, wagte diesen Schritt, ohne die Folgen zu bedenken.

Das Scheitern der westlichen Politik im Orient

Der Sturz Saddam Husseins

Die Eroberung Iraks durch die Streitkräfte der USA und Großbritanniens dauerte knapp vier Wochen, vom 20. März bis zum 14. April 2003. Die aus Kuwait und Jordanien vorrückenden Einheiten stießen auf relativ geringen Widerstand, weil die irakische Bevölkerung in den Schiitengebieten Südiraks wegen ihrer Abneigung gegen die Diktatur Husseins die US-Truppen nicht am Vormarsch hinderte und nur ein kleiner Teil der irakischen Streitkräfte bereit war, gegen diese zu kämpfen. Zudem gelang es den Vereinigten Staaten, die militärische Kommunikation Iraks in den ersten Kriegstagen vollständig zu zerstören. Der irakische Informationsminister verkündete alle zwei Tage diffuse Siegesmeldungen. Es fehlten aber Informationen und Nachrichten über einzelne Kämpfe und den aktuellen Verlauf der Front. Von Beginn an war klar, dass Irak den Krieg verlieren würde, doch die Präzision und das gezielte Vorgehen der US-Streitkräfte war eine große Überraschung. Statt des angekündigten totalen Krieges mit dem Einsatz neuer Waffensysteme führte Amerika einen klassischen Eroberungsfeldzug, dem die irakische Armee zu keinem Zeitpunkt gewachsen war.

Das ganze Ausmaß der Niederlage begriff ich in den Stunden des Vorstoßes der US-Truppen auf Bagdad. Als erste amerikanische Medien meldeten, Einheiten der 3. Infanterie-Division der US-Armee hätten begonnen, den Flughafen von Bagdad zu besetzen, forderte Iraks Informationsminister Mohammed Sahhaf die in Bagdad akkreditierten Journalisten auf, den Flughafen zu besichtigen. Dort waren scheinbar keine US-Soldaten zu sehen. In der Abenddämmerung erkannten wir nicht, dass die amerikanischen Truppen, die aus dem Süden gekommen waren, bereits Teile des Flughafengeländes kontrollierten. Offensichtlich hatten die Soldaten ihre Tagesaufgabe erledigt, den Vormarsch abgebrochen und bereits das Nachtbiwak vorbereitet. Da kein Gefechtslärm zu hören war, schloss ich daraus, dass die Soldaten auf keinen militärischen Widerstand gestoßen waren.

Zwei weitere Erfahrungen machen deutlich, welchen grandiosen militärischen Sieg die amerikanischen Streitkräfte während der Invasion Iraks errungen haben. Als ein Militärsprecher auf einer Pressekonferenz in Doha (Katar) erklärte, erst nach der Eroberung des irakischen Hinterlandes sollten die US-Truppen Bagdad erobern, erlaubte ich meinem Kameramann nach fünfzehntägigem Dauereinsatz zum ersten Mal, seine Familie zu besuchen. Als er am nächsten Morgen, am Sonntag, dem 5. April 2003, in das Hotel «Palestine» zurückkam, erzählte er mir, er habe mit seinem Wagen einen US-Panzer überholt. Ich wollte ihm nicht glauben und entgegnete, er habe einen irakischen mit einem amerikanischen Panzer verwechselt. Beleidigt sagte er nur, es sei mit Sicherheit kein irakischer Panzer gewesen, schließlich habe er ein waagerecht lackiertes V als Hoheitszeichen erkannt. Da auch eine italienische Kollegin von einem Einrücken der US-Einheiten wissen wollte, glaubte ich ihm schließlich.

Auch am nächsten Morgen war ich überrascht, als mir Kollegen von CNN berichteten, US-Panzer hätten auf dem gegenüberliegenden Tigris-Deich Stellung bezogen. Ich hatte mich beim Blick aus dem Hotelfenster schon gewundert, warum Panzer auf das verlassene Palastgelände vorgerückt waren. Mir war nicht einmal in den Sinn gekommen, dass es amerikanische Panzer sein könnten. Das eigentlich Bedeutsame war: Auch dieser Vorstoß ins Zentrum von Bagdad erfolgte ohne jeden Gefechtslärm. Nach diesen Begebenheiten war mir klar, dass die US-Truppen Bagdad im Handstreich erobert hatten.[64]

Die Division der US-Marines, die Bagdad einen Tag später erreichte und den Ostteil der Hauptstadt besetzte, rückte ebenfalls ohne Gegenwehr ins Zentrum ein. Sie mussten jedoch im Süden Bagdads an einer Brücke – wahrscheinlich über den Sirvan-Fluss – den weiteren Vormarsch erkämpfen.[65] Es dauerte noch eine Woche, bis auch das irakische Hinterland vollständig besetzt war. Mir ist von erbitterten Gefechten nichts bekannt. Nur beim Einmarsch in Tikrit sollen Reste irakischer Einheiten vereinzelt Gegenwehr geleistet haben. Am 14. April erklärte das US-Verteidigungsministerium den Krieg für beendet. Präsident Bush ließ es sich dann nicht nehmen, am 1. Mai erneut den Abschluss der Hauptkampfhandlungen zu verkünden. Mit seinen Worten «mission accomplished» erweckte er den Eindruck, der Krieg gegen Irak sei komplett vorbei. Dabei erlitten die US-Streitkräfte ihre größten Verluste erst nach der Eroberung des Landes.

Während ihres Vormarsches gab es keine Entscheidungsschlacht. Die irakischen Truppen befanden sich von Kriegsbeginn an in einer Art Auflösungsprozess. Die Milizen und die Republikanischen Garden, die von den Anhängern Husseins als «goldene Divisionen» bezeichnet wurden, waren nicht bereit, in direkten Gefechten gegen einen überlegenen Gegner anzutreten. Dies auch, weil die US-Streitkräfte die Lufthoheit besaßen, die gegnerischen Kommunikationsstrukturen zerstört hatten und sich auf dem Vormarsch befanden. Die Propaganda von «Shock and Awe» tat zusätzlich ihre Wirkung.[66]

Hussein war, genau wie seine Söhne Qusai und Udai, bereits Tage nach der endgültigen Besetzung geflohen. Zuvor hatte er am 9. April in einer Straße eines noch nicht besetzten sunnitischen Viertels eine Begegnung mit irakischen Frauen und Männern filmen lassen. Die Aufnahmen wurden ausländischen Fernsehsendern zugespielt. Mit ihrer Ausstrahlung wollten die

Anhänger des gestürzten Diktators glauben machen, Hussein kontrolliere weiterhin das Land. Sein jüngerer Sohn Qusai, den er als Nachfolger vorgesehen hatte, sollte eigentlich die Verteidigung von Bagdad organisieren. Stattdessen brachte dieser vor seiner Flucht in einer nächtlichen Aktion die Barbestände der Nationalbank in seinen Besitz. In den nächsten Tagen wollten Anhänger Husseins den Eindruck erwecken, er und seine Söhne organisierten den bewaffneten Widerstand gegen die US-Armee. Zwar rief der geflohene Diktator seine Anhänger in den kommenden Wochen immer wieder in Tonbandnachrichten zum Widerstand auf, doch tatsächlich bewegte er sich wie seine Söhne lediglich von Versteck zu Versteck. Im Gegensatz zu den weiblichen Mitgliedern der Hussein-Familie hatten ihnen die Nachbarländer Syrien und Jordanien die Aufnahme verweigert. Qusai und Udai wurden am 23. Juli von Mitgliedern einer US-Spezialeinheit in der nordirakischen Stadt Mossul getötet. Angeblich sollen sie beim Versuch ihrer Festnahme auf Soldaten geschossen haben.

Nach Angaben der amerikanischen Streitkräfte wurde Saddam Hussein am 13. Dezember, also gut acht Monate nach seiner Flucht aus Bagdad, gefangen genommen. Die Soldaten behaupteten, ihn aus einem Erdloch gezerrt zu haben.[67] Bilder nach seiner Festnahme zeigten den ehemaligen Präsidenten in einem Zustand von Verwahrlosung. Er wurde als Flüchtender gefasst und nicht als Kopf einer Widerstandsbewegung, die die Besatzungstruppen herausforderte. Der gejagte Ex-Diktator hatte all seine Energien gebraucht, um sich zu verstecken. Er musste zudem versuchen, sich vor Verrat zu schützen, da die USA ein Kopfgeld von fünfundzwanzig Millionen Dollar auf ihn ausgesetzt hatten. Schon deshalb durfte er keinen direkten Kontakt mit den Menschen im Umfeld seiner Verstecke aufnehmen, um

Das Scheitern der westlichen Politik im Orient

sie gegen die Besatzer zu mobilisieren. Der von ihm geforderte Volksaufstand blieb aus. Kampfgruppen von Al-Kaida, die aus der Kurdenregion einsickerten, die zuvor unter dem Schutz der USA gestanden hatte, und versprengte Anhänger des Regimes, die sich mit den Terroristen verbündeten, übernahmen den Aufbau des Widerstandes und verübten erste Anschläge.[68]

Der Machtantritt der Schiiten

Dem relativ leichten militärischen Sieg folgten die unlösbaren Probleme, denen die Besatzungsmacht USA in den anschließenden Tagen gegenüberstand. Bereits Stunden nach der Eroberung begann in Bagdad eine Plünderungswelle. Im Zentrum der Stadt wurden die Beutegüter auf einem Markt angeboten, der bereits nach der Besetzung und Plünderung Kuwaits Hochkonjunktur gehabt hatte. Der amerikanische Ex-General Jay Garner leitete die neue Zivilverwaltung in Irak. Doch statt dem internationalen Recht entsprechend für Ruhe und Ordnung zu sorgen, unternahm er genau wie die Führung der US-Streitkräfte nichts gegen die Ausschreitungen.

Stattdessen bemühte er sich, eine neue irakische Führung aufzubauen. Sein erster Versuch war ein kompletter Fehlschlag. Garner organisierte im Südirak eine Konferenz von Politikern aus der bisherigen Opposition. Sein Ziel war es, den aus den USA eingeflogenen Mitgliedern des von Ahmad Djalabi geführten Irakischen Nationalkongresses Führungsaufgaben zu übertragen. Für die «Freie Irakische Armee» (Free Iraqi Forces – FIF)[69] hatte Garner offensichtlich zentrale Funktionen beim Neuaufbau des irakischen Sicherheitsapparates vorgesehen. Die aus dem Exil – vor allem in Iran und Syrien – zurückgekehrten führenden schiitischen Oppositionellen reagieren mit Skepsis, zumal Dja-labi[70] wegen eines gigantischen Bankbetrugs in Jordanien einen sehr schlechten Ruf in seiner irakischen Heimat besaß. Abge-sandte der von Hussein nicht an der Macht beteiligten Sunniten Bagdads fuhren erst gar nicht in den Südirak.[71]

An dem nächsten Treffen der von den USA als künftige politi-sche Entscheidungsträger vorgesehenen ehemaligen Oppositio-nellen, das am 28. April, diesmal in Bagdad, stattfand, nahmen etwa doppelt so viele Iraker teil, nämlich rund zweihundertfünf-zig Männer und Frauen. Die US-Zivilverwaltung stellte die poli-tischen Weichen für Irak nach Saddam Hussein. Fünf Männer, alle prominente Gegner des alten Regimes, wurden zu einer pro-visorischen irakischen Führung ernannt. Es fehlte ein Vertreter der Sunniten, die die Herrschaft Husseins in einer Art innerer Emigration überstanden hatten. Nur Freunde der siegreichen USA wurden bedacht. Selbst Schiiten, die sich übergangen fühl-ten, begannen mit ersten Demonstrationen.

Das Chaos hatte inzwischen auf das gesamte Land überge-griffen. Es wurde nicht nur geplündert, sondern die Kader des alten Regimes verwischten außerdem systematisch die Spuren ihrer Taten. Da die US-Soldaten in Bagdad nur die Stadtver-waltung und das Ölministerium sicherten, wurden viele Minis-terien ausgeräumt. Gebäudeteile oder Räume, in denen wichtige Informationen lagerten, wurden zerstört oder in Brand gesteckt, um Beweise zu vernichten. Bewaffnete Bürgerkomitees über-nahmen nachts den Schutz von Banken und Geschäften.[72] Die neue Besatzungsmacht hatte bereits die Kontrolle über das Land verloren, obwohl allein zwei Divisionen der US-Streitkräfte in Bagdad waren.

Zivilverwalter Garner wurde auf Anordnung der Regierung in Washington bereits am 6. Mai durch Paul Bremer ersetzt.

Doch auch er unternahm nichts gegen das Chaos auf den Straßen und arbeitete nicht mit den neu gebildeten Bürgerkomitees zusammen. Am 23. Mai löste Bremer sogar den von Hussein hinterlassenen Sicherheitsapparat und die Baath-Partei vollständig auf. Fünfhunderttausend Männer waren von einem Tag auf den anderen nicht mehr in der Lage, ihre Familien zu ernähren. Mit dieser Entscheidung verprellte er diejenigen in den Sicherheitsorganisationen, die bereit waren, an der Seite der USA neue Strukturen aufzubauen. Bremer hatte ein anderes Verständnis von Neuanfang als die Iraker. Er wollte Pläne verwirklichen, die in den USA über den Aufbau demokratischer Strukturen entwickelt worden waren. Die Mitarbeiter der von ihm geleiteten US-Zivilverwaltung, des Office for Reconstruction and Humanitarian Assistance (ORHA), hatten genau wie die US-Generäle keine Vorstellung von der Kultur und Lebensweise der Iraker und erkannten möglicherweise nicht einmal, dass sich deren Probleme mit jedem Tag vergrößerten.

Zwar zeigt die Ablösung Garners und die Ernennung Bremers, dass die Regierung in Washington erkannt hatte, dass es nach dem Sturz Husseins nicht gelungen war, die Grundstrukturen einer Zivilgesellschaft zu schaffen. Der Wechsel des Führungsteams der US-Zivilverwaltung änderte jedoch nichts. Die USA handelten wie in Afghanistan nach dem Motto «der Sieger bekommt alles»: Den Bündnispartnern während des Krieges wurde die Macht übertragen, und sie sollten die Führungsaufgabe beim Aufbau des neuen Systems einnehmen. Bremers Entscheidung, alle Mitarbeiter des Sicherheits- und Militärapparats Husseins zu entlassen, statt eine genaue Untersuchung zu organisieren, in der Parteigänger Husseins von Mitläufern getrennt wurden, trug entscheidend zur Bildung des Chaos bei.

Die Besatzungsmacht suchte die Zusammenarbeit mit Oppo-

sitionellen, die sich anboten oder die ihr aus früherer Zusammenarbeit bekannt waren. Garner setzte auf Politiker, die den USA
bei der Vorbereitung des Krieges geholfen hatten. Bremer hielt
sich vor allem an Politiker, die Hussein aus dem Exil bekämpft
hatten. Sie stellten den neuen irakischen Regierungsrat, dessen
fünfundzwanzig Mitglieder von der US-Zivilverwaltung ernannt
wurden. Jene, die von Hussein zum Schweigen gebracht worden
waren, aber dennoch unter seiner Diktatur in Irak ausgeharrt
hatten, wurden erneut übergangen.[73] Der amerikanischen Besatzungsmacht gelang es nicht, einflussreiche Sunniten am Neuaufbau Iraks zu beteiligen. Das muss man unbedingt zur Kenntnis
nehmen, um die spätere verheerende Entwicklung zu verstehen.

In den am 13. Juli 2003 ernannten Regierungsrat wurden
ausschließlich Anhänger des von den USA gegen Saddam Hussein geführten Krieges oder Gegner seiner Herrschaft berufen.
Dabei entsprach der Anteil der Vertreter der einzelnen Glaubensrichtungen und nationalen Gruppen in etwa ihrem Anteil
in der irakischen Gesellschaft. Doch selbst in der von Bremer
am 28. Juni 2004 eingesetzten irakischen Übergangsregierung
fehlten Vertreter der sunnitischen Elite, die im Land geblieben
waren. Bremer hatte eine Abneigung gegen nationalistische
Sunniten und überging sie beim Neuaufbau Iraks. Mit Adnan
Patschatschi berief er zwar einen Ex-Außenminister der sechziger Jahre in den irakischen Regierungsrat. Doch ähnlich wie
der ehemalige König in Afghanistan gehörte Patschatschi in eine
andere politische Zeit und war der Aufgabe eines Neuanfanges
nicht gewachsen. Zwar stammte er aus einer der bedeutendsten sunnitischen Familien des Königreichs Irak, aber er hatte
wegen seines Exils keine Erfahrungen im von der Baath-Partei
beherrschten Irak sammeln können. Patschatschis «Rat Unab-

hängiger Demokraten» erhielt bei den ersten freien Wahlen im Jahr 2005 nur 0,2 Prozent der Stimmen.

Auch wirtschaftlich gelang den US-Besatzern kein Neuanfang. Im Glauben an die Kräfte des Marktes öffneten sie die Grenzen für die Einfuhr von Waren aller Art, ohne durch die Schaffung eines neuen Zollsystems die verbliebenen ortsansässigen Manufakturbetriebe zu schützen. Der Lebensstandard der Bevölkerung ging noch weiter zurück. Die übergroße Mehrheit lebte in bitterer Armut. Trotz der gewaltigen Ölreserven hatte sich bereits vor dem Krieg das Pro-Kopf-Einkommen halbiert. Dies lag auch an den vom Weltsicherheitsrat vor dem Sturz Saddam Husseins verhängten Sanktionen, die Irak Ölexporte nur noch unter UN-Aufsicht erlaubten. Die Arbeitslosigkeit stieg nach dem Sturz Husseins und der Auflösung seiner Sicherheitsapparate auf gut fünfzig Prozent. Wenn Bremer erklärte, die Politik der Besatzer werde zu einem Wirtschaftswunder an Euphrat und Tigris führen, stärkte er mit derlei Ankündigungen nur den zunehmenden Widerstand, weil sie nicht verwirklicht wurden. Selbst Betriebe, die sich während der UN-Sanktionen hatten halten können, mussten wegen der Konkurrenz aus Fernost ihre Produktion einstellen.

Damit vergrößerte sich die finanzielle Abhängigkeit von den Ölexporten weiter. Bagdad wurde von Dollars überschwemmt. In den Läden wurden immer mehr Waren angeboten, unter denen die früher verbotenen Satellitenschüsseln und Mobiltelefone die gefragtesten waren. Diese konnten jetzt an jeder Straßenecke erworben werden. Es gelang nicht, eine eigenständige Wirtschaft zu entwickeln. Nur Händler und Importeure machten gute Geschäfte. Diese Art des Wirtschaftens und der schnelle Aufbau einer neuen politischen Elite bildeten den Nährboden für sich ausbreitende Korruption, Vetternwirtschaft und Betrug. Hinzu kommt, dass die Vertreter der USA für Gefälligkeiten bezahlten. Als bekannt wurde, dass Journalisten für das Schreiben proamerikanischer Artikel von der Besatzungsmacht zusätzlich bezahlt wurden, war die Empörung groß. Wie in Afghanistan begannen Bestechung und Betrug an den Schnittstellen zwischen den amerikanischen und staatlichen Vertretern. In Irak bereicherte sich die neue Elite anfangs an den Zahlungen der USA, die eigentlich für den Aufbau des Landes bestimmt waren. Diese Mittel sind inzwischen versiegt und seit dem Jahr 2007 durch die hohen Öleinnahmen des Landes ersetzt worden.

Der US-Zivilverwaltung gelang es aber auch, Ansätze demokratischer Strukturen zu entwickeln. Presse- und Redefreiheit gehören ebenso dazu wie Parlamentswahlen. War bei den letzten Präsidentschaftswahlen des alten Regimes im Oktober 2002 Saddam Hussein offiziell von hundert Prozent der Wahlberechtigten einstimmig zum Präsidenten wiedergewählt worden, so war das Ergebnis der ersten freien Parlamentswahlen 2005 anders. Die Wahlbeteiligung lag bei 58 Prozent. Die Liste der Schiiten erhielt die meisten Stimmen und nahezu die absolute Mehrheit der Sitze. Die auf Veranlassung Bremers gebildeten politischen Strukturen Iraks blieben bestehen. In der Regierung waren jetzt mehrheitlich Schiiten, aber auch Kurden vertreten. Dies war aber nur dem Anschein nach eine flügelübergreifende Zusammenarbeit. Vor allem aus Iran zurückgekommene Schiitenpolitiker übten die politische Macht aus. Ihre Organisationen und Parteien gewannen 2005 die ersten freien Parlamentswahlen, und sie stellten seither den Ministerpräsidenten.

Der in der Übergangsphase herrschende Gruppenegoismus, der in die Machtübernahme der Schiiten mündete, lässt sich an zwei Beispielen darstellen. Erstens: Zuvor verfeindete kurdische Organisationen, die Demokratische Partei Kurdistans (DPK) und die Patriotische Union Kurdistans (PUK), die sich sogar bekriegt hatten, bildeten für die Wahlen 2005 eine gemeinsame Liste. Zweitens: Parteien, die ein gesamtirakisches Programm und keine Teilinteressen vertraten, blieben bis 2018 bedeutungslos.

Saddam Hussein war zwar gestürzt, aber Irak versank im Chaos, und aus dem Exil zurückgekehrte schiitische Politiker übernahmen die politische Macht. Die USA hatten zwar den Krieg gewonnen, aber sie konnten weder die Gesellschaft befrieden noch eine neue Wirtschaft aufbauen.

Die Fehler rächen sich:
Probleme und Abnutzungskrieg

Die 350000 Mann starken irakischen Streitkräfte waren von den zahlenmäßig weit unterlegenen, aber perfekt ausgerüsteten US-Verbänden in einem klassischen Krieg vernichtend geschlagen worden. Die Auflösung der Sicherheitsapparate durch die Besatzer drängte ehemalige Soldaten, Polizisten, Geheimdienstmitarbeiter oder Mitglieder der Baath-Partei an den Rand der Gesellschaft. Sie verarmten und waren oft gezwungen, mit ihren Familien in die ländlichen Gebiete zurückzukehren, aus denen sie stammten. Sunniten begannen mit bewaffneten Aktionen gegen die Besatzungsmacht und deren irakische Unterstützer. Aber es war nicht etwa Hussein, der seine versprengten Anhänger neu organisierte. Dessen Maßnahmen beschränkten sich, wie geschrieben, vor allem auf die Verkündung propagandistischer Durchhalteparolen. Ihm fehlten die Erfahrungen, um eine Kampftaktik gegen überlegene Besatzer zu entwickeln, die in gut gesicherten Kolonnen unterwegs waren oder sich in Stützpunkten einigelten.

Diese Taktik entwickelten aus Afghanistan vertriebene Gruppen, die in asymmetrischen Kampfformen ausgebildet waren und darin jahrelange Erfahrungen hatten. Al-Kaida nahestehende Kommandos kontrollierten ein kleines Gebiet in Irakisch-Kurdistan, das zwischen Halbja und der iranischen Grenze liegt, also in Regionen, in denen kurdische Gegner Husseins das Sagen hatten. Mitglieder dieser radikalislamischen Gruppen zogen sich nach dem Krieg in die Sunnitengebiete Nordwestiraks zurück, als US-Truppen ihre Stützpunkte in den Kurdengebieten Nordiraks zerstörten. Diese Kommandos nutzten die dort verbreitete Kampfbereitschaft gegen die Besatzer. Dies gelang ihnen auch deshalb, weil sie mit ehemaligen Offizieren der irakischen Streitkräfte zusammenarbeiteten, die sich für ihre Entlassung rächen wollten. Der Führer der Terrorkommandos, Abu Musab al-Zarkawi, formte mit den Aktivisten die Gruppe «Ansar al Sunna» und begann einen brutalen Kampf gegen die US-Soldaten, die Übergangsregierung in Bagdad und die Schiiten. «Ansar al Sunna» wurde genau wie al-Zarkawi von Al-Kaida als deren Organisation in Irak akzeptiert. Doch die Taktik dieser Gruppe unterschied sich von der Bin Ladens immer stärker.

Vor allem die Anschläge auf Wallfahrtsstätten der Schiiten erhöhten die innenpolitischen Spannungen. Es gibt keine Beweise dafür, dass al-Zarkawi versucht hat, einen Bürgerkrieg auszulösen, doch die Terroranschläge auf schiitische Pilger heizten die Stimmung in Irak dermaßen an, dass sich im Jahr 2006 Nachbarn gegenseitig ermordeten, nur weil sie unterschiedliche religiöse Auffassungen vertraten.[74]

Tausende von Ausländern schlossen sich den irakischen Terroristen an. Sie zahlten sogar Geld für ihre Ausbildung zum Selbstmordattentäter.[75] Erst ab 2006 waren auch mehr und mehr Iraker zu Selbstmordanschlägen bereit. In diesen Fällen erhiel-

Das Scheitern der westlichen Politik im Orient

ten die Familienangehörigen des Täters zweitausend Dollar von der Terrororganisation.

Die zunehmende Gewalt zwischen Sunniten und Schiiten mündete schließlich in einen Bürgerkrieg, in dem die Gräben zwischen den Anhängern der unterschiedlichen Glaubensrichtungen tiefer wurden. Seither wohnen immer seltener Schiiten und Sunniten in denselben Quartieren. Sunnitische oder schiitische Stadtteilmilizen kontrollierten Fahrzeuge, die Zufahrt zu Wohnstraßen bekommen wollten. Die einzelnen Viertel wurden mit Betonkonstruktionen gesichert, um sie vor Anschlägen zu schützen. Al-Zarkawi hatte sein Ziel erreicht. Es herrschte Krieg zwischen Schiiten und Sunniten, seine Terrorgruppe hatte die Führung im Untergrund übernommen und konnte die Kader des gestürzten Regimes organisieren, die gegen die Besatzungsmacht kämpfen wollten.

Al-Kaida führte den Kampf gegen die ausländischen Soldaten meist mit Sprengsätzen. Sie wurden an Straßen versteckt und gezündet, wenn Fahrzeuge amerikanischer Streitkräfte vorbeifuhren. Diese Sprengfallen sind einfach und relativ billig zu bauen. In Irak gab es genügend Sprengstoff. Al-Kaida hatte Spezialisten, die daraus sogenannte Unkonventionelle Spreng- und Brandvorrichtungen (USBV) herstellten. In Irak gab es zudem genügend Materialien, um diese primitiven Bomben herzustellen. Selbst Kunstdünger reicht für deren Produktion. Mit den Sprengsätzen haben Terroristen ein wirkungsvolles Mittel gegen ihre Gegner, da diese schwere Verluste erleiden, die Täter jedoch meist unerkannt bleiben.[76]

Die US-Truppen reagierten mit einem Umbau ihrer Ausrüstung. Nutzten Soldaten 2003 noch Jeeps mit Segeltuchtüren und Plastikfenstern, und wurden Fahrzeuge anfangs mit Panzerplatten verstärkt, um den Druckwellen der primitiven Bomben standzuhalten, so waren neue Militärfahrzeuge mit Spezial-panzerungen ausgestattet. Zudem verfügten sie über eine elektronische Vorrichtung, mit der Sprengsätze entdeckt werden konnten. Heute ähneln kleine Fahrzeuge der US-Streitkräfte für zwei oder drei Soldaten Panzern. Beide Seiten lieferten sich einen Entwicklungswettlauf. Das amerikanische Militär verbesserte die Panzerungen und Warnsysteme seiner Fahrzeuge, und die Terroristen produzierten immer stärkere und schwerer zu entdeckende Sprengsätze.

Doch der Kampf gegen die Aufständischen wurde nicht durch technische Entwicklungen im Rüstungswettlauf der asymmetrischen Kriegsführung entschieden. Als die Terroristen im Jahr 2005 begannen, Stammesführer zu bekämpfen, waren diese zu einer militärischen Zusammenarbeit mit den US-Streitkräften bereit. Das Ergebnis war eindeutig. Es war ein Krieg, in dem die Stammesmilizen den Terroristen keine Chance ließen. In dem Dorf Al Jazeera, nordöstlich von Ramadi, haben Stammesvertreter 2006 beschlossen, Al-Kaida in Irak anzugreifen. Ein junger Scheich hatte die Versammlung einberufen, nachdem sein Vater von der Terrororganisation ermordet worden war. Allein in diesem Dorf starben zweihundert junge Männer im Krieg gegen Al-Kaida.[77]

Die klarste Aussage zu diesen Kämpfen machte mir gegenüber Scheich Ali Hatam al-Suleiman, der 1971 geborene Führer des Dulaimi-Stammes: «Die Amerikaner haben die Regierungseinrichtungen aufgelöst. Für Al-Kaida war das ein gefundenes Fressen. Irak war von den USA besetzt und die Ehre des Landes verletzt. Wir haben Al-Kaida in achtundvierzig Tagen aus Anbar vertrieben. Die US-Soldaten wagten sich dort zwei Jahre lang trotz bester Ausrüstung nicht einmal in bestimmte Straßen.» Allein Scheich Hatam konnte 30000 Kämpfer mobilisieren. Er hielt gleichermaßen Distanz zu den USA, der Regierung in Bagdad und Al-Kaida. Typisch für ihn wie für alle Stammesführer sind taktische Bündnisse.

Wenn es Vorteile bringt, sind Stämme zu einer Zusammenarbeit bereit. Doch wer glaubt, sie seien käuflich, irrt. Denn ihre Bündnisse sind offen, weil sie die Partner wechseln, wann immer sie sich davon Vorteile versprechen. So begingen die USA einen doppelten Fehler: Nach dem Sturz Saddam Husseins ignorierten und verprellten sie die in Irak lebenden Sunnitenführer. Drei Jahre später dachten sie nach dem Sieg über Al-Kaida, ihre militärischen Probleme gelöst zu haben, weil es ihnen gelungen war, mit den sunnitischen Stämmen Nordiraks ein Bündnis gegen Al-Kaida zu bilden. Doch da die grundlegenden Probleme Iraks, zum Beispiel das der Beteiligung der Sunniten an der Macht in Bagdad, weiter ungelöst blieben, waren mehrere Stämme bereit, mit den Terroristen ein Bündnis gegen die Regierung in Bagdad einzugehen. Der Frontwechsel dieser Stämme erfolgte bruchlos, auch weil die Terroristen in Irak sich immer deutlicher von Al-Kaida unterschieden. Der Terrorismus irakischer Prägung war entstanden. Ehemalige irakische Offiziere sowie Mitarbeiter irakischer Sicherheitsdienste und ehemalige Mitglieder Al-Kaidas bildeten die Terrororganisation «Islamischer Staat» (IS). Sie verkündeten und befolgten eine besonders radikale Form des sunnitischen Wüstenislams, bei dem Andersgläubige, zu denen Schiiten gezählt werden, ermordet werden dürfen.[78]

Nutznießer Iran

Über Jahrhunderte galten die theologischen Hochschulen im zentralirakischen Nadjaf als weltweit bedeutendes Zentrum der schiitischen Theologie. Nach dem Sturz des Schahs und der Gründung der Islamischen Republik Iran drängten während des irakisch-iranischen Krieges die im iranischen Ghom angesiedelten theologischen Fakultäten in den Vordergrund. Sie bildeten eine immer größere Zahl von Geistlichen aus. Die Studenten kamen aus allen Staaten, in denen Schiiten lebten. Diese Bedeutungsverschiebung wurde durch die Herrschaft der nationalistischen Baath-Partei in Irak und die Diktatur Husseins verstärkt. Der irakische Staat kontrollierte die heiligen Stätten der Schiiten, verfolgte die Mitglieder der schiitischen Dawa-Partei und schob im Jahr 1980, zu Beginn des Krieges gegen Iran, Bürger mit iranischer Herkunft in das Nachbarland ab. Dort sammelten sich zudem Flüchtlinge, die wegen der in Irak herrschenden Diktatur das Land verlassen hatten. Aus dem Exil setzten sie gemeinsam ihren Kampf gegen die Herrschaft Husseins fort.

Diese Oppositionellen wurden vom iranischen Staat unterstützt. Staatsoberhaupt Ayatollah Khomeini hatte während seines Exils von 1965 bis 1978 in Irak gelebt und an einer theologischen Hochschule in Nadjaf unterrichtet. Dort hatte er nicht nur gegen den Schah agitiert, sondern später auch mit irakischen Schiiten zusammengearbeitet, die gegen die Herrschaft Saddam Husseins rebellierten. Nach dem im Jahr 1980 von westlichen Staaten unterstützten Angriff Iraks auf das Nachbarland und nachdem irakische Truppen Teile der iranischen Erdölprovinz Khusistan besetzt hatten, wurden irakische Milizen im Exil von den iranischen Revolutionswächtern ausgebildet und auf einen Einsatz im Heimatland vorbereitet. Diese unterstanden offiziell

Das Scheitern der westlichen Politik im Orient

dem «Obersten Rat für die Islamische Revolution in Irak», einer Partei, die im Jahr 1982 von Ayatollah Mohammed al-Hakim gegründet worden war, später aber von den iranischen Revolutionswächtern kontrolliert wurde.

Bereits während des Krieges der USA gegen Saddam Hussein kämpften diese Milizen in Irak. Damals kehrten auch die schiitischen Oppositionspolitiker in ihre Heimat zurück. Sie nutzten ihre im Exil aufgebauten Strukturen und entwickelten sich zu führenden Politikern. Die schiitische Partei, deren Vorsitz Ayatollah Abdul al-Aziz al-Hakim, der jüngere Bruder des bereits im August 2003 ermordeten Ayatollah Mohammed al-Hakim, übernahm, war die führende Kraft in dem Schiitenbündnis, das die ersten freien Parlamentswahlen 2005 im Irak gewann.[79] Zwei Jahre später wurde die Partei in «Oberster Islamischer Rat in Irak» umbenannt. Ayatollah Abdul al-Aziz al-Hakim begründete die Streichung von «Islamische Revolution» damit, dass dieser Zusatz im neuen Irak nicht mehr notwendig sei.

Die Reislamisierung Iraks und die wiedergewonnene Volksfrömmigkeit der Schiiten wurde mir bewusst, als ich die überwältigende Teilnahme an den Märschen während der Arbain-Feiern zum vierzigsten Tag nach dem Fest zum Märtyrertod des Prophetenenkels Hussein beobachtete. Zu diesem Anlass ziehen Gläubige aus ganz Irak, zum Teil über Hunderte von Kilometern, zum Grabmal des Imams Hussein in Kerbala. Sie werden während ihres Marsches immer wieder von am Wegesrand Wohnenden verpflegt. 2012 sollen etwa fünfzehn Millionen Gläubige das Grabmal besucht haben. Für Schiiten ist das Arbain-Fest ähnlich bedeutsam wie die Pilgerfahrt nach Mekka.

Ohne die Berücksichtigung dieser Hintergründe kann der starke Einfluss Irans auf das Nachbarland nicht begriffen werden. Doch haben zwei zusätzliche Entwicklungen diesen Einfluss so verstärkt, dass sich eine iranische Vormacht über Irak entwickeln konnte: Zum einen entstand mit dem Rückzug der US-Streitkräfte ein politisches Vakuum. Der amerikanischen Regierung fehlte das Hauptmittel, um die irakische Politik weiter entscheidend beeinflussen zu können. Der Rückzug der Streitkräfte wurde bereits während der Präsidentschaft von George W. Bush vereinbart und ist in der US-Politik unbestritten.[80] Als Obama im Jahr 2009 zum Präsidenten gewählt wurde, kämpften zwar noch 160 000 Soldaten in Irak. Sie wurden aber in den ersten drei Jahren seiner Präsidentschaft weitgehend abgezogen. Die zusätzliche Stationierung von US-Einheiten, der sogenannte «surge», erfolgte in Irak bereits in den letzten Monaten des Jahres 2007, also vor dem Amtsantritt Obamas. Dieser ordnete die Erhöhung der Truppen in Afghanistan an, als er am 17. Februar 2009 bekannt gab, dort 17 000 zusätzliche Soldaten einzusetzen.

Zum anderen brachte der Vormarsch der IS-Milizen den entscheidenden Zuwachs des iranischen Einflusses in Irak. Ihr überfallartiges Eindringen und die schnelle Eroberung von Mossul, der zweitgrößten Stadt des Landes, lösten ein politisches Erdbeben aus. Die Terroristen eroberten die Waffenbestände mehrerer Divisionen und kündigten an, bis nach Bagdad vorzurücken. Im ganzen Land brach Panik aus – vor allem unter den Schiiten. Die Regierung war weitgehend handlungsunfähig. Die höchste Autorität der Schiiten, der in der iranischen Stadt Mashad geborene Großayatollah Ali Sistani, der bis heute am liebsten Farsi (Persisch) spricht, forderte daraufhin die Bevölkerung auf, das Land und dessen heilige Stätten mit Waffen zu verteidigen. Iran sandte zusätzliche Ausbilder und Offiziere der Revolutionsgarden, um weitere schiitische Milizen aufzubauen. Diese vertrieben – oft im Häuserkampf – zusammmen mit Soldaten der regulären irakischen Armee bei einer dauerhaften Luftunterstützung der Streitkräfte der Allianz gegen den islamischen Staat die Terroristen aus Mossul und anderen Gebieten Nordiraks. Seit diesem Sieg gegen den IS in Irak werden die Angehörigen dieser schiitischen Milizen vom irakischen Staat bezahlt, auch wenn der iranische Einfluss auf sie weiterbesteht. Große Teile der irakischen Schiiten akzeptieren als ihre Schutzmacht nicht die USA, sondern Iran.

Der wirtschaftliche Einfluss des Nachbarlandes ist gewaltig. Fünfzehn Prozent der Importe kommen aus Iran. Bis 2018 wuchs deren Wert auf mindestens sechs Milliarden Dollar. Die wirtschaftliche Verzahnung zwischen beiden Ländern ist so groß, dass Trump bis Herbst 2020 schon drei Mal einer Ausnahmeregelung zustimmte, bei der Irak von der Einhaltung der US-Sanktionen gegen Iran ausgenommen wurde. Das Land ist für die dringend notwendige Stromerzeugung auf Gaslieferungen aus dem Nachbarland angewiesen. Da mehrere inoffizielle Grenzübergänge existieren, die bis heute für Schmuggel genutzt werden, können die Vereinigten Staaten die Wirtschaftsbeziehungen zwischen den beiden Ländern nicht kontrollieren, insbesondere wenn weitere US-Militärberater das Land verlassen.[81]

Die Mehrheit der Iraker begrüßt diese Entwicklung. Sie sind seit Jahren überzeugt, dass die USA für die Entstehung des Terrorismus und damit auch für den in Irak stark gewordenen IS verantwortlich sind. Europäer mag diese Sichtweise überraschen, doch Äußerungen von Präsident Obama in einem Interview im Jahr 2015 sollten als Zeichen gewertet werden, dass gewichtige Gründe für eine derartige Auffassung existieren: «Der IS ist direkt aus Al-Kaida in Irak entstanden. Er entwickelte sich durch unseren Einmarsch in Irak, als ein Beispiel für unbeabsichtigte Folgen. Deswegen müssen wir – und zwar generell – genau zielen, bevor wir schießen.»[82]

Libyen: Das komplette Chaos

Libyen ist ein Knotenpunkt der Probleme des Mittleren Ostens und Nordafrikas (MENA). Erst im Jahr 1951 wurde die frühere italienische Kolonie Libyen unabhängig. Nach dem Sturz der Monarchie im Jahr 1969 errichtete der Putschistenführer Muammar Gaddafi seine Diktatur. Er konnte seine Macht nur durch Bündnisse mit Stammesführern aufrechterhalten, die er aus den Öleinnahmen bezahlte. Es gelang ihm nicht, einen funktionierenden Staatsapparat zu schaffen. Zivilgesellschaftliche Initiativen wurden während seiner Herrschaft unterdrückt. Stattdessen beschränkten sich staatliche Aktivitäten vor allem auf Planungen, Regulierungen und Überwachung. Mit größeren Entwicklungsprojekten wurden ausländische Firmen beauftragt; Waffen und der größte Teil der Konsumgüter wurden importiert. 1986 bombardierten die US-Streitkräfte erstmals Libyen, weil die Staatsführung, so die Begründung in Washington, für das Attentat auf die Berliner Diskothek «La Belle» verantwortlich gewesen sei. Während seiner Herrschaft hatte Gaddafi mehrfach die libyschen Streitkräfte gegen Stämme und islamische Aufständische eingesetzt. Einschließlich des bis heute existierenden Machtchaos spiegeln sich in Libyen die Probleme der gesamten Region.

Der Sturz des Diktators mündete in einen Bürgerkrieg. Statt für dessen Ende zu arbeiten, versuchen die Staaten Europas heute, Libyen als Barriere gegen die Flüchtlinge zu nutzen, die aus Afrika nach Europa drängen. Deshalb erhalten die Bürgerkriegsparteien ausländische Unterstützung: Katar und die Türkei helfen der Regierung in Tripolis, während Saudi-Arabien, die Vereinigten Arabischen Emirate (VAE) und Ägypten die

Aufständischen mit Geld und Waffen versorgen. Darin sind die regionalen wie internationalen Konfliktlinien erkennbar.

Volksaufstand und Intervention von außen

Die Wurzeln des Bürgerkrieges reichen zurück in die Kolonialzeit Libyens. In mehreren Kriegen brachten die Italiener seit Ende des 19. Jahrhunderts die Gebiete des heutigen Libyens unter ihre Herrschaft. Die bis dahin meist von Ägypten kontrollierte Kyrenaika, mit der Mittelmeerregion um Bengasi, der zweitgrößten Stadt im Osten des Landes, und mit den davon an den südlich gelegenen, an den Tschad grenzenden Gebieten wurde von Italien erst im Jahr 1928 erobert. Die Kyrenaika wehrt sich bis heute gegen die vermeintliche Vormachtstellung Tripolitaniens, wo auch die Hauptstadt Tripolis liegt.

Aus dieser an der Grenze zu Ägypten liegenden Region stammte der 1969 von Offizieren – unter Führung Gaddafis – gestürzte König Idris. In der Kyrenaika gab es immer wieder vereinzelten Widerstand gegen die Herrschaft Gaddafis und ab Januar 2011 auch die größten Proteste. Die ersten Demonstranten gegen die Diktatur sammelten sich damals aber in der Hauptstadt Tripolis. Es waren Proteste wie in Tunesien und Ägypten, die in den beiden Nachbarstaaten einige Wochen vorher begonnen und zur Flucht von Zine el-Abidine Ben Ali am 14. Januar 2011 und dem Rücktritt des ägyptischen Präsidenten Mubarak am 11. Februar 2011 geführt hatten. Doch in Libyen schlug der zunächst friedliche Protest sehr schnell in Gewalt um, ein Bürgerkrieg entbrannte. Gaddafi setzte die Armee gegen Aufständische ein und verschanzte sich in Tripolis. Die Protestierenden bildeten in Bengasi einen provisorischen Nationalrat, dem sich

Teile der Streitkräfte und Diplomaten anschlossen. Als der Weltsicherheitsrat auf Initiative westlicher Staaten die Schaffung einer Flugverbotszone forderte, der provisorische Nationalrat aus eigener Kraft sie aber nicht einrichten konnte, griffen am 19. März zuerst die Truppen Frankreichs und der USA auf der Seite der Gaddafi-Gegner in den libyschen Bürgerkrieg ein.[83]

Es war eine für die Regierung der Vereinigten Staaten typische «militärische humanitäre Intervention».[84] Während die UN-Resolution nur die Einrichtung einer Flugverbotszone über Libyen vorsah, nutzten die US-Streitkräfte den Beschluss, um die Aufständischen direkt zu unterstützen. Präsident Obama setzte damit anfangs die von seinem Vorgänger George W. Bush in Afghanistan und in Irak begonnene Politik fort, weil das Ziel des Militäreinsatzes ein Regimewechsel war. Aber auch bei dem Einsatz in Libyen wurde vorher nicht bedacht, wie kompliziert es werden würde, die durch einen von außen erzwungenen Regimewechsel ausgelösten Veränderungen zu kontrollieren. Die während der Herrschaft Gaddafis existierenden Zentrifugalkräfte und die teilweise fehlenden staatlichen Strukturen wurden unterschätzt. Obama dürfte diese Probleme bestenfalls erahnt haben. Für ihn ging es um eine humanitäre Intervention, mit der die militärische Zerschlagung der Aufstandsbewegung und große Opfer der Zivilbevölkerung verhindert werden sollten.

Der US-Präsident glaubte, die Probleme durch den Einsatz von Soldaten schnell lösen zu können. Für ihn stand im Vordergrund, die Streitkräfte nicht in einen langwierigen Krieg zu verwickeln. So war er zwar bereit, den Angriffsbefehl zu erteilen. Er sagte aber bereits zwei Tage nach dem Einsatz gegen die Truppen Gaddafis, die militärische Verantwortung solle so schnell wie möglich der Nato übertragen werden. Diese übernahm das Kommando am 31. März 2011. Doch anders als in Afghanistan trat die Nato nicht an der Seite der US-Truppen auf, sondern kommandierte den gesamten Militäreinsatz, wobei amerikanische Einheiten weiterhin am Krieg gegen Gaddafi beteiligt waren. Der Verantwortungswechsel könnte ein Grund sein, weshalb Obama sich nicht verpflichtet fühlte, wie eigentlich vorgeschrieben sechzig Tage nach Kriegsbeginn die Zustimmung des Kongresses für den Truppeneinsatz zu suchen.

Während die Angriffe der USA und der Nato, die offiziell der Durchsetzung einer Flugverbotszone dienen sollten, in steigendem Maße unmittelbar die Aufständischen unterstützten, schlossen sich arabische Staaten der Allianz an, weil sie offen für die Protestierenden Partei ergreifen wollten. Katar schickte zu Beginn sechs Kampfflugzeuge zur Unterstützung der von den USA geführten Militäraktion, Wochen später belieferte das Scheichtum die Aufständischen direkt mit Waffen und bildete deren Kämpfer aus. Schließlich sollen sogar katarische Spezialeinheiten an den Bodenkämpfen beteiligt gewesen sein.

Der schnelle offizielle Rückzug der Vereinigten Staaten und das militärische Eingreifen arabischer Staaten sind Zeichen für Veränderungen in der amerikanischen Militär- und Außenpolitik. Auch wenn der Krieg nur wenige Tage unter einem US-Kommando stand, folgten die für ein äußeres militärisches Eingreifen im Mittleren Osten typischen Ereignisse. Nach dem Sturz Gaddafis brach Chaos aus, gezeichnet von Terrorismus und einem endlosen Bürgerkrieg.

Die USA zogen hieraus Lehren. In den syrischen Bürgerkrieg griffen sie nur geheimdienstlich und mit einer symbolischen Militäraktion ein, im Krieg in Jemen leisten sie schließlich nur noch Hilfsdienste. Die Hauptlast der Kriege im Orient übernahmen Verbündete der Vereinigten Staaten, konservative, ölreiche arabische Golfstaaten, die vor allem US-Waffen einsetzen. Unter

Obama vollzog sich dieser Wandel zu indirekten Kriegseinsätzen schleichend, Trump setzte ihn durch eine Waffenexportoffensive fort. Er rüstete gleichzeitig stärker auf als sein Vorgänger. Diese Veränderungen in der US-Politik haben die auf Militäreinsätze folgende Not und das Elend der Menschen in den betroffenen Staaten nicht verkleinert, sondern vergrößert.

Horror für Flüchtlinge

Die Regierung der Vereinigten Staaten führte Krieg gegen Gaddafi und unterstützte nach dessen Sturz die gemäßigten islamischen Kräfte, ohne zu erkennen, wie schwierig es sein würde, neue zivilstaatliche Strukturen aufzubauen. Nach dem Sturz Gaddafis wanderten von ihm angeworbene Söldner mit Beutewaffen zurück in ihre Heimatländer. Zuerst gelang es Al-Kaida, im späteren Verlauf auch dem IS, nicht nur ihren Einfluss in Libyen auszubauen, sondern sich zudem noch in den Ländern Nordafrikas und der Sahelzone besser zu bewaffnen. Die CIA organisierte libysche Oppositionelle und deren Waffenvorräte und setzte sie in Syrien für den Kampf gegen das Assad-Regime ein.

Bis heute kontrollieren unterschiedliche Milizen Libyen. In dem Bürgerkrieg stehen sich die schwache Regierung in Tripolis und die Einheiten von General Chalifa Haftar gegenüber. Während Haftar von Ägypten, Saudi-Arabien, Russland und den VAE mit Geld, Waffen und Kämpfern unterstützt wird, rüsten Katar und die Türkei die Regierung von Fayiz Al-Sarraj auf. Alle Fraktionen des Bürgerkrieges erhalten durch die Zentralbank Gelder aus den Verkäufen des Öls, das weiterhin vor allem nach Italien geliefert wird.[85] Deutschland steht an zweiter Stelle der Abnehmer.[86] Nach dem Sturz Gaddafis konnte das Land seine

Erdölausfuhren steigern. Das war nur möglich, weil sich die Milizen und Bürgerkriegsparteien nicht in die Arbeit der libyschen Nationalen Ölgesellschaft (NOC) eingemischt haben, um ihren jeweiligen Anteil an den Öleinnahmen nicht zu gefährden.

Die europäischen Staaten, allen voran Italien, hatten und haben aber auch ein starkes Interesse daran, Libyen als Barriere gegen Flüchtlinge auszubauen. Schon Gaddafi hatte Afrikaner daran gehindert, durch sein Land nach Europa zu wandern. In einem mit Italien geschlossenen Abkommen war im August 2008 vereinbart worden, dass italienische Firmen die Landesgrenzen Libyens kontrollieren.[87] Italien erneuerte den Vertrag im Juli 2018 und schloss mit unterschiedlichen libyschen Milizen geheime Zusatzvereinbarungen.[88] Seither ist die Zahl der von Libyen nach Italien gekommenen Migranten um jährlich 90 Prozent zurückgegangen. 30000 Migranten und Flüchtlinge wurden seither im Mittelmeer aufgegriffen und nach Libyen zurückgebracht. Statt ihnen Schutz zu gewähren, werden sie gefoltert und sogar erpresst. In Libyen werden Flüchtlinge gejagt und in Lager gesperrt. Wiederholt wurde berichtet, dass Flüchtlinge als Sklaven gehandelt wurden.[89]

Das offene militärische Auftreten der Türkei in Libyen Anfang 2020 hat die Kräfteverhältnisse in dem Bürgerkrieg zugunsten der in Tripolis residierenden Bürgerkriegsfraktion der von den westlichen Staaten anerkannten Regierung Fayiz Al-Sarraj verschoben und das Land weiter in den Strudel des Krieges gezogen. Deutschland will mit seiner Forderung nach einer Einstellung von Waffenlieferungen an die Kriegsparteien die Voraussetzungen für einen Waffenstillstand schaffen. Damit würde den meist afrikanischen Flüchtlingen zumindest das Kriegselend, vor dem Hunderttausende Libyer geflohen sind, erspart. Doch die Bürgerkriegsparteien rüsten auf und erhalten Verstärkung von Söldnern. Die Türkei und Russland rekrutieren in Syrien Kämpfer und setzen diese in Libyen ein. Damit erfährt die Internationalisierung der Auseinandersetzung eine neue Dimension. Während Russland, Saudi-Arabien, die Vereinigten Arabischen Emirate und Ägypten die Milizen Haftars unterstützen, stärken die Türkei und Katar die Kämpfer von Al-Sarraj. Das Eingreifen der Türkei könnte langfristig die islamistischen Kräfte in Libyen stärken und hat zu Spannungen mit Frankreich und damit sogar zu einer Auseinandersetzung zwischen Nato-Partnern geführt. Der türkische Staatspräsident Erdogan versucht, seine verlorene Popularität in der Heimat durch eine Wiederbelebung osmanischer Machtansprüche zurückzugewinnen. Bis 1912 hatte das Osmanische Reich Libyen kontrolliert und es dann an Italien abgetreten. Erdogan könnte auch versucht sein, das türkische Militär außerhalb der Landesgrenzen zu binden, um einen möglichen Putsch gegen ihn und die die von ihm geleitete Gerechtigkeitspartei (AKP) zu verhindern. Doch sollte die Kriegskosten bestehen bleiben und der türkische Versuch scheitern, seinen Einfluss in Libyen auszubauen, dürfte Erdogans Popularität weiter sinken.

Das Scheitern der westlichen Politik im Orient

Syrien: Der Bürgerkrieg ohne Ende

Die Grenzen Syriens sind wie die der anderen arabischen Staaten – mit Ausnahme Saudi-Arabiens – ein Ergebnis der Kolonialzeit. Das Land wurde erst 1946 unabhängig, obwohl die wichtigsten Grenzen bereits mit dem Ende des Ersten Weltkriegs und der Auflösung des Osmanischen Reiches festgelegt worden waren.[90]

Arabische Nationalisten übernahmen die europäische Idee des Nationalismus und übertrugen sie auf die jetzt unabhängigen Staaten mit ihren künstlichen Grenzen. Sie versuchten, bei den Bewohnern ein Nationalgefühl zu entwickeln, das die Verteidigung dieser Grenzen einschloss. In Syrien entwickelten Intellektuelle den Baathismus, eine Verbindung von arabischem Nationalismus und sozialistischen Ideen. In der in den 1940er Jahren in Damaskus gegründeten Baath-Partei organisierten sich auch Christen, sogar einer ihrer Mitbegründer war ein Christ, der in Paris studiert hatte.[91] Auch der höchste christliche Bevölkerungsanteil aller arabischen Staaten erklärt den Erfolg der Baath-Partei in Syrien. Die Sunniten stellen in dem Land mit 75 Prozent zwar eine Dreiviertelmehrheit, aber die Baath-Partei wurde mehr und mehr von Offizieren und Alawiten kontrolliert. Die Alawiten sind eine den Schiiten zugerechnete Religionsgruppe und siedeln vor allem in den Bergdörfern nahe der syrischen Mittelmeerstadt Latakia. Mit Hafiz al-Assad, dem Vater des heutigen Staatspräsidenten Bashar al-Assad, kam 1971 ein Baathist und Alawit an die Macht. 1982 setzte Vater al-Assad, der Syrien schon damals als Diktator beherrschte, das Militär gegen einen Aufstand der Moslembrüder ein und zerstörte Teile des Zentrums der mittelsyrischen Stadt Hama. Vater al-Assad war es auch, der die im Norden des Landes an der türkischen

Grenze wohnenden Kurden zu entrechten versuchte. Doch sein Programm der Zwangsarabisierung scheiterte am Widerstand der Kurden, die nicht bereit waren, ihre Kultur und Sprache aufzugeben.

Zwar gehört es zu den Zielen der in allen arabischen Staaten wirkenden Baath-Partei, ein gesamtarabisches Großreich zu schaffen, doch versucht sie – bis zur Verwirklichung dieser Utopie –, die Grenzen der einzelnen arabischen Staaten zu verteidigen. Damit übernehmen die Baathisten das Nationalgefühl des städtischen Bürgertums, zu dem auch die Anerkennung und Erhaltung der Grenzen aus der Kolonialzeit gehört.[92] Auch bei den Kämpfen gegen die IS-Milizen, die die historischen Grenzen nicht anerkannten, überschritten deren irakische oder syrische Gegner höchst selten die offiziellen Landesgrenzen. Heute werden sie von der Mehrheit der Bevölkerung der einzelnen Länder akzeptiert. Nur Stämme in abgelegenen Wüstenregionen beachten sie nicht und weiden ihre Herden mal auf der einen, mal auf der anderen Seite. Sie leben in zwei Staaten, ohne deren Grenzen anzuerkennen.[93]

Langfristig wird diese Art der Stammeskultur untergehen. Dadurch entsteht Raum für eine Distanzierung zur Islamisierung. Das Zwischenhoch der gelebten Stammeskulturen während der US-Kriege nähert sich seinem Ende, weil sich auch die Stämme modernisieren und zeitgerechten Lebensformen anpassen müssen. Die von Terroristen eingeführte Internetkultur beschleunigt diese Entwicklung.

Brutale Unterdrückung von Protesten

Wie in Libyen entwickelte sich auch in Syrien im Jahr 2011 der Bürgerkrieg aus Demonstrationen, in diesem Fall gegen die Herrschaft der Baath-Partei und al-Assads. Der setzte einerseits Soldaten gegen die Demonstranten ein, andererseits versuchte er, Kritikern durch die Bildung einer neuen Regierung und durch die Aufhebung des Ausnahmezustandes den Wind aus den Segeln zu nehmen. Doch die Proteste gegen seine Diktatur weiteten sich schnell aus. Der brutale Einsatz staatlicher Sicherheitskräfte brachte den Gegnern des Regimes immer weitere Unterstützung. Vor allem die Moslembrüder hatten sich seit ihrer Niederlage in Homs und Hama auf einen neuen Machtkampf vorbereitet. In der Stadt Daraa, im Süden des Landes an der Grenze zu Jordanien, hatten die Proteste begonnen. Anfangs demonstrierten Jugendliche gegen die Regierung. Wegen des rücksichtslosen Vorgehens der Sicherheitskräfte schlossen sich Ältere in den folgenden Tagen an. Je stärker die Regierung diese Proteste zu unterdrücken versuchte, desto heftiger und größer wurden sie. Auch in Damaskus und anderen Städten Syriens gingen Menschen auf die Straße. Bei diesen Aktionen beteiligten sich oft bislang eher unpolitische Bürger, die von ihrer Unzufriedenheit mit der Politik der Regierung getrieben waren.

In den Städten Homs und Hama leiteten die Moslembrüder von Beginn an die Demonstrationen. Sie waren auf eine brutale Antwort vorbereitet. Die Moslembrüder leisteten gegen die staatlichen Sicherheitskräfte bewaffneten Widerstand und brachten schnell Stadtviertel und Teile von Provinzen unter ihre Kontrolle. Doch nicht ihre militante Gegenwehr, sondern ihr Einfluss auf die Mitglieder des Sicherheitsapparates brachte die Regierung al-Assads ins Wanken. Dabei gelang es den Regierungstruppen meist, diese Regionen zurückzuerobern, aber Oppositionelle gründeten die «Freie Syrische Armee» (FSA). Teile des Sicherheitsapparates – insgesamt sollen es mehrere Zehntausende gewesen sein – schlossen sich bis zum Herbst 2012 den Regierungsgegnern an und dienten in der FSA. Achtzehn Monate nach Beginn der Proteste schien der Sturz al-Assads bevorzustehen.[94] Die Regierungsgegner wurden mit Geld und Ausrüstung von den ölreichen arabischen Golfstaaten, der Türkei, verschiedenen westeuropäischen Staaten und den Vereinigten Staaten unterstützt. Dabei traten die USA verdeckt auf. Sie halfen vor allem mit Geheimdienstaktionen, um ihr Eingreifen in den syrischen Bürgerkrieg zu verschleiern.

Doch diese äußere Einmischung war nicht ausschlaggebend für das Umschlagen der Proteste gegen die Regierung in einen bewaffneten Aufstand. Der Bürgerkrieg wurde vor allem durch das Vorgehen der Sicherheitskräfte ausgelöst. Entscheidend waren die innenpolitischen Kräfteverhältnisse und die seit Jahren existierende Diktatur. Dass die Gegner al-Assads ausländische Hilfe erhielten, war für die Brutalität der Auseinandersetzung ebenso wenig bestimmend wie die Unterstützung der Regierung in Damaskus durch Iran und Russland. Auf die ausländische Einmischung ist allerdings die Länge des Bürgerkrieges zurückzuführen.

Vom Bürgerkrieg zum Stellvertreterkrieg

Im April 2012 sagte mir ein einflussreicher Politiker in Bagdad in einem Vorgespräch für ein Interview, er sei vom Sturz des syrischen Präsidenten al-Assad überzeugt. Ich war aus mehreren Gründen überrascht. Bei früheren Treffen hatte er keine Vorhersagen gemacht und sich wortkarg gegeben. Ich entgegnete, in Bahrain und in Jordanien hätten sich Demonstranten nicht gegen die Sicherheitskräfte behaupten können, und fragte, warum dies in Syrien anders sein solle. Seine Antwort kam sofort: Saudi-Arabien werde die Aufständischen in Syrien mit mehreren Milliarden Dollar unterstützen. Da ich wusste, dass auch die CIA daran arbeitete, die Regierungsgegner mit Waffen aus den Beständen der Streitkräfte des gestürzten Gaddafi-Regimes zu versorgen, war ich nach diesem Gespräch vom Erfolg der Aufständischen überzeugt. Aus Syrien kamen zu dieser Zeit alarmierende Meldungen: Die Moslembrüder wurden zunehmend von extremistischen und auch terroristischen Gruppen in den Hintergrund gedrängt. Die nichtislamische städtische Mittelschicht verlor ihren Einfluss auf die Protestbewegung vollständig. Mindestens 200 000 Menschen, sogenannte Binnenflüchtlinge, waren im Land auf der Flucht, Zehntausende suchten Schutz im Ausland. Die Zahl der Toten in diesem Bürgerkrieg stieg dramatisch. Sie wurde 2012 auf mindestens 10 000 geschätzt.

Acht Jahre später gilt es, Bilanz zu ziehen: Mindestens 400 000 Syrer wurden getötet. Nach Angaben des UNO-Hochkommissariats hat es elf Millionen Flüchtlinge gegeben, von denen 5,6 Millionen das Land verlassen haben. Die Bodentruppen der Regierung sind im Vormarsch und erobern systematisch Dörfer und Städte zurück, die bisher von Aufständischen kontrolliert wurden. Alle Versuche, den Bürgerkrieg zu beenden, sind gescheitert. Syrien hat sich zu einem Austragungsort regionaler und internationaler Konflikte entwickelt. Eine begrenzte Zusammenarbeit unterschiedlichster Kräfte (USA, Russland, Iran und die Regierung in Damaskus) hat es einzig im Kampf gegen den IS gegeben. Dessen Milizen haben bis Ende 2018 die Gebiete verloren, die sie seit 2013 erobert hatten.

Die politische Neuorientierung der USA setzte sich fort. Obama und Trump scheuten ein offenes militärisches Eingreifen in den Bürgerkrieg. Obama wollte durch indirekte Unterstützung den Sturz der Regierung in Damaskus erreichen. Er beantragte beim US-Kongress 500 Millionen Dollar für die Unterstützung Oppositioneller, die in Saudi-Arabien ausgebildet werden sollten. Außerdem wurden von den Vereinigten Staaten mindestens 3500 Tonnen Rüstungsgüter für die Aufständischen in Syrien geliefert. Die «New York Times» erhielt diese Informationen von Hugh Griffiths, einem Mitarbeiter des Internationalen Friedensforschungsinstituts in Stockholm (SIPRI).[95] Vielfach seien Waffen wegen der starken Korruption aber auch nicht angekommen, weil sie verkauft worden seien, heißt es weiter unter Berufung auf Kommandeure islamischer Organisationen. Mit ihrem Eingreifen haben die USA vor allem islamistische Organisationen gestärkt und den Bürgerkrieg verlängert. Die Türkei und die reichen arabischen Golfstaaten unterstützen mit amerikanischer Zustimmung diese islamistischen Oppositionsgruppen. Damit wurde es der Regierung in Damaskus erleichtert, die gesamte Opposition als radikalislamische Terrorgruppen zu verleumden und zu bekämpfen.

Bereits im Sommer 2012 warnte Obama die syrische Führung vor dem Einsatz chemischer Waffen gegen Regierungsgegner. Er sprach von einer «roten Linie» und fügte hinzu, bisher keinen militärischen Einsatz angeordnet zu haben. Als die US-Regierung dann knapp ein Jahr später Giftgaseinsätze der syrischen Armee gegen Oppositionelle bestätigte, reagierte Obama auf dieses Überschreiten der «roten Linie» nicht mit einem militärischen Eingreifen in den Bürgerkrieg, sondern lieferte – jetzt offiziell – Waffen an die Aufständischen. Kurz darauf machte Obama eine direkte Kriegsbeteiligung von einer Zustimmung des Kongresses abhängig. Das war ein taktisches Vorgehen: Nach den Erfahrungen in Afghanistan und Irak konnte er mit einer Ablehnung rechnen. In Libyen hatte er noch ohne diese Zustimmung den Angriffsbefehl erteilt.

Erst Präsident Trump gab Jahre später nach einem Giftgaseinsatz den Befehl zum Einsatz. In der Nacht zum 7. April 2017 setzten die US-Streitkräfte 57 Marschflugkörper gegen einen syrischen Luftwaffenstützpunkt ein. Doch es handelte sich hierbei eher um eine symbolische Reaktion auf einen angeblichen Chemiewaffeneinsatz der syrischen Regierungsstreitkräfte.[96] Am Folgetag starteten auf dem Stützpunkt demonstrativ amerikanische Militärflugzeuge. Ein Jahr später kündigte Trump Luftangriffe gegen Militärkomplexe und Forschungseinrichtungen an, die im Zusammenhang mit der Produktion chemischer Waffen stehen sollten. Sie wurden dann zusammen mit Frankreich und Großbritannien ausgeführt.

Einen dauerhaften Militäreinsatz der Vereinigten Staaten gab es in Syrien nur im Kampf gegen den IS. US-Soldaten unterstützten oppositionelle Kurden im Kampf gegen die Terroristen. Trump befahl den Streitkräften jedoch Anfang Oktober 2019, sich aus den syrischen Grenzgebieten zur Türkei zurückzuziehen, als der türkische Staatspräsident Recep Tayyip Erdogan einen türkischen Angriff auf die Kurdengebiete ankündigte. Aus dem Bürgerkrieg in Syrien haben sich die USA trotz wiederholter Drohungen herausgehalten und den Vormarsch der syrischen Regierungsstreitkräfte in die Hochburgen der Regierungsgegner nicht gestoppt.

Forderungen der Vereinigten Staaten, den Bürgerkrieg zu beenden, wurden von keiner Seite befolgt. Die Gegner der Regierung stehen mittlerweile vor einer Niederlage, obwohl sie von reichen arabischen Golfstaaten unterstützt werden. Die

Organisationen der Opposition sind dem Vordringen der Regierungstruppen, die von Kommandeuren und Kämpfern vor allem aus Iran, Irak und Libanon unterstützt werden, nicht gewachsen. Deren Erfolge wiederum waren möglich, weil sie von der russischen Luftwaffe unterstützt wurden. Dennoch bestätigt die Entwicklung der Kämpfe in Syrien die alte Erfahrung, dass Kriege am Boden entschieden werden. Iranische Instrukteure und schiitische Freiwillige haben al-Assads Erfolge erleichtert. Selbst das Eingreifen türkischer Soldaten auf der Seite der Aufständischen konnte die Offensive der Regierungstruppen bisher nicht stoppen.

Den USA und ihren Verbündeten droht eine Niederlage. Das indirekte Eingreifen westlicher Staaten hat den Krieg nur verlängert und der Bevölkerung zusätzliches Leid gebracht. Die Regierung in Damaskus wird die Kämpfe erst beenden, wenn alle bewaffneten Gegner vernichtend geschlagen sind. Einen großen diplomatischen Erfolg verbuchte der syrische Präsident bereits im Dezember 2018, als die VAE und Bahrain ihre Botschaften in Damaskus wiedereröffneten. Zug um Zug wird die syrische Führung weitere Anerkennung erhalten. Zwar ist die deutsche Botschaft weiterhin für den Besucherverkehr gesperrt, doch deren vollständige Öffnung ist – wie die anderer Botschaften – nur noch eine Frage der Zeit.

Assad setzt sich durch

Acht Jahre nach Beginn des Bürgerkrieges mussten die arabischen Golfstaaten akzeptieren, dass sich das syrische System doch durchsetzen wird. Der Erfolg al-Assads bedeutet für sie eine Niederlage im Stellvertreterkrieg gegen Iran. Doch al-Assads

Triumph im Bürgerkrieg ist nicht nur ein Erfolg Irans im Ringen um die Vormacht in der Region, sondern auch eine Niederlage der USA, denn sie scheiterten mit dem Versuch, ihren Einfluss in der Golfregion indirekt zu behalten, indem sie sich auf arabische Partner stützen. Die Wiederaufnahme Syriens in die Arabische Liga wird nicht mehr lange auf sich warten lassen.

Präsident al-Assad benötigt die finanzielle Unterstützung der arabischen Staaten, um zumindest einen Teil der Kriegsschäden beseitigen zu können. In Syrien werden etwa tausend Milliarden Dollar benötigt. Russland und Iran sind weder bereit noch in der Lage, auch nur einen Teil davon aufzubringen. Die westlichen Staaten werden Aufbauhilfen als Hebel nutzen, um ihren früheren Einfluss auf Syrien zurückzugewinnen. Für Staaten wie Deutschland ist daran die Hoffnung geknüpft, dass ein Teil der etwa 770 000 syrischen Flüchtlinge in ihre Heimat zurückkehrt. Dies wird jedoch erst möglich werden, wenn die Regierung in Damaskus auch die letzten Widerstandsregionen unter ihre Kontrolle gebracht hat.

Die Kurden in Nordsyrien

Die Kurden in Syrien haben den Bürgerkrieg genutzt, um die von ihnen besiedelten Gebiete nahe der türkischen Grenze selbst zu organisieren. Diese Selbstverwaltung wurde im Jahr 2016 ausgerufen und der Norden Syriens von den Kurden zur Region «Rojava» erklärt. Dies wurde international nicht anerkannt. In vielen Staaten Europas wurden Organisationen der Kurden in Syrien sogar verfolgt, weil staatliche Institutionen sie als Ableger der Arbeiterpartei Kurdistans (PKK) werteten, die in der Europäischen Union und den USA als Terrororganisation verboten ist.[97] Ein großer Teil der Kurden, die mindestens zehn Prozent der syrischen Bevölkerung ausmachen, sind Familien, die die Türkei verlassen haben. Die meisten von ihnen sind im 20. Jahrhundert entweder geflohen oder ausgewandert. Während der Herrschaft des Vaters des jetzigen Präsidenten erhielten deswegen etwa 200 000 Kurden keine Ausweispapiere und keine Schulabschlüsse.

Der größte Teil der Kurden lebte in Gebieten, die nach dem Ersten Weltkrieg von der Türkei abgetrennt und dem französischen Mandatsgebiet zugeschlagen wurden. So gehörte die Kurdenstadt Qamishli zu Syrien, die ebenfalls kurdische Stadt Nusaybin zur Türkei, obwohl sie nur durch einen wenige hundert Meter breiten Grenzstreifen getrennt sind. Heute befindet sich dort eine drei Meter hohe Mauer.[98]

Sogenannte Volksverteidigungseinheiten (YPG) kontrollieren die von Kurden selbstverwalteten Gebiete und verteidigten diese gegen Angriffe von Milizen unterschiedlicher Terrorgruppen, pro-türkischen syrischen Oppositionsgruppen und türkischen Soldaten. Ab 2014 eroberten sie Regionen, die von den Milizen des Islamischen Staates in Irak und Syrien besetzt waren. Mit den Freiwilligenverbänden arabischer Stämme bildeten die YPG die Demokratischen Kräfte Syriens (SDF). Spätestens ab 2015 erhielten die SDF direkte militärische Unterstützung durch die US-Streitkräfte.[99] Weltweite Aufmerksamkeit und heftige Kritik löste im Oktober 2019 die Anordnung Trumps aus, die US-Soldaten aus den Grenzgebieten zur Türkei zurückzuziehen.[100]

Insgesamt kontrollieren die Kurden knapp 20 Prozent des syrischen Staatsgebietes. Nachdem Trump den Vormarsch türkischer Truppen akzeptiert hatte, fingen kurdische Politiker an, offen mit der Regierung in Damaskus zusammenzuarbeiten. So ersetzten sie den Namen Rojava durch den Begriff «Nord- und

Ostsyrien». Seit Ende 2019 akzeptieren sie zum Beispiel auch, dass syrische Soldaten bei Qamishli an der Grenze zur Türkei Position bezogen haben. Dieser Schritt ist mit der Hoffnung verbunden, dass die türkische Regierung vor einer direkten Konfrontation mit den syrischen Regierungsstreitkräften zurückschreckt. Als Gegenleistung dürften die Kurden Syriens auf einen Teil ihrer Selbstverwaltung verzichten.

Die Staaten des Westens haben seit Jahren aus unterschiedlichen Interessen dazu beigetragen, dass radikalislamische Organisationen und Terroristen die Führung im Kampf gegen die Regierung in Damaskus übernehmen konnten. Diese Gruppen sind vor allem von den arabischen Golfstaaten und der Türkei unterstützt worden. Die Regierung in Damaskus konnte den Machtzuwachs dieser Gruppen nutzen, um sich als Verteidiger liberaler Werte darzustellen und Teile der Mittelschichten für die Unterstützung ihrer Herrschaft zu gewinnen. Statt einen Vielvölkerstaat mit einer autonomen Kurdenregion zu akzeptieren, wird die syrische Führung die Wiederherstellung eines arabischen Zentralstaates anstreben, wobei die militärischen Erfolge auch auf dem Einsatz nichtsyrischer Kämpfer beruhen.[101]

Für die politische Zukunft der Kurden wird bedeutsam sein, ob es zu einer Wiederannäherung der türkischen und der syrischen Regierung kommen und ob die Türkei bereit sein wird, die Grenzen des Nachbarlandes zu respektieren. Einerseits kämpfen Einheiten der türkischen Streitkräfte in Syrien an der Seite der Gegner al-Assads, andererseits haben sie bisher Auseinandersetzungen mit regulären syrischen Truppen vermieden. Präsident Erdogan hat mit Russland und Iran über Syrien verhandelt. Offiziell will er syrischen Flüchtlingen die Rückkehr in ihre Heimat ermöglichen. So plant die Türkei, eine Million arabisch-syrische Flüchtlinge in einem nordsyrischen Grenzstreifen in 140 Dörfern und zehn Städten anzusiedeln. Bisher wohnen Kurden in diesen Gebieten. Es ist vorstellbar, dass sowohl westliche Industriestaaten als auch Russland und Iran dieser Politik, die auf eine Vertreibung der Kurden zielt, zustimmen und sie Bestandteil einer international akzeptierten Friedensordnung für Syrien sein wird.

Mit dem militärischen Vorgehen in Syrien verbindet der türkische Staatspräsident Erdogan unterschiedliche Ziele. Neben der Schwächung der Kurden, der Zerstörung ihrer Selbstverwaltungsstrukturen und der Wiederbelebung osmanischer Großmachtträume bestehen aber Fragen: Will sich die Türkei durch ihr militärisches Eingreifen wie in Libyen Rohstoffvorkommen sichern? Werden sich die türkischen Streitkräfte aus Gebieten Syriens zurückziehen, die nicht von Kurden besiedelt sind? Wird die Türkei sich damit begnügen, international als regionale Großmacht akzeptiert zu werden? Oder will die Türkei langfristig Teile Syriens kontrollieren und gar einen Regime-Wechsel in Damaskus erzwingen? Diese Fragen entstehen auch, weil die Mehrheit der europäischen Staaten ihre Kritik an der türkischen Politik zurückhält, um das Land weiter als Bollwerk gegen Flüchtlinge nutzen zu können. Die Kurden in Syrien sind bereits Opfer dieser Politik geworden.

Das Scheitern der westlichen Politik im Orient

Jemen: Die vergessene Katastrophe

Jemen ist in den vergangenen Jahren – wie oft erwähnt – Schauplatz eines Stellvertreterkrieges und Spielball internationaler Politik geworden. Die geographische Lage und die sozialen sowie politischen Entwicklungen tragen dazu bei, dass die internationale Öffentlichkeit sich kaum noch für das Schicksal des Landes und seiner Bewohner interessiert. Die europäischen Medien verfolgen die Entwicklungen ausgesprochen selten, und soweit sie dies tun, veröffentlichen sie meist Katastrophenberichte, ohne auf Zusammenhänge oder Hintergründe einzugehen. Die Informationen stammen in der Regel von Hilfsorganisationen, die mit deren Veröffentlichung Spenden eintreiben wollen.

Jemen liegt südlich von Saudi-Arabien und wird in den Staaten Europas gern als dessen Hinterland gesehen, wahrscheinlich auch, weil die Bewohner wegen der Abgeschlossenheit des Landes, ihrer Armut und der militärischen Spannungen an den Landesgrenzen nur in Ausnahmefällen fliehen können.[102] Bis 2010 war Jemen von den Geldern abhängig, die in Saudi-Arabien arbeitende Bürger nach Hause überwiesen. Hinzu kamen die Einnahmen aus den Öl- und später den Gasexporten. Demonstranten gelang es im Arabischen Frühling 2011/12, Ali Abdullah Saleh, den langjährigen Staatspräsidenten und autoritären Herrscher, zu vertreiben. Doch wie in Libyen und Syrien brach anschließend zwischen verfeindeten Gruppen und Stämmen ein Bürgerkrieg aus. Als die Regierung immer stärker von Aufständischen bedrängt wurde, begannen Saudi-Arabien und die VAE einen Krieg gegen die Regierungsgegner. Offiziell beteiligen sich die USA nicht an diesem Krieg, obwohl sie die arabischen Ölstaaten militärisch unterstützen und mit Waffen beliefern.

Vom Protest zum Bürgerkrieg

Am 27. Januar 2011 begannen die großen Demonstrationen gegen den diktatorisch herrschenden Präsidenten. Mindestens zehntausend Menschen protestierten in der Hauptstadt Sanaa. In der folgenden Woche erklärte Saleh, dass er nicht noch einmal kandidieren und auch seinem Sohn Ahmad Ali Abdullah, dem Kommandeur der Republikanischen Garde, weder Macht noch Amt übertragen werde. Seinen Gegnern reichten diese Ankündigungen nicht aus. Die Demonstrationen in Sanaa wuchsen und griffen auf das gesamte Land über.

Während sich die Saleh-treuen Sicherheitskräfte anfangs in der Hauptstadt zurückhielten, versuchten sie vor allem im Süden des Landes, die Proteste mit Gewalt zu unterdrücken. Auch in Sanaa wurden später mehr und mehr Demonstranten getötet. Vor allem junge Menschen errichteten in den Straßen nahe der Universität Zelte und begannen Dauerproteste. Am 20. März traten erste Minister zurück und solidarisierten sich mit der Opposition. Einen Tag später wandte sich ein Teil der Streitkräfte gegen den Präsidenten. Einzelne Gefechte zwischen unterschiedlichen Einheiten der Streitkräfte entwickelten sich zu einem Bürgerkrieg, weil alte Konflikte zwischen den Stämmen wieder aufbrachen. Stammesmilizen beteiligten sich auf den verschiedenen Seiten an den Kämpfen.

Die Huthi nutzten das Chaos und das größer werdende Machtvakuum. Die Huthi gehören zu den Zaiditen, einem radikalen Zweig der Schiiten, deren Imame das jemenitische Hochland mit der Hauptstadt Sanaa bis 1962 beherrschten. Bereits 2009 und 2010 hatten die Milizen der Organisation «Ansar Islam», die von Badreddin al-Huthi mitbegründet worden war, mit den jemenitischen Streitkräften wie auch mit Truppen Saudi-Arabiens im

Nordjemen und an der saudischen Grenze gekämpft. Die Bedeutung der Einheiten von «Ansar Islam», meist nur Huthi genannt, wuchs mit Dauer des Bürgerkrieges.[103]

Im Herbst 2014 rückten die Huthi-Milizen in Sanaa ein und brachten die Hauptstadt unter ihre Kontrolle. Sie schlossen ein Bündnis mit dem gestürzten Präsidenten Saleh, das 2017 mit einem Zerwürfnis und der Ermordung Salehs durch die Huthi endete. Während die Huthi den Staatsapparat eroberten und die verschiedenen Stämme sich im Bürgerkrieg bekämpften, entwickelte sich Al-Kaida zu einem im Untergrund wirkenden Machtfaktor.

Bereits vor den Protesten im Jahr 2011 war Jemen ein wichtiger Rückzugsort für Al-Kaida gewesen. Mitglieder der Organisation waren wegen der zunehmenden Verfolgung in Saudi-Arabien vor allem in den Süden des Landes geflüchtet. Von dort stammte der Vater von Osama Bin Laden, der dem Kinda-Stamm angehörte. Al-Kaida kam die tiefe Gläubigkeit der Bevölkerung und die Vermischung von islamischen Grundsätzen und überkommenen Stammesidealen entgegen, um im Süden des Landes Anhänger in den Stämmen zu rekrutieren. Vor allem im Hadramaut konnte die Organisation neue Mitglieder gewinnen. Die Terrororganisation, die mehrere ihrer Kommandeure durch Drohnenangriffe der USA oder Angriffe der jemenitischen Luftwaffe verloren hatte, nutzte auch das Machtvakuum, das während der Proteste und Kämpfe in der Hauptstadt Sanaa entstanden war, um Gemeinden und Straßen im Süden des Landes am Golf von Aden zu besetzen oder zu kontrollieren. Auch wenn eine erbitterte Feindschaft zwischen den Huthi und Al-Kaida bestand, kam es nur zu vereinzelten Gefechten zwischen ihren Milizen, da beide Gruppen vor allem gegen die Truppen der zerfallenden Staatsmacht kämpften.

Ein Grund für die schnelle Entwicklung des Bürgerkrieges und das zunehmende Auseinanderbrechen des Landes ist die große Armut Jemens. Die Erdöl- und die Erdgasvorkommen sind begrenzt. Ein großer, aber schnell abnehmender Teil der Staatseinnahmen stammt aus den Exporten der fossilen Brennstoffe, die Landwirtschaft befindet sich dagegen in einer Dauerkrise. In den ersten Jahren nach der Unabhängigkeit versorgte sich das Land selbst mit Lebensmitteln, später musste es einen immer größeren Teil einführen. Wegen der zunehmenden Trockenheit ging die landwirtschaftliche Nutzfläche zurück,[104] da auch immer mehr Kath-Sträucher angepflanzt wurden, die viel Wasser benötigen.[105] Ich habe erlebt, wie Mitarbeiter des staatlichen Fernsehens, die vom Kauen der Kath-Blätter berauscht waren, erst fünf Minuten vor einer Übertragung meiner Beiträge mit ihren Vorbereitungen begonnen haben. Während ich verzweifelte, weil ich der festen Überzeugung war, die Zeit reiche nicht mehr aus, den Übertragungssatelliten anzusteuern, lachten die Jemeniten mich aus. Obwohl mehrere Übertragungen dann doch klappten, bin ich überzeugt, dass der Kath-Konsum der Jemeniten insgesamt eine lähmende Wirkung auf die Entwicklung des Landes hat. So trägt beispielsweise der Anbau zusätzlicher Kath-Sträucher dazu bei, dass die Erzeugung anderer Produkte verdrängt wird.

Der Angriff arabischer Staaten

Am 26. März 2015 erklärte eine von Saudi-Arabien geführte Allianz den Huthi den Krieg. Mit Angriffen gegen die Huthi-Verbände sollten die Anhänger des machtlosen neuen jemenitischen Präsidenten Abed Rabbo Mansur Hadi, ehemaliger Stellvertreter Salehs, unterstützt werden. Hadi floh vor den Huthi nach Saudi-

Arabien, das auf die Unterstützung der US-Streitkräfte zählen konnte, mit denen es bereits eine mehrjährige Zusammenarbeit bei Militäraktionen im Jemen gegen Al-Kaida gab. Die Allianz begann mit Luftangriffen und einer Seeblockade jemenitischer Häfen. Eines der reichsten Länder der Welt startete einen erbarmungslosen Krieg gegen eines der ärmsten. Zur saudischen Allianz gehörten neben Katar (nur zwei Jahre), Kuwait und den VAE vor allem Staaten, die von Saudi-Arabien Finanzhilfen erhielten.[106]

Die «Operation Entscheidender Sturm» trägt inzwischen den Namen «Operation Wiederherstellung der Hoffnung», da es nicht zu dem schnellen Sieg kam, den der damalige saudische Verteidigungsminister und heutige Kronprinz Mohammed ibn Salman Al Saud erwartet hatte. Die VAE sind 2019 aus der Kriegsfront ausgeschert und unterstützen Separatisten im Südjemen, die sich im Jahr 2020 vom Norden des Landes abgespalten haben, um einen eigenen Staat zu bilden, wie es ihn von 1967 bis 1990 bereits gegeben hatte.

Im Jemen findet nach Einschätzung des UN-Nothilfekoordinators der Vereinten Nationen, Mark Andrew Lowcock, «die schlimmste humanitäre Krise der Welt»[107] statt. Zwar gibt es mit geschätzten 233000 Toten nicht annähernd so viele Opfer wie in Syrien,[108] doch Hunger und Seuchen wie beispielsweise Cholera sowie vor allem die fehlenden Fluchtmöglichkeiten treffen die Bevölkerung stärker. Von den 28 Millionen Einwohnern des Jemen werden fast die Hälfte durch das Welternährungsprogramm versorgt. 23 Millionen Menschen sind auf Hilfen angewiesen. Angesichts dieser Zahl an Geschwächten bildet die Ausbreitung des Covid-19-Virus eine extreme Gefahr.

Anders als in Syrien nimmt die internationale Öffentlichkeit jedoch kaum Notiz vom Elend der Menschen im Jemen. Die USA,

Frankreich und Großbritannien haben den von Saudi-Arabien geführten Krieg direkt unterstützt. Bereits während der Präsidentschaft Obamas vergrößerten sich die Waffenlieferungen an Saudi-Arabien. Und Obama genehmigte auch, dass die US-Streitkräfte in diesem Krieg logistische Unterstützung leisten und mit Saudi-Arabien einen Planungsstab bilden.

Diese direkte Beteiligung der Vereinigten Staaten am Krieg Saudi-Arabiens wird ausgesprochen selten erwähnt. Dabei entspricht das Vorgehen der USA den Ankündigungen Obamas in der Militärakademie West Point, militärisch eine «effektivere Partnerschaft mit Ländern einzugehen, in denen terroristische Netzwerke Fuß fassen wollen».[109] Am Jemenkrieg haben sich die amerikanischen Streitkräfte nur noch unterstützend beteiligt. Aber ohne das Auftanken seiner Militärflugzeuge und die Weitergabe von Informationen zur elektronischen Zielfindung durch die US-Luftwaffe hätte Saudi-Arabien den Krieg gar nicht beginnen können. Damit tragen die USA eine große Verantwortung an der sich zuspitzenden humanitären Katastrophe im Jemen. Es handelt sich wahrscheinlich um die größte militärpolitische Fehlentscheidung Obamas.

Dass Trump diese Fehler seines Vorgängers nicht benennt, zeigt deutlich, dass er dessen Politik fortsetzt. Ohne auf Details einzugehen, spricht er meist nur über aus seiner Sicht erfolgreiche militärische Aktionen und die Steigerung von Rüstungslieferungen. Nicht zufällig ist er besonders stolz auf die Militärexporte seines Landes nach Saudi-Arabien. In den fünf Jahren, in denen Saudi-Arabien im Jemen Krieg führt, haben sich die saudischen Rüstungsimporte mehr als verdoppelt.[110] Von 2015 bis 2019 gingen dem Stockholmer Friedensforschungsinstitut SIPRI zufolge 12 Prozent der Weltrüstungsausfuhren nach Saudi-Arabien, von denen wiederum 73 Prozent in den USA hergestellt wurden. Pieter Wezeman, ein erfahrener Mitarbeiter von SIPRI, sagte: «Die Hälfte der US-Waffenexporte in den letzten fünf Jahren ging in den Nahen Osten und die Hälfte davon nach Saudi-Arabien.» Großbritannien lieferte 13 Prozent. Auch deutsche Waffen wurden von der saudischen Allianz im Krieg eingesetzt. Deutsche Rüstungsexporte an Saudi-Arabien wurden erst nach der Ermordung des saudischen Regimekritikers Jamal Khashoggi gestoppt, nicht etwa nach Beginn des Jemenkrieges. Noch 2012 war Saudi-Arabien der weltgrößte Abnehmer deutscher Waffen.

Der Arabische Frühling

Der Arabische Frühling fegte wie ein Wirbelwind durch die arabischen Gesellschaften. Die Proteste waren geprägt vom Wunsch nach Freiheit, Würde und sozialer Gleichstellung. Sie verbreiteten sich so schnell, weil die sozial Unzufriedenen und die nach Freiheit Strebenden meist zusammen demonstrierten. Die beiden Gruppen existieren, da die Gesellschaften meist unterentwickelt und Diktatoren oder autoritäre Herrscher an der Macht waren. In Ländern mit großen wirtschaftlichen und gesellschaftlichen Krisen gab es die stärksten Proteste: So bildete Armut in Tunesien, Ägypten, Jemen, Libyen, Syrien eine der Voraussetzungen für die jeweilige Diktatur.

Unterschiedliche Ursachen begünstigten die Durchschlagskraft der Aufstände: Die Proteste richteten sich gegen autoritäre Systeme. Diese bestehen in der Regel aus postkolonialen Strukturen, die den Menschen übergestülpt wurden. Den Herrschern ist es nicht gelungen, ihre Systeme in der Bevölkerung zu verankern. Auch wenn es Wahlen gibt, so wissen die Menschen in den meisten Fällen, dass sie an den Machtverhältnissen durch die Abgabe ihres Stimmzettels wenig ändern können, da die Wahlergebnisse von den Machthabern meist manipuliert werden.

Die Lebensverhältnisse der Bevölkerung sind in der Regel unerträglich. Die Armut führt dazu, dass sich die Unterschichten an den Demonstrationen und Protesten beteiligen und diese radikalisieren.[111] Sie lassen sich mit Versprechungen weniger leicht abspeisen als Oppositionelle aus den Mittelschichten.

Vor allem junge Menschen gehen für gesellschaftliche Veränderungen auf die Straße. Sie wollen eine grundsätzliche Verbesserung ihrer Lebensverhältnisse, sehnen sich nach zivilgesellschaftlichen, also demokratischen Strukturen, die sie meist nur aus den neuen Medien kennen. Die junge Generation in den Städten ist weniger durch alte Illusionen geprägt und hat das Ausmaß des Scheiterns der US-Politik in der arabischen Welt erkannt.[112] Sie verstand die Rede Obamas in Kairo als Ankündigung der Vereinigten Staaten, sich künftig weniger um die Einhaltung der Menschenrechte und die Stärkung demokratischer Strukturen in islamischen Staaten kümmern zu können. Das Chaos in Afghanistan und Irak galt den jungen Menschen als abschreckendes Beispiel für das dramatische Scheitern der USA. Sie erkannten, dass nur sie selbst die bestehenden Verhältnisse verändern konnten.

Die Demonstranten hatten jedoch keine Vorstellung, wie groß die Risiken, wie gefährlich und wie schwierig Versuche sind, einen gesellschaftlichen Wandel herbeizuführen. Die Herrschenden waren und sind bereit, schon in einem frühen Stadium der Proteste mit dem Einsatz staatlicher Gewalt gegen friedliche Demonstranten vorzugehen, auch weil sie sehr häufig keine anderen Instrumente haben, um Macht, Einkommen und Privilegien zu verteidigen. So fehlte ihnen meist die Möglichkeit, das Handeln ihrer Untertanen durch Medien zu beeinflussen, da diese in autoritären Staaten in der Regel keine Glaubwürdigkeit besitzen und die Beherrschten in ihnen, zu Recht, bloße Werkzeuge der Machthaber sehen.

Die Militarisierung der Konflikte fiel und fällt den Machthabern deshalb so leicht, weil sie durch die Staaten des Westens aufgerüstet wurden und werden. Zudem sind sie es mehr oder weniger gewohnt, ihre Privilegien durch die gewaltsame Ausschaltung von Konkurrenten zu verteidigen. So kommt es auch, dass die gesellschaftlichen Verhältnisse im Bewusstsein der Beherrschten anfangs als unveränderbar erscheinen.

Die Gefahr einer äußeren Intervention ist groß, weil Einmischung in die inneren Angelegenheiten im Orient üblich ist. In Nachbarstaaten werden Netzwerke oder sogar Untergrundgruppen gebildet, um Einfluss nehmen zu können.[113] Solche äußeren Einmischungen sind aus Gründen des unterschiedlichen Reichtums der arabischen Staaten sehr ungleich gewichtet. So können die Ölstaaten der Golfregion ihre Einnahmen auch nutzen, um Teile der Opposition in anderen Staaten auszurüsten und zu finanzieren.

Die Kursänderung der US-Politik wurde falsch verstanden. Der Verzicht auf direkte Interventionen und auf die Schaffung demokratischer Verhältnisse durch Krieg wurde als genereller Verzicht auf Einmischung in die inneren Angelegenheiten anderer Länder ausgelegt. Es wurde nicht gesehen, dass die USA wegen ihrer Misserfolge lediglich von einer direkten Durchsetzung dieser Interessen absahen. Obama hatte bei seiner Rede am 4. Juni 2009 in der Universität von Kairo die Menschen dazu animiert, etwas gegen die bestehenden Ordnungen zu unternehmen. Weder sein Vorgänger noch sein Nachfolger hätten vor ägyptischen Studenten sprechen können. Sie unterbrachen seine Rede immer wieder durch langanhaltenden Beifall. Obama sagte damals auch: «Es sind so viele Ängste und so viel Misstrauen in den vergangenen Jahren entstanden. Ich möchte dies insbesondere gegenüber der Jugend aller Glaubensrichtungen und in jedem Land betonen: Ihr habt mehr als andere die Fähigkeit, die Welt neu zu sehen, diese Welt zu verbessern.»[114] Aber Obama hielt seine Zusage, die Vereinigten Staaten würden ihren Beitrag zur Verbesserung der Welt leisten, nicht ein. Die Menschen im Orient erkannten deshalb, dass sie selbst handeln müssen, da es keinen Neubeginn in der US-Politik gab.

Insgesamt steigerten die Auswirkungen der Verschiebungen

Das Scheitern der westlichen Politik im Orient

in den globalen Machstrukturen seit dem Irakkrieg die Möglichkeiten, Stellvertreterauseinandersetzungen in arabischen Staaten zu führen und damit Konflikte in die Länge zu ziehen. Der schleichende Rückzug der USA wird von Politikern der Region genutzt, alte Rechnungen zu begleichen und sich in die politischen Auseinandersetzungen anderer Staaten einzumischen. Gerade Potentaten der arabischen Golfstaaten versuchen, ihre Macht auszuweiten. In Libyen und Syrien und im Jemen sind die Auseinandersetzungen mehr und mehr durch die Einmischung von Staaten der Region bestimmt. Die sich bekämpfenden Parteien geraten zunehmend in deren Abhängigkeit und verlieren die Kontrolle über die Entwicklungen in ihren Ländern.

Die Staaten des Westens machten gute Miene zu einem für sie bitteren Spiel. Ihre Regierungen wurden von den Demonstrationen, die sich für die Schaffung von Zivilgesellschaften einsetzten, überrascht, hatten sie selbst doch eng mit den autoritären Regimen der arabischen Welt zusammengearbeitet[115] und den Eindruck zu erwecken versucht, die Menschen in diesem Teil der Welt hätten gar kein Interesse an der Demokratisierung ihrer Gesellschaften. Doch vor allem die junge urbane Generation verschiedener Länder der arabischen Welt revoltierte im Frühjahr 2011 gegen die etablierten Herrscher. Meist wurden sie Opfer von Repressionsapparaten, die mit westlicher Hilfe und mit westlichen Rüstungslieferungen aufgebaut worden waren.

Auf Frühling folgt wieder Winter

Die Erfolge der Demonstranten in Tunesien und in Ägypten waren wie Überraschungssiege. Nicht einmal vier Wochen nach den ersten Demonstrationen floh der tunesische Diktator Ben Ali ins Exil nach Saudi-Arabien. Seine Flucht erfolgte so überstürzt, dass er verstecktes Bargeld und einen Teil der gehorteten Edelsteine zurücklassen musste. Der ägyptische Präsident Mubarak trat bereits zweieinhalb Wochen nach Beginn der Revolte am 11. Februar 2011 zurück. Zuvor hatte sein Versuch, durch den Verzicht auf eine weitere Kandidatur für das Präsidentenamt ein Ende der Proteste zu erreichen, keine Beruhigung gebracht.

Die US-Regierung versuchte in der Endphase der Regierung Mubarak zu vermitteln und die innenpolitischen Spannungen in Ägypten zu lösen. Mubarak sollte zurücktreten und die Macht einer Übergangsregierung übertragen. Doch dem altgedienten Diplomaten Frank Wisner gelang es nicht, seinen Freund Mubarak zu diesem Schritt zu bewegen. Der Präsident war anfangs nicht zum Rücktritt bereit. Obama sah darin aber die Voraussetzung für eine Lösung der innenpolitischen Probleme Ägyptens.

Hundert Tage nach dem Rücktritt Mubaraks ergriff Obama in einer Rede Partei für die Protestbewegungen in den arabischen Staaten. Er sagte am 15. Mai 2011: «Die Nationen des Nahen Ostens und Nordafrikas haben ihre Unabhängigkeit vor langer Zeit erlangt, aber an zu vielen Orten haben ihre Menschen dies nicht getan ... Und dieser Mangel an Selbstbestimmung – die Chance, ihr Leben so zu gestalten, wie sie es möchten – hat sich auch auf die Wirtschaft der Region ausgewirkt ... Die Ereignisse der letzten sechs Monate zeigen jedoch, dass Strategien der Unterdrückung und Ablenkung nicht mehr funktionieren werden. Satellitenfernsehen und das Internet haben ein Fenster in die weite Welt geöffnet. In Sanaa hörten wir Studenten, die sangen: ‹Die Nacht muss zu Ende gehen.› In der gesamten Region sind diese Schreie der Menschenwürde zu hören. Und durch die moralische Kraft der Gewaltfreiheit haben die Menschen in der Region in sechs Monaten mehr Veränderungen erreicht als Terroristen seit Jahrzehnten ... Und deshalb habe ich vor zwei Jahren in Kairo begonnen, unser Engagement auf der Grundlage gegenseitiger Interessen und gegenseitigen Respekts zu erweitern. Ich habe damals geglaubt – und ich glaube dies auch heute –, dass wir nicht nur für die Stabilität der Nationen, sondern auch für die Selbstbestimmung der Individuen eintreten sollen. Der Status quo kann nicht halten ... Aber nach Jahrzehnten der Akzeptanz der Zustände in der Region haben wir die Chance, die Welt so zu gestalten, wie sie sein sollte ... Nicht Amerika hat die Menschen auf die Straßen von Tunis oder Kairo gebracht – es waren die Menschen selbst, die diese Bewegungen ins Leben gerufen haben, und es sind die Menschen selbst, die letztendlich ihr Ergebnis bestimmen müssen ... Das Ziel muss ein Modell sein, in dem Protektionismus der Offenheit Platz macht, die Herrschaft des Handels von den wenigen auf die vielen übergeht und die Wirtschaft Arbeitsplätze für die Jugend schafft.»[116]

Doch mit dieser Weltsicht stand Obama im scharfen Gegensatz zur saudischen Königsfamilie. Bereits in den ersten Tagen der Straßenproteste hatte König Abdallah ibn Abd al-Aziz Al Saud Obama in einem Telefongespräch gewarnt: Falls er Mubarak die Unterstützung der USA entziehen sollte, werde Saudi-Arabien einspringen. Es dauerte Jahre, bis die Differenzen zwischen der königlichen Familie und Obama zumindest teilweise abgeschwächt wurden. Erst die US-Rüstungsexporte nach Saudi-Arabien, das gemeinsame militärische Vorgehen gegen Al-Kaida sowie die amerikanische Beteiligung am saudischen Krieg im Jemen zeigten, dass sich Obama den Herrschern in Saudi-Arabien wieder annäherte.

So kritisierte er später auch nicht mehr offen den Einmarsch saudischer Truppen nach Bahrain, mit dem die dortigen Proteste endgültig gebrochen wurden. Bis zum Ende seiner Amtszeit war das Verhältnis zwischen den USA und Saudi-Arabien dennoch gespannt, weil Obama es gewagt hatte, Menschenrechte in seinen Äußerungen über machtpolitische Interessen zu stellen.

In Ägypten zeigte sich aber auch, wie schwer es bei einem Neuanfang ist, die unterschiedlichen politischen Strömungen zusammenzuhalten. Dem neuen Präsidenten Mohammed Mursi fehlten die Gelder, um die wichtigsten sozialen Probleme schnell zu beseitigen. Die vom Ausland in Aussicht gestellten Zahlungen blieben meist aus. Weil die bei den Protesten gestellten Forderungen nicht zügig erfüllt werden konnten, drohte der Zerfall der im Kampf gegen die Diktatur entwickelten Einheit.

Bei den Wahlen in Tunesien und in Ägypten erhielten die gemäßigten islamischen Parteien die Mehrheit der Stimmen. Doch das saudische Königshaus unterstützte konkurrierende islamistische Organisationen. In Ägypten machte die Freiheits- und Gerechtigkeitspartei, die Partei der Moslembrüder, den Fehler, gegen die weltoffenen Kräfte ein Bündnis mit Islamisten einzugehen. Diese organisieren sich in der neugegründeten Partei des Lichts, treten für eine Rückorientierung auf die Zeit des Propheten Mohammed ein und werden von Saudi-Arabien gefördert. Die Partei des Lichts arbeitete mit den gegen Mursi putschenden Militärs zusammen und unterstützt den Putschisten, General Abdel Fatah El-Sisi.

Saudi-Arabien wird Führungsmacht in der Region

Nach dem Ende des Arabischen Frühlings waren deutliche Veränderungen in der arabischen Welt sichtbar. Saudi-Arabien hatte sich aktiv an der Niederschlagung der Revolten in den unterschiedlichsten Staaten beteiligt, umgekehrt aber die Proteste in Syrien und Libyen durch Zahlungen und direktes Eingreifen gefördert und damit auch zu einem schnelleren Ausbruch der Bürgerkriege beigetragen. Das Königreich wollte damit deutlich machen, dass es sich nicht lohnt, politische Systeme zu verändern. Gleichzeitig hatte Saudi-Arabien den schleichenden Rückzug der USA genutzt, um zum neuen Zentrum der arabischen Welt aufzusteigen.

Die Königsfamilie versuchte als Hauptverbündeter der Vereinigten Staaten in der Region, die Entstehung eines Machtvakuums zu verhindern und das Land zu einem Gegengewicht zum stärker werdenden Iran zu entwickeln. Für die enge Verbindung Saudi-Arabiens zu den USA setzte sich bereits der Staatsgründer Abd al-Aziz ibn Saud ein. Er schloss die Ölverträge mit amerikanischen Firmen. Damit gelang den Vereinigten Staaten ein Vordringen in die bisher von Großbritannien kontrollierte Ölregion des Mittleren Ostens.

Mit den Verträgen begann eine enge Zusammenarbeit zwischen den USA und Saudi-Arabien, die sich nach den jeweiligen Interessen der USA ausrichtete. Stand anfangs die Einfuhr saudischen Öls, mit dem der amerikanische Bedarf gedeckt wurde, im Vordergrund, so war es später die Möglichkeit, Saudi-Arabien zu einer Erhöhung der Ölproduktion zu bewegen. Damit besaßen die Vereinigten Staaten ein Mittel, Erhöhungen der Ölpreise abzuschwächen, um Devisen zu sparen, weil das Land von Importen abhängig war. Derzeit werden die Beziehungen genutzt, um durch den Verkauf von Rüstungsgütern an Saudi-Arabien die durch Ölexporte verdienten Devisen in die USA umzuleiten. Ob die Versuche Trumps, Saudi-Arabien zu einer deutlichen Beschränkung der Ölexporte zu bewegen, Erfolg haben, muss sich erst noch erweisen. Saudi-Arabien wurde auch deshalb zur neuen Führungsmacht im arabischen Raum, weil das Land die alte Partnerschaft mit den USA nutzte.

Trump vereinbarte die Lieferung von militärischen Gütern im Wert von 350 Milliarden Dollar für zehn Jahre. Im Vordergrund des Verhältnisses zwischen den beiden Ländern stehen inzwischen Waffengeschäfte. Die USA nutzen die Ölexporte Saudi-Arabiens, um ihre Rüstungsproduktion zu steigern. Darüber hinaus ist das saudische Herrscherhaus Bündnispartner im sogenannten Krieg gegen den Terror und bei den Versuchen, den Machtzuwachs Irans in der Region zu begrenzen. Es ist im Sinne der US-Politik, dass Saudi-Arabien versucht, diese Ziele vor allem mit dem Einsatz von Öleinnahmen oder politischem Druck und mit militärischen Mitteln zu erreichen.

Präsident Trump sah genau wie sein Amtsvorgänger in Saudi-Arabien einen treuen Bündnispartner im Mittleren Osten. Gleichzeitig machte er aber, anders als Obama, aus seiner Ablehnung Irans keinen Hehl. So unterließ er bei seinem Staatsbesuch in Riad jede Kritik an Saudi-Arabien und betonte stattdessen immer wieder, dass das Königreich und die USA die gleichen Interessen hätten. Seine Sanktionen gegen Iran und die Aufkündigung des von Obama 2015 geschlossenen Atomabkommens finden die uneingeschränkte Zustimmung Saudi-Arabiens. Allerdings werden die USA dafür sorgen, dass Saudi-Arabien, genau wie Israel, keinen Krieg mit Iran beginnt, da dies einen Kriegseintritt amerikanischer Streitkräfte auslösen würde. Die Regierung der Vereinigten Staaten behält es sich vor, die Entscheidung über Krieg oder Frieden mit Iran allein zu treffen. Gleichzeitig können die USA durch ihre militärische Zusammenarbeit mit Saudi-Arabien die eigenen Streitkräfte im Mittleren Osten entlasten und diese stärker im Pazifik bei der Auseinandersetzung mit China nutzen.

Das Scheitern der westlichen Politik im Orient

Neuer Anlauf zu einem Arabischen Frühling

Zum zweiten Versuch eines Arabischen Frühlings kam es im Jahr 2019, dieses Mal allerdings ohne eine ausführliche Berichterstattung in den westlichen Medien. Diese Proteste waren zu erwarten, weil sich die politischen und sozialen Verhältnisse in den arabischen Staaten seit 2011 nur geringfügig verändert hatten. Aufstände, Unruhen, Proteste und Demonstrationen werden den ersehnten Wandel beschleunigen, auch wenn es lange dauern dürfte, bis grundlegende Veränderungen einsetzen. Wahrscheinlich werden viele Anläufe nötig sein. Auch in Europa hat sich die Überwindung der Feudalherrschaft mit ihren obrigkeitsstaatlichen und autoritären Strukturen über einen langen Zeitraum hingezogen. Nur eine nüchterne Bestandsaufnahme kann verhindern, dass überspannte Erwartungen in Enttäuschungen umschlagen. Auch wäre es falsch zu glauben, Strukturen, die über Jahrzehnte – und im Fall Saudi-Arabiens über Jahrhunderte – gewachsen sind, könnten schnell verändert werden.[117]

Die Bedingungen in der arabischen Welt haben sich, wie beschrieben, kaum gewandelt. Was sich jedoch seit dem Arabischen Frühling im Jahr 2011 verändert hat, ist die westliche Berichterstattung. Vor allem in Europa gibt es inzwischen eine andere Wahrnehmung. Dort berichten die Medien immer weniger über Entwicklungen und politische Ereignisse im Mittleren Osten und Nordafrika. Das öffentliche Interesse an ihnen hat deutlich abgenommen. Über Ursache und Wirkung dieses Wahrnehmungswandels lässt sich streiten.

So wurde beispielsweise über die Proteste gegen die wirtschaftlichen und gesellschaftlichen Verhältnisse in Algerien, im Libanon oder in Irak seit dem Jahr 2019 nur in Ausnahmefällen und wenn, dann auch bloß bruchstückhaft berichtet. Dabei wurden die Auseinandersetzungen gerade in diesen Staaten mit großer Erbitterung geführt. Wie 2011 protestierte vor allem die junge Generation. Doch die Forderungen bestanden diesmal nicht nur darin, das jeweilige politische System zu verändern, sondern es zu stürzen. Die Regierungsgegner wollten radikale Umwälzungen. Dass der neue Arabische Frühling so wenig Beachtung im Ausland erfuhr, hat bewirkt, dass die äußere Einmischung nicht die Ausmaße wie im Jahr 2011 angenommen hat. Auch hat die Opposition gelernt. Selbst die von den Sicherheitskräften, oft Soldaten, angewandte Härte und sogar der gezielte Einsatz von Schusswaffen haben die Demonstranten nicht von ihrer Friedfertigkeit abbringen können. Sie haben aus den Erfahrungen des Arabischen Winters gelernt, dass gewaltsamer Widerstand nur in Bürgerkriege führt, mitunter angefacht durch äußere Einmischung. Problematisch ist jedoch, dass die Covid-19-Pandemie eine Unterbrechung der Proteste erzwungen hat und Veränderungen möglicherweise verhindert. Die Demonstranten nutzen die Pause, um Kraft zu sammeln und ihre Ziele anschließend mit noch größerem Einsatz durchzusetzen.

Algerien

Die Welle der neuesten Demonstrationen begann im Februar 2019 in Algerien. Sie folgten als Reaktion auf die Ankündigung, der von mehreren Schlaganfällen schwer gezeichnete und im Rollstuhl sitzende zweiundachtzigjährige Präsident Abd al-Aziz Bouteflika werde im April ein weiteres Mal kandidieren. Weder die Rücknahme seiner Kandidatur noch sein Rücktritt am 1. April 2019 konnten die friedlichen Proteste stoppen.[118] Die Algerier waren ihrer in der Nationalen Befreiungsfront (FLN) organisierten Machthaber überdrüssig, weil diese den Reichtum

Das Scheitern der westlichen Politik im Orient

des Landes unter sich verteilten, die Einnahmen aus den Öl- und Gasverkäufen kontrollierten und die Wahlen manipuliert hatten. Die FLN hatte 1962 die Unabhängigkeit und die Trennung von Frankreich erkämpft. Ihre Führungskader besetzten seitdem die entscheidenden Machtpositionen. Die Opposition gegen die Staatsführung war stetig gewachsen. Insbesondere der Kuwaitkrieg 1991 stärkte die ablehnende Haltung gegenüber der FLN, weil sie gute Beziehungen zum ehemaligen Mutterland Frankreich pflegte. Damit zog sie die Gegnerschaft von islamisch orientierten Strömungen auf sich.

Bei den ersten freien Wahlen im Dezember 1991 erlitt die Regierung eine Niederlage. Doch anstatt sie zu akzeptieren, putschte das Militär drei Wochen später, verbot die siegreiche Islamische Heilsfront (FIS) und löste damit einen Bürgerkrieg aus, der in den folgenden zehn Jahren mindestens hunderttausend Tote forderte. Während die FIS weiter verboten war, behielten Politiker der FLN meist ihre Positionen und ihren früheren Einfluss. Wie in den Jahren nach der Unabhängigkeit wurden in manipulierten Wahlen Kandidaten bestätigt, die von der Führung der FLN gefördert wurden.

Bouteflika war im Jahr 1999 Präsident geworden. Seine Leistung bestand darin, den damaligen Bürgerkrieg zu beenden. 2011 hob er den Ausnahmezustand auf. Zu seinen Zielen gehörte es, der wieder erstarkenden Opposition den Wind aus den Segeln zu nehmen und eine bedeutsame Protestbewegung, wie in den Nachbarländern Tunesien und Libyen, zu verhindern. Dies gelang ihm jahrelang weitgehend, weil die Algerier durch den Bürgerkrieg traumatisiert waren und keine Unruhen mehr wollten. Zudem wurden Lebensmittel und insbesondere die Wohnungen der Armen mit Einnahmen aus den Öl- und Gasverkäufen subventioniert. Bis zu seinem erzwungenen Rücktritt im April 2019 wurde der Präsident viermal gewählt. Für seine zweite Wiederwahl 2009 wurde sogar die Verfassung geändert, um eine dritte Amtszeit zu ermöglichen.

Die Kultur des Protestes ist in der Geschichte Algeriens verwurzelt. Ihr Charakter ist schwer einzuschätzen, da die Opposition mit den unterschiedlichsten Zielen auftrat. Diese reichten von der Bildung eines eigenen Staates bis zur Forderung nach einer Islamischen Republik. Seit 2019 fühlen sich die meist jungen Oppositionellen als Teil der algerischen Protestbewegung, der sogenannten Hirak. Knapp zwei Drittel der Algerier sind jünger als dreißig Jahre. Sie haben den Militärputsch gegen die islamische Partei nicht selbst miterlebt. Die Flucht über das Mittelmeer nach Europa ist zu gefährlich geworden und bringt nur selten die persönlich erhofften wirtschaftlichen und gesellschaftlichen Verbesserungen.[119] Das zunehmende Bevölkerungswachstum und die anhaltend schwierige Wirtschaftslage Algeriens werden dazu beitragen, dass die Unzufriedenheit und die Forderungen nach einem Systemwechsel anhalten. Die Stärke der Hirak könnte sich aber als ihre Schwäche erweisen. Bisher eint die Ablehnung der alten FLN-Garde die unterschiedlichen politischen Strömungen. Doch könnten sowohl extreme Repression als auch ein Erfolg der Bewegung ein Ende dieser Geschlossenheit einleiten.

Noch kontrolliert die Führung der Streitkräfte die Politik des Landes. Doch das Fundament ihrer Herrschaft weist Risse auf: Denn zunehmend verliert sie nicht nur an Einfluss auf den gläubigen, sondern auch auf den weltlichen Teil der Bevölkerung. Die Beteiligung an den manipulierten Präsidentschaftswahlen am 12. Dezember 2019 war auch deshalb so niedrig, weil die Mehrheit der Algerier den Boykottaufrufen der Opposition folgte. Der vierundsiebzigjährige Wahlsieger, der neue Präsident Abdelmadjid

Tebboune, will die Opposition beruhigen. Doch außer der Freilassung von etwa zehntausend politischen Gefangenen hat er bisher keine Veränderungen durchgesetzt. Eine solche Amnestie für Gefangene hatte es auch 1999 zu Beginn der Amtszeit Bouteflikas gegeben. Damals trug die Freilassung allerdings zur Beendigung des Bürgerkrieges bei.

Rund zwanzig Jahre später konnte sein Nachfolger den Unmut der Bevölkerung nicht einmal dadurch besänftigen, dass er Sympathisanten der Protestbewegung zu Ministern ernannte. Weiterhin finden jeden Freitag Demonstrationen für die Freilassung aller politischen Gefangenen statt. Die Proteste bleiben friedlich und diszipliniert. Die Demonstranten lassen sich durch den Einsatz der auf die Niederschlagung von Aufständen spezialisierten Ordnungskräfte und viele Verhaftungen nicht zu Gewaltaktionen provozieren. Für sie bleiben die Bürgerkriege in den Nachbarländern Libyen und Mali ebenso wie die Terrorbewegung im Süden Tunesiens abschreckende Beispiele.

Am 1. November 2019 hatten Hunderttausende, wenn nicht Millionen im ganzen Land am 65. Jahrestag des Beginns des Unabhängigkeitskrieges gegen Frankreich an Demonstrationen teilgenommen. Es waren Kundgebungen der Hirak gegen das herrschende System und die geplante verschobene Präsidentschaftswahl. Um die Teilnahme an den Protesten zu erschweren, hatten die Behörden verfügt, den Zugverkehr nach Algier und den U-Bahnbetrieb vor Ort einzustellen. Zudem sperrte die Polizei die Zugangsstraßen zur Hauptstadt. Doch das blieb wirkungslos, weil die Mehrheit der Bevölkerung grundsätzliche Veränderungen wünscht und gelernt hat, die neuen Medien für ihre Proteste zu nutzen. Die Verstädterung und der hohe Anteil an jungen Oppositionellen könnten letztlich einen Wandel der wirtschaftlichen und gesellschaftlichen Verhältnisse Algeriens bewirken. Damit ist allerdings ungewiss, ob Algerien weiterhin ein Partner westlicher Staaten bleibt.

Entscheidend wird sein, ob die Opposition stark genug ist, um die Führung der Streitkräfte dazu zu zwingen, sich nicht mehr in die Politik einzumischen. Nur dann ist sicher, dass keine Soldaten gegen die Protestbewegung eingesetzt werden. Die EU und die Regierungen westeuropäischer Staaten wären gut beraten, auf die algerischen Generäle im gleichen Sinne einzuwirken. Die Demonstranten in Algerien haben aus dem Beispiel des gestürzten ägyptischen Präsidenten Mubarak im Jahr 2011 gelernt, wie wichtig es ist, sich nicht mit dem Austausch von Regierungspersonal zufriedenzugeben, solange der Einfluss des Militärs nicht gebrochen ist. Doch dieses dürfte sich erst zurückziehen, wenn es merkt, dass auch die ausländischen Mächte ihm ihre Unterstützung entziehen. Ob die demokratisch orientierten Kräfte in der Hirak stark genug sein werden, die Weichen für die Schaffung einer algerischen Zivilgesellschaft zu stellen, muss sich nach dem Ende der Pandemie erst noch erweisen.

Der Libanon

Erst im Oktober 2019 sind die Libanesen aus der Schockstarre des Bürgerkrieges und der Angst vor einem weiteren Krieg mit Israel erwacht.[120] Auch in Beirut waren es vor allem junge Menschen, die am 17. Oktober gegen Steuererhöhungspläne der Regierung demonstrierten. Es sollen sogar Steuern auf Whats-App-Telefonate geplant gewesen sein. 1990 beendeten die verschiedenen Religionsgruppen zwar den Bürgerkrieg, der 1975 begonnen hatte, doch die bereits seit der Unabhängigkeit im Jahr 1943 nach festen Regeln zwischen Christen, Sunniten und Schiiten bestehende Machtaufteilung blieb erhalten. Ihre Aufhebung war eigentlich eines der Ziele des Abkommens von Taif

(22. Oktober 1989), in dem die in Saudi-Arabien versammelten libanesischen Parlamentsabgeordneten das Ende des Bürgerkrieges vereinbarten.

Aber auch anschließend stellten die christlichen Maroniten den Staatspräsidenten, die Sunniten den Ministerpräsidenten und die Schiiten den Parlamentspräsidenten. Diese konfessionelle Machtaufteilung wurde von der politischen Elite verstärkt genutzt, um ungestört durch eine echte demokratische Kontrolle Günstlingen Stellen zu verschaffen oder sich zu bereichern. Nach dem Bürgerkrieg wurde die Infrastruktur nicht wieder auf den Vorkriegsstand gebracht. Mit Krediten wurden zwar die Kriegsschäden im Zentrum von Beirut beseitigt, aber diese Politik führte zur Bereicherung weniger und zu einer Überschuldung des Staates.

Vor allem im Bürgerkrieg hatte sich der Libanon zum Tummelplatz ausländischer Mächte entwickelt. So baute Iran seit 1984 im Libanon die schiitische Hisbollah auf. Auch nach Ende der innerlibanesischen Kämpfe nutzte Iran die radikale Schiitenorganisation für die Auseinandersetzung mit den USA und Israel sowie als Bindeglied für Kontakte in die arabische Welt.[121] Mit militärischen und finanziellen Hilfen wurde die Hisbollah in vollständige Abhängigkeit gebracht. Sie diente der Führung in Teheran mehr und mehr als Mittel zur Durchsetzung von politischen Zielen. Durch die Hisbollah, die seit Jahren an der libanesischen Regierung beteiligt ist, beeinflusst der Iran nicht nur die Politik des Landes, er nutzt Einheiten der Hisbollah-Milizen auch, um seinen Einfluss in Syrien, Irak und Jemen zu verstärken. Da die Hisbollah im Mai 2018 die Parlamentswahlen gewonnen hat und schon zuvor die stärkste militärische Macht im Land war, haben weder die Partei noch Iran ein Interesse an einer Veränderung der politischen Verhältnisse im Libanon.

Die Schiitenorganisation nutzte die Straßenproteste im Oktober 2019 jedoch, um den Druck auf den sunnitischen Ministerpräsidenten Saad Hariri zu erhöhen. Sein Rücktritt erfolgte bereits am 29. Oktober, zwölf Tage nach Beginn der Demonstrationen. Seither stützt die Schiitenorganisation den Einsatz der Ordnungskräfte gegen die Demonstranten. Diese haben in den Augen der Hisbollah ihre Schuldigkeit getan und geholfen, einen unliebsamen sunnitischen Ministerpräsidenten beiseitezuschieben. Dessen Vetternwirtschaft und großer Anteil an der Zerrüttung von Wirtschaft und Gesellschaft hatte die Hisbollah-Politiker weniger gestört als seine Abneigung gegen Syrien und seine Kritik an der militärischen Selbständigkeit ihrer Partei, die ihre Milizen staatlicher Kontrolle entzogen hat.

Acht Wochen brauchte das libanesische Parlament, um sich auf einen neuen Ministerpräsidenten zu einigen. Der ehemalige Bildungsminister Hassan Diab benötigte weitere vier Wochen, bis er sein Kabinett vorstellen konnte. In ganz Beirut und in den großen Städten Libanons wurde unterdessen weiter demonstriert, weil die Gegner der alten Verhältnisse den neuen Ministerpräsidenten ebenfalls ablehnten. Sie trauen ihm nicht zu, den drohenden Staatsbankrott abzuwenden und die Arbeitslosigkeit abzubauen. Doch da die Hisbollah und damit auch Iran die neue Regierung akzeptiert haben, werden diese Proteste nach dem Ende der durch die Covid-19-Pandemie verursachten Einschränkungen ihre Durchschlagskraft verlieren. Zwar ist damit die Gefahr eines neuen Bürgerkrieges im Libanon erst einmal gebannt, die wirtschaftlichen und sozialen Probleme des Landes bleiben aber ungelöst und werden zu einer neuen Welle von Protesten und innenpolitischen Auseinandersetzungen führen.

Irak

In Irak tritt die gewandelte Haltung Irans gegenüber Demonstrationen in arabischen Staaten, die das jeweilige herrschende System verändern wollen, klar zutage. Passen Proteste in das Muster iranischer Politik, werden sie gefördert, richten sie sich gegen befreundete Regierungen, beteiligen sich proiranische Milizen an deren Unterdrückung.[122] Bis Februar 2020 sind in Irak mindestens 600 Menschen als Teilnehmer von Demonstrationen und Kundgebungen getötet und Tausende verletzt worden. Nach Schätzungen irakischer Ärzte mussten 30 000 Menschen versorgt werden. Die meist jungen Demonstranten setzen ihre Proteste auch deshalb fort, weil sie die Brutalität der Herrschaft Saddam Husseins nicht mehr kennengelernt haben und in dem Bewusstsein aufgewachsen sind, politische Verhältnisse seien veränderbar. Gleichzeitig sind sie seit der US-Besatzung und dem Bürgerkrieg Tod und Elend gewohnt. Sie wollen demokratische Verhältnisse und keine Kulissendemokratie, wie sie sich in Irak nach dem Abzug der meisten US-Soldaten als Kompromiss zwischen den Vereinigten Staaten und Iran verfestigt hat.

Das Zentrum der Kundgebungen ist der Tahrir-Platz im Zentrum von Bagdad. Die Demonstrationen gegen die politische Elite des Landes und die weit verbreitete Korruption begannen Anfang Oktober 2019. Immer wieder gab es in Bagdad und auch im mehrheitlich von Schiiten bewohnten Süden Proteste vor allem junger Männer. Sie forderten die Absetzung der politischen Elite und das Ende der Misswirtschaft.[123] Es waren die größten Proteste der vergangenen fünfzig Jahre, weil Schiiten und Sunniten gemeinsam revoltierten. Ein erster Erfolg der Demonstrationen war der Rücktritt von Ministerpräsident Adil Abd al-Mahdi am 29. November 2019.[124] Doch der Rücktritt brachte keine großen Veränderungen für das politische System.

Aber die Protestbewegung wurde geschwächt, weil sie nur noch von einem Teil der Anhänger des Schiitenpolitikers Muqtada al-Sadr unterstützt wird.

Dieser schiitische Geistliche ist ein unberechenbarer Politiker. Seine Anhänger sind vor allem junge Schiiten aus den Armenvierteln der irakischen Großstädte. Sein Wahlbündnis «Saroun» hatte die Parlamentswahlen im Mai 2018 gewonnen und sogar den zurückgetretenen Ministerpräsidenten Al-Mahdi unterstützt. Al-Sadr ist bei den jungen armen Schiiten so beliebt, weil er während der Herrschaft Saddam Husseins nicht ins Exil geflüchtet war und nationalistische Positionen vertritt. Er lehnt die Stationierung ausländischer Truppen in Irak ab und ist der einzige führende Schiitenpolitiker, der zu Bündnissen mit sunnitischen Regierungsgegnern bereit war. Auch wenn er immer wieder den Schutz Irans sucht, hat er die Führung in Teheran wiederholt kritisiert. Vor den Parlamentswahlen 2018 besuchte er sogar Irans Gegner Saudi-Arabien und traf Kronprinz Mohammed bin Salman. Doch al-Sadr streitet nicht für eine außenpolitische Neutralität Iraks. In den für das Land wichtigen Situationen hat er mit den etablierten schiitischen Parteien zusammengearbeitet. Genau wie Ammar al-Hakim, sein direkter Gegenspieler im Schiitenlager, mobilisiert er gegen die jeweiligen Ministerpräsidenten, um seine Anhängerschaft nicht zu enttäuschen.

Die politische Konkurrenz der Familien al-Sadr und al-Hakim begann während der Herrschaft Husseins.[125] Beide Politiker zeigen sich bislang bereit, die Wünsche Irans zu erfüllen, und lehnen es ab, sich einer Bevormundung durch die Führung in Teheran zu widersetzen. So entspricht auch der Rückzug eines großen Teils der Anhänger al-Sadrs aus der Protestbewegung den iranischen Interessen. Der Richtungswechsel gelang dem Schiitenpolitiker ohne Mühe, da er nach der Tötung des iranischen Generals Solei-

Das Scheitern der westlichen Politik im Orient

mani durch die USA zu einer Großdemonstration aufgerufen hatte. Sie fand in Iran ungeteilte Zustimmung, weil der sofortige Abzug aller US-Truppen aus Irak gefordert wurde.

Es ist fraglich, ob die Regierungsgegner ohne die Unterstützung al-Sadrs einen Systemwechsel durchsetzen können. Weil sie bereits zum Höhepunkt der Proteste ein Zeltlager auf dem Tahrir-Platz errichtet hatten, harrten einige von ihnen dort während der Covid-19-Pandemie aus. Sie setzten ihren Protest fort und lehnen auch Mustafa al-Kadhimi ab, der am 7. Mai 2020 vom Parlament zum neuen Ministerpräsidenten gewählt wurde. Selbst Mohammed Taufiq Allawi hatte die Demonstranten nach seiner Ernennung zum Ministerpräsidenten im Februar nicht umstimmen können, obwohl er versprach, sie zu schützen und die Verantwortlichen für die Toten in ihren Reihen vor Gericht zu stellen.[126] Er kündigte sogar an, die Korruption zu bekämpfen und für eine vorgezogene Neuwahl des Parlaments einzutreten. Auch dort fehlte ihm die Unterstützung.

Solange es nicht gelingen wird, ein dauerhaftes Bündnis zwischen sunnitischen und schiitischen Regierungsgegnern zu bilden, werden die von der Regierung und Iran kontrollierten Sicherheitskräfte alle oppositionellen Regungen unterdrücken können. Zudem werden sie wie bei der Auflösung des sunnitischen Protestlagers auf der Autobahn bei Ramadi[127] im Dezember 2012 darauf zählen können, dass derartige Aktionen möglich sind, ohne dass es zu weltweiter Empörung kommt.

Über die Ermordung von Demonstranten in Irak ist in den großen Medien Europas nur selten berichtet worden. Dabei haben auf Dächern positionierte und maskierte Unbekannte immer wieder gezielt auf die Regierungsgegner geschossen. Mögen es im Oktober und November 2019 geheim operierende Gruppen des Sicherheitsapparats gewesen sein, so gibt es Hinweise, dass ab Dezember Kampfgruppen halbstaatlicher proiranischer Milizen gegen Demonstranten vorgegangen sind.[128]

Ähnlich wie im Libanon wird in Irak die Opposition erst dann erfolgreich sein, wenn sie nicht mehr von religiösen Kräften getragen wird. In diesem Fall wird auch der Einfluss proiranischer Gruppen ihr Ende finden, da diese nicht mehr wie zuvor Anhänger in den von Armen bewohnten Vorstädten finden und mobilisieren können. Langfristig wird sich die weltoffene junge Generation der Städte durchsetzen können, weil sie ihre Informationen zunehmend aus dem Internet bezieht und viel größer sein wird als die junge Generation der ländlichen Regionen. Auch Letztere wird sich den Revolten der Städter nach und nach anschließen.

Die neuen Kriege und die Zunahme der Gewalt

Sowohl die Kriege der USA in Afghanistan, Pakistan und Irak als auch die Demonstrationen des Arabischen Frühlings in Libyen, Syrien und Jemen im Jahr 2011 endeten in Bürgerkriegen, verstärktem Terror oder äußerer Einmischung. Die Kriege im Mittleren Osten zeigen ein Muster von Gewalt, das auf ganz unterschiedliche Entwicklungen zurückzuführen ist. Gemeinsam ist diesen Entwicklungen die Entschlossenheit, politische Konflikte mit militärischen Mitteln zu lösen.

Dies gilt für den Einsatz von Raketen und Drohnen genauso wie für die Bewaffnung kleiner Gruppen oder ganzer Staaten. Militärische Mittel dienen nicht mehr zur Verteidigung gegen Angriffe von außen. Sie prägen den Alltag einer ganzen Weltregion, weil die Kriegsparteien sie zur Durchsetzung unterschiedlichster Ziele einsetzen. Für den Mittleren Osten ist es bezeichnend, dass die verfeindeten Parteien oft mit Waffen gegeneinander kämpfen, die aus den gleichen Quellen stammen.

Die Bürgerkriegsparteien in Afghanistan, Syrien oder Jemen nutzen meist nicht nur die gleichen Waffen, sondern sie begehen auch ähnliche Kriegsverbrechen. Internationale Menschenrechtsorganisationen werfen zunehmend allen Konfliktparteien vor, das Kriegsvölkerrecht und die Menschenrechte zu missachten und immer wieder zu verletzen. Zivile Opfer werden in der Regel nur erwähnt, wenn für ihren Tod Terroristen oder von den Staaten des Westens abgelehnte Regierungen verantwortlich gemacht werden.[129]

Die Kriege nehmen auch zu, weil die im vergangenen Jahrhundert entwickelten Rechtssysteme immer seltener angewandt werden und mittlerweile ihre Bedeutung weitgehend verloren haben. Hinzu kommt, dass militärische Auseinandersetzungen immer größere zivile Opferzahlen verursachen. Deutschland hatte im Zweiten Weltkrieg bis dahin geltende Muster der Kriegsführung gebrochen, doch im Orient wurde diese Praxis in den vergangenen Jahren weiterentwickelt und auf die Spitze getrieben. Waffenexporte aus der ganzen Welt haben dieser Entwicklung Vorschub geleistet. Asymmetrisch geführte Auseinandersetzungen sind heute gang und gäbe.

Kriege in der Vergangenheit wurden meist zwischen Staaten mit vergleichbarer Stärke und ähnlichen Waffen geführt. Heute können auch vermeintlich Schwächere zur Waffe greifen und überlegene Militärformationen attackieren. Streitkräfte werden von Herrschern in der Regel nicht mehr gegen äußere, also ähnlich hochgerüstete Gegner, sondern gegen wehrlose Beherrschte eingesetzt, die dann ausländische Unterstützung erhalten. Es ist bezeichnend, dass sowohl in Afghanistan als auch in Irak die von den USA aufgebauten nationalen Streitkräfte für den Einsatz im

Inneren des Landes, also für den Kampf gegen Terroristen oder protestierende Gegner, ausgerüstet und ausgebildet wurden. Damit wird die Ungleichheit, also die Asymmetrie der Kriegsführung, zum Prinzip erhoben, weil die Gegner dieser Streitkräfte unkonventionelle Kampfformen anwenden, um erfolgreich zu sein.

Grundsätzlich neu wäre ein asymmetrischer Krieg zwischen zwei Staaten. Ein solcher droht zwischen dem Iran und den USA. Dieser Krieg würde nicht nur den gesamten Mittleren Osten in ein Schlachtfeld verwandeln, sondern auch auf den bisherigen Erfahrungen aufbauen, die in den bewaffneten Konflikten der Region gesammelt wurden. Terroristische Angriffe sind genauso vorstellbar wie die Bombardierung von Anlagen zur Herstellung lebenswichtiger ziviler Güter.[130] Unklar ist, inwieweit sich Staaten der Region wie Israel, Saudi-Arabien oder die VAE an einem solchen Krieg beteiligen würden.

Sicher ist, dass die Kriegshandlungen auch in Gebieten dritter Staaten wie Afghanistan, Irak, Syrien oder dem Libanon stattfinden werden. Schon heute bilden nationale Grenzen keinen Hinderungsgrund, wenn es um militärische Einsätze geht. Die USA respektieren diese Grenzen ebenso wenig wie Terroristen oder iranische Revolutionswächter. Systematisch werden die jeweiligen Öffentlichkeiten auf unterschiedliche Wertesysteme eingeschworen. Um ein Beispiel zu nennen: Freiwillige dürfen im Ausland gegen Terroristen kämpfen. Wer sie unterstützt, macht sich strafbar, selbst wenn dies in einem anderen Land geschieht.

Zwei Grundmuster kennzeichnen die Kriege im Orient. Zum einen ihre grenzüberschreitende Ausweitung und zum anderen die Ungleichheit der Gegner. Bemerkenswert sind die niedrige Hemmschwelle, die besteht, wenn es um den Einsatz militärischer Mittel geht, und die Ausweitung der Kriegshandlungen

Das Scheitern der westlichen Politik im Orient

gegen die Zivilbevölkerung. Diese Entwicklungen nicht mehr wahrzunehmen oder sie ohne Proteste geschehen zu lassen, dient als Vorübung, um sich mit der militärischen Abwehr von Flüchtlingen an den europäischen Außengrenzen nicht mehr auseinandersetzen zu müssen.

Der Terrorismus und die Mitschuld des Westens

Der Begriff Terror ist umstritten. Er wird genutzt, um Gewaltaktionen politischer Gegner zu bezeichnen, die politische Ziele
mit der Verbreitung von Furcht und Schrecken durchzusetzen
versuchen. Terrorakte gab es in der Geschichte immer wieder.[131]
Als moderner Terrorismus werden in der Regel Attentate verstanden, die sich gegen zivile Ziele richten. Mit diesem Begriff
werden sowohl der Anschlag auf die Türme des World Trade
Center bezeichnet als auch solche, die ihm folgten. Doch auch
im Hinblick auf den heutigen Terrorismus geht es mir darum,
seine Entstehung im Zusammenhang mit der westlichen Politik
darzustellen. Ich werde zeigen, dass die USA eine große Mitverantwortung dafür tragen, dass sich «Monster»[132] entwickeln
konnten, die Teile der Welt immer wieder in Angst und Schrecken versetzen. Al-Kaida ist auch aus den Bemühungen der Vereinigten Staaten hervorgegangen, die afghanischen Mudjahedin
aufzurüsten.[133]

Entstehung des Terrorismus

Die Entstehung des modernen Terrorismus kann nicht von den Handlungen westlicher Staaten getrennt werden. Der heutige Terrorismus hat die asymmetrische Form der Kriegsführung weiterentwickelt. Die neunzehn Attentäter der Anschläge auf das World Trade Center, von denen fünfzehn aus Saudi-Arabien und die restlichen vier aus Ägypten stammten, waren mit Teppichmessern bewaffnet und ermordeten bei ihrem Terrorakt dreitausend Menschen. Weitere Tausende wurden verletzt. Ihre Mittel waren einfach, und ihr Plan war damals kaum zu verhindern.[134] Dennoch tragen die USA einen Teil der Verantwortung. Sie haben Bin Laden und seine Leute in den 1980er Jahren gewähren lassen. Außenministerin Hillary Clinton hat den Zusammenhang im Jahr 2010 in einem Interview mit Fox News genau beschrieben: «Als die Sowjetunion nach Afghanistan einmarschierte, hatten wir die brillante Idee, nach Pakistan zu gehen, um dort die Mudjahedin zu schaffen und sie sogar mit Stinger-Raketen auszurüsten. Wir waren erfolgreich. Die Sowjets verließen Afghanistan. Und dann sagten wir: Großartig – auf Wiedersehen! Wir haben in Afghanistan und Pakistan diese ausgebildeten Leute zurückgelassen, die fanatisch waren, und wir haben damit ein Chaos angerichtet, offen gesagt: Das haben wir damals nicht richtig erkannt, weil wir so glücklich über den Zusammenbruch der Sowjetunion waren. Wir dachten: Okay, gut, wir sind fein raus, jetzt wird alles besser. Doch aus der Rückschau haben wir die Leute, gegen die wir heute kämpfen, im Kampf gegen die Sowjetunion unterstützt.»[135]

Neben den afghanischen Mudjahedin, die mit einfachsten Mitteln einen verlustreichen Kampf gegen die sowjetischen

Besatzungssoldaten führten, gab es Freiwillige aus islamischen Ländern, die mit ihnen kämpften, weil sie die gottlosen Besatzer vertreiben wollten. Zbigniew Brzeziński, Carters Sicherheitsberater, erkannte die Möglichkeit, durch Unterstützung der afghanischen Widerstandsgruppen die Sowjetunion in einen Zermürbungskrieg zu verwickeln, der die Kraft der zweiten Weltmacht überfordern könnte.[136] Um diese Unterstützung zu verschleiern, wurde die Hilfe über die pakistanischen Streitkräfte und einen ihrer Geheimdienste, die Inter-Services Intelligence (ISI), abgewickelt. In den ersten Jahren erhielten die Mudjahedin einfache Waffen und Geld. Die CIA-Mitarbeiter beschafften nur Waffen, die auch aus sowjetischen Beständen hätten stammen können. Sie hielten ihre Arbeit geheim, um den Anschein zu erwecken, es handele sich um einen allein von Afghanen geleisteten Widerstand. Saudi-Arabien übernahm, wie vereinbart, die Hälfte der Kosten. Diese vierzig Jahre zurückliegenden Zahlungen sind nur ein Beispiel für die in den vergangenen Jahrzehnten entwickelte Zusammenarbeit zwischen den USA und Saudi-Arabien.

Da Saudi-Arabien an der US-Politik beteiligt war, wurden auch die Freiwilligen aus arabischen Ländern akzeptiert, die sich am Widerstand der Afghanen beteiligten. Sie traten als Gotteskrieger Saudi-Arabiens auf. Während seiner elfjährigen Regentschaft (1964–1975) hatte König Faisal ibn Abd al-Aziz die Öffnung Saudi-Arabiens und den Export des im Land praktizierten Islam unterstützt. Diese Politik, zu der auch der Antikommunismus gehörte, wurde von den USA im Kampf gegen die Sowjetunion genutzt.

Saudi-Arabien war bereit, mit den USA in Afghanistan zusammenzuarbeiten, auch weil die Geistlichkeit des Landes in der Unterstützung der afghanischen Mudjahedin einen Beitrag zur Verteidigung des Islam und zur Verbreitung ihrer Auffassungen sah.[137] Sie rief nicht nur dazu auf, für die Mudjahedin zu spenden, sondern forderte die Gläubigen auch auf, an deren Seite zu kämpfen. Bin Laden wurde Organisator und Führer dieser arabischen Brigaden. Er rekrutierte vor allem in Saudi-Arabien neue Mitglieder und beschaffte dort Geld.

Insgesamt handelte es sich hierbei um Spenden von mehreren Millionen Dollar für die afghanischen Mudjahedin und die von ihm organisierten Freiwilligen. Bin Laden unterhielt für seine Leute ein Guesthouse in der pakistanischen Stadt Peshawar, nahe der Grenze zu Afghanistan, dem Zentrum der von dort kommenden Flüchtlinge und des afghanischen Widerstandes, wo er sein Büro einrichtete. In Peshawar war gleichzeitig das Hauptaktionsfeld der CIA. Die afghanischen Mudjahedin und die vor allem arabischen Freiwilligen vertraten ähnlich radikalislamische Überzeugungen, die in ihren Grundsätzen dem Wahhabismus, der Staatsreligion Saudi-Arabiens, entsprachen.

Dieser islamische Puritanismus, wie er im Wahhabismus existiert, ist besonders attraktiv für Bewohner abgelegener Gebiete, da er Raum für die Übernahme von Stammestraditionen lässt. Dazu zählen insbesondere Elemente des Stammesrechts, die dann als reine Form des ursprünglich existierenden Islams erscheinen. Diese Art eines Wüstenislams übt in seiner archaischen Form – ausgedrückt beispielsweise in dem Strafmaß für Diebstahl, das anstelle einer Haftstrafe eine Verurteilung zum Abhacken einer Hand vorsieht – eine große Anziehungskraft auf europäische Moslems aus, weil in ihm eine zeitgemäße Auslegung von Strafgesetzen abgelehnt wird, die als unzulässige Anpassung verstanden wird.

Al-Kaida und die Schaffung eines Terrornetzwerks

Al-Kaida wurde am 11. August 1988 in Peshawar gegründet. Der Name der Gruppe bedeutet «die Basis».[138] Die Organisation sah in den USA einen großen Feind, weil sie der Überzeugung war, die Vereinigten Staaten hätten die Moslems um die Früchte des Sieges im Kampf gegen die Ungläubigen gebracht. Bin Laden war nicht nur einer der Mitgründer von Al-Kaida, sondern er hatte auch als Millionär und Organisator der islamischen Freiwilligen von Beginn an eine bedeutende Stellung in der Organisation, die sich das Ziel setzte, den islamischen Charakter des Aufstandes gegen die sowjetischen Besatzungstruppen in Afghanistan zu verteidigen. Die zentrale Bedeutung Bin Ladens ist auch daran zu erkennen, dass sein Ausbildungslager, in dem Freiwillige für den Kampf gegen die sowjetischen Truppen trainiert wurden, unter dem Namen Al-Kaida bekannt war.

Bin Laden wurde damals in seiner Heimat Saudi-Arabien geachtet und als erfolgreicher Widerstandskämpfer gerühmt. Als Mitglied der Bin-Laden-Familie, die eine der größten Baugesellschaften des Landes besaß, war er zudem sehr reich. Bereits als Jugendlicher und Student fiel er durch seine extremen religiösen Überzeugungen auf. Er galt als Anhänger der Moslembrüder und war möglicherweise zeitweise deren Mitglied. Islamistische Gelehrte aus Ägypten (vor allem der 1966 während der Präsidentschaft Gamal Abdel Nassers hingerichtete Journalist Sayyid Qutb) prägten seine religiösen Ansichten.

Bevor Bin Laden 1993 mit der Planung von Terroraktionen gegen US-Ziele begann, hatte er keine grundsätzlichen Differenzen mit der saudischen Herrscherfamilie. Als diese 1991 sein

Angebot, mit Freiwilligenverbänden der Al-Kaida die irakischen Besatzungstruppen aus Kuwait zu vertreiben, ablehnte und amerikanische Einheiten ins Land ließ, brach Bin Laden mit dem Königshaus. Danach erklärte er den USA als Besatzer des Landes von Gläubigen den Heiligen Krieg. Der Abzug der US-Truppen erfolgte schleichend. Vor allem traditionelle Geistliche werteten die Anwesenheit ausländischer Truppen als Entweihung saudischen Bodens. Al-Kaida war in Saudi-Arabien populär. Offiziell verließen die US-Truppen das Land erst 2003.[139]

Obwohl Al-Kaida für mehrere Angriffe auf US-Ziele (zum Beispiel Bombenattentate auf die US-Botschaften in Kenia und Tansania) verantwortlich gemacht wurde, ist die Terrororganisation erst seit den Anschlägen auf die Zwillingstürme in New York ein weltpolitischer Begriff.[140] Doch statt weltweit die Ursachen zu beseitigen, die Terroristen zu Attentaten bewegen könnten, führten die USA einfach zu gewinnende Kriege gegen die Regierungen in Afghanistan und Irak. Präsident George W. Bush hat den Krieg gegen den Terror begonnen, und seine Nachfolger Obama und Trump setzten ihn fort. Wobei Obama den Drohnenkrieg verstärkte und auf Länder ausdehnte, in denen Terroristen aktiv waren. Trump zählte Iran zu den Terrorstaaten und befahl Militäraktionen in Syrien und Irak gegen Vertreter Irans.

Bin Laden konnte deshalb so schnell ein globales Netzwerk des Terrors aufbauen, weil er sich auf Getreue stützte, die nach ihrer Rückkehr aus Pakistan den Kampf in ihrer Heimat fortsetzten.[141] Insbesondere der Putsch in Algerien im Jahr 1992 gab unterschiedlichsten islamischen Organisationen enormen Auftrieb. Islamistischen Terrorgruppen gelang es, neue Mitglieder zu rekrutieren und stabile Organisationsstrukturen aufzubauen. Bin Laden wurde nach Aussagen von Obama am 2. Mai 2011 bei einer Kommandoaktion von Navy Seals, die auf nächtliche

Der Terrorismus und die Mitschuld des Westens

Aktionen spezialisiert sind, in der pakistanischen Garnisonsstadt Abbottabad in seinem Versteck erschossen. Sein Leichnam wurde nach US-Angaben am gleichen Tag im Indischen Ozean bestattet. Er hatte zwar ein archaisches Verständnis vom Islam. Sein Anspruch auf den Besitz der reinen Lehre sowie die Ablehnung und sogar Bekämpfung anderer islamischer Orientierungen waren jedoch deutlich geringer ausgeprägt als bei der Al-Kaida-Organisation in Irak.

Auf dem Weg zu einem eigenen Staat: Der IS

Der Islamische Staat ist aus dem Ableger von Al-Kaida in Irak hervorgegangen. Für diese Abspaltung und die spätere Feindschaft zu dieser Organisation gibt es mehrere Gründe. Es war ein jordanischer. Staatsbürger, der die Grundlagen dafür legte: Abu Musab al-Zarkawi. Al-Zarkawi war 1999 mit Familienangehörigen als islamistischer Freiwilliger nach Pakistan gezogen und hatte dort die Grundlagen des Terrorhandwerks gelernt. Monate später versammelte er eine Gruppe von Arabern in der westafghanischen Stadt Herat. Nach dem Sturz der Taliban-Regierung zogen sie nach Irakisch-Kurdistan in ein Gebiet zwischen Halabja und der iranischen Grenze, das von radikalen kurdischen Moslems kontrolliert wurde.

Al-Zarkawi konnte in Irak nur deshalb so schnell eine Terrororganisation aufbauen, weil dort nach dem Sturz Saddam Husseins und der Machtübernahme der Schiiten in von den Sunniten bewohnten nordwestlichen Regionen ein Machtvakuum entstanden war. Er nutzte die Fehler der US-Besatzer und das im Land herrschende Chaos, das er noch zu verstärken suchte. Sein Aufstieg zu dem nach Bin Laden meistgesuchten Terroristen der Welt erfolgte, weil er es schaffte, Al-Kaida zu einer zentralen Kraft in der innenpolitischen Auseinandersetzung Iraks zu entwickeln. Zum einen organisierte er alle, die bewaffnet gegen die US-Besatzer kämpfen wollten. Zum anderen verhinderte er Entwicklungen, die zu einer Beteiligung weiterer Mächte an der Besetzung Iraks oder einer Internationalisierung der Mitverantwortung für die Verwaltung des Landes hätten führen können. Darüber hinaus schürte er die inneren Konflikte Iraks, um einen Bürgerkrieg auszulösen.

Die Terroristen übernahmen arabische Freiwillige, die vom alten Regime ausgebildet worden waren und Fedaijin Saddam genannt wurden. Für diese war die Mitgliedschaft in einer islamistischen Organisation oft problemlos, weil Saddam Hussein in den letzten Jahren seiner Amtszeit zunehmend als Gläubiger aufgetreten war und vor allem in der Auseinandersetzung mit den USA islamische Positionen vertreten hatte. Sein Stellvertreter Izzat Ibrahim ad-Duri hatte sich bereits viel früher als tiefgläubiger Moslem präsentiert. Diese islamistische Selbstdarstellung der Baath-Diktatur erleichterte Mitläufern die Zusammenarbeit mit Al-Kaida. Die Parteigänger des alten Regimes waren auch deshalb so willkommen, weil sie die Organisation mit den dringend benötigten Waffen versorgten, die sofort eingesetzt werden konnten.

Diese relativ einfachen Bedingungen bei der Rekrutierung ermöglichten den schnellen Aufbau der Terrorgruppe, die sich als führende Organisation des Widerstands profilierte. Al-Zarkawi nutzte seine Erfahrungen, die er beim Aufbau einer vergleichsweise kleinen Gruppe in der westafghanischen Stadt Herat in den Jahren 2000 und 2001 gemacht hatte. Wie damals bildeten Freiwillige aus arabischen Staaten, wie Saudi-Arabien, Jordanien und Syrien, das Kadergerippe der Organisation. Al-Kaida soll in Irak bereits Wochen nach dem Sturz Husseins etwa dreitausend arabische Freiwillige versammelt haben. Sie stammten meist aus den irakischen Nachbarstaaten, deren sunnitische Regierungen verhindern wollten, dass das Land zu einem demokratischen Brückenkopf im Mittleren Osten ausgebaut werden konnte.[142]

Al-Zarkawis Leute zündeten immer dann Autobomben, wenn ein Staat oder internationale Organisationen bereit waren, mit den US-Besatzern zusammenzuarbeiten. Zuerst, am 19. August 2003, verübten Unbekannte einen Anschlag auf die Botschaft

Jordaniens, dann erfolgte am 29. August ein ähnlicher Anschlag auf das UN-Hauptquartier in Bagdad, und schließlich verwüstete eine Autobombe am 27. Oktober 2003 die irakische Zentrale des Internationalen Komitees vom Roten Kreuz (IKRK).[143] Alle Versuche der US-Zivilverwaltung, Teile der Verantwortung für die Verwaltung des Landes abzugeben oder diese sogar zu internationalisieren, scheiterten.

Seinen größten Erfolg hatte al-Zarkawi mit Terroranschlägen auf schiitische Politiker, Moscheen und Stätten, die von Schiiten als heilig betrachtet werden. Bei den Terroraktionen konnte al-Zarkawi die nach dem Sturz Husseins und der Machtübernahme der Schiiten gewachsene Spannungen zwischen den beiden Religionsgruppen nutzen, um weiteres Chaos zu stiften. Für ihn war es nicht wichtig, dass die pakistanische Mutterorganisation von Al-Kaida die Taktik der Anschläge gegen Schiiten nicht guthieß. Entscheidend war, dass die meisten Mitglieder von Al-Kaida in Irak ein derartiges Vorgehen unterstützten.

Die Feindschaft von Al-Kaida gegenüber irakischen Schiiten und dem Iran erleichterte die Zusammenarbeit mit im Untergrund lebenden Mitarbeitern des gestürzten Regimes. Der Anschlag auf den al-Askari-Schrein in Samarra am 22. Februar 2006 bildete den Auftakt zu bewaffneten Kämpfen zwischen Schiiten und Sunniten und entfachte einen offenen Bürgerkrieg. Aber al-Zarkawi konnte sein Ziel, einen Krieg zwischen Iran und den USA auszulösen,[144] nicht erreichen, weil ein Angriff auf die amerikanische Botschaft in Damaskus von syrischen Sicherheitsbeamten verhindert wurde und es Al-Kaida nicht gelang, den Schweizer Botschafter im Iran zu ermorden oder einen Anschlag auf die Schweizer Botschaft in Teheran auszuüben.

Bereits im Oktober 2006 benannte sich «Al-Kaida in Irak» in «Islamischer Staat in Irak» um. Diese Namensgebung kennzeichnet den wichtigsten Unterschied zu Al-Kaida. Während der IS die Bildung eines eigenen Staatsgebietes anstrebt, das den Kern eines islamischen Weltreiches bilden soll, haben die Anhänger von Al-Kaida die Schaffung eines Netzwerks terroristischer Untergrundkämpfer als Ziel. Außerdem unterscheiden sich die beiden Flügel der islamistischen Terroristen im Einsatz von Gewalt. Während Al-Kaida Terror als Kampfmittel gegen die USA und westlichen Industriestaaten nutzen will, setzt der IS auf Terror gegen alle Andersdenkenden.

Dabei ist die Entstehung des Islamischen Staates ohne den Krieg der USA in Irak nicht vorstellbar. Die Vertreibung und spätere Kriminalisierung der Anhänger Husseins hat sogar die Abspaltung des IS von Al-Kaida beschleunigt. Christoph Reuter hat sehr detailliert gezeigt, welche Bedeutung die Kader des von den USA gestürzten irakischen Regimes für den IS besitzen.[145]

Konnte al-Zarkawi nach dem Sturz Saddam Husseins das Machtvakuum in den sunnitischen Gebieten nutzen, so ist die Machtfülle des IS 2013 und 2014 auch dadurch zu erklären, dass es der Organisation während des syrischen Bürgerkrieges gelang, große Teile der Wüstenregionen in Ostsyrien zu kontrollieren. Von dort starteten mehrere Hundert IS-Kämpfer nach Irak, wo sie am 10. Juni 2014 Mossul, die mit zwei Millionen Einwohnern zweitgrößte Stadt Iraks, eroberten.

Die Terroristen erbeuteten Waffen und Munition im Wert von Hunderten von Millionen Euro. Nach Angaben des damaligen irakischen Ministerpräsidenten Abadi waren darunter allein 2300 gepanzerte Geländefahrzeuge vom Typ Humvee. Zudem überließen die etwa 60000 Soldaten und Polizisten, die vor vier Hundertschaften der IS-Kämpfer flohen, mindestens dreißig ebenfalls von den USA zurückgelassene oder gelieferte M1 Abrams-Panzer. Der IS konnte die Waffen sofort einsetzen, weil sich viele ehemalige irakische Soldaten in seinen Reihen befanden. Einige waren sogar von Angehörigen amerikanischer Streitkräfte oder von Mitarbeitern privater US-Sicherheitsfirmen ausgebildet worden.

Die Terrormilizen konnten Mossul und die größten Teile Nordwestiraks nur erobern, weil sich ihnen eine große Zahl der Mitglieder und einige Führer von sunnitischen Stämmen anschlossen. Selbst wenn eine derartige Zusammenarbeit erzwungen ist, kommt sie nur zustande, wenn eine gemeinsame Grundüberzeugung besteht. Diese ist meistens gepaart mit der Ansicht, nur als Gruppe überleben oder etwas erreichen zu können. Der Einzelne darf seine Interessen nicht wahrnehmen, diese werden von der Gemeinschaft durchgesetzt, sei es auch in Form von Rache für die Vernachlässigung durch die Gesellschaft. Gerade Parteigänger Saddam Husseins wurden von den US-Besatzern entrechtet und zurückgestoßen. Als Mitglieder des IS konnten sie Vergeltung üben. Während die absolute Mehrheit der Iraker gegenüber ihrem Staat Erwartungen hat und protestiert, weil diese trotz des Reichtums des Landes nicht erfüllt werden, haben die Wüstenbewohner eine tiefe Abneigung gegen Lebensweisen, die mit den ihren nicht übereinstimmen.[146]

Sie denken und leben in ihren Traditionen und unterwerfen sich den Stammesrechten, die sie oft für von Gott erlassen und damit islamisch halten. Als der IS die von europäischen Kolonialherren gezogenen Grenzen nicht akzeptierte und Abu Bakr al-Baghdadi, der Führer der Organisation, am 9. April 2013 ein Kalifat ausrief, das die vom IS auf syrischem und irakischem Territorium eroberten Gebiete umfasste, passten diese Ansprüche in ihr Weltbild. Die Terroristen hatten seit dem Sturz Husseins das Ziel, den Staat Irak zu kontrollieren und die neue Macht der Schiiten zu brechen.

Die Gebietsansprüche und der Krieg gegen Schiiten führten nicht nur dazu, dass Bin Ladens Nachfolger Ayman Zawahiri den Islamischen Staat Ende 2013 oder Anfang 2014 aus dem weltweiten Al-Kaida-Netzwerk ausschloss und ihm die Unterstützung entzog, sie sind auch der Grund, dass der IS scheitern und wahrscheinlich – über kurz oder lang – zerfallen oder in Al-Kaida aufgehen wird. So verlor die Organisation die in den Jahren 2013 und 2014 in Syrien und Irak eroberten Gebiete an eine Anti-IS-Koalition, an der sich auch verfeindete Kräfte wie der Iran und die USA beteiligten. Während Iraker, Kurden oder Syrer meistens den Bodenkrieg führten, griffen die ausländischen Staaten vor allem aus der Luft an. Bei den etwa 20 000 Angriffen in diesem Luftkrieg wurden mehrere Tausend Zivilisten getötet. Während die US-Streitkräfte angaben, bei ihren etwa 14 000 Luftangriffen in Irak seien 87 Zivilisten getötet worden, waren es in Wirklichkeit Tausende. Allein bei der Rückeroberung Mossuls starben mindestens 10 000 Menschen, in der übergroßen Mehrheit Zivilisten. Patrick Cockburn nennt in einem Bericht der britischen Zeitung «The Independent» unter Berufung auf Dokumente des kurdischen Geheimdienstes sogar 40 000 getötete Zivilisten.[147]

Neben dem Skandal verbreiteter Falschinformationen durch die Streitkräfte westlicher Staaten, die nicht mehr mit Unwissen erklärt werden können, schafft ein derartiges militärisches Vorgehen Sympathie für Terroristen. Selbst in einer Millionenstadt wie Mossul, in der die Milizen des IS die Bevölkerung mit Waffeneinsatz daran hinderten zu fliehen, kann es zu Solidarität mit der Terrororganisation kommen, wenn an einem einzigen Tag, wie zum Beispiel am 17. März 2017, in einem einzigen Stadtteil mindestens zweihundert Zivilisten getötet werden.[148] Auch die Beduinendörfer, in denen Anhänger des IS vermutet wurden, sind seit derartigen Luftangriffen völlig zerstört. Die Trümmer erweckten bei mir im Oktober 2018 den Eindruck, als sei die Zerstörung schon vor Jahren erfolgt. Von den ehemaligen Bewohnern habe ich kein Lebenszeichen beobachtet.

Die Anhänger des IS haben die Covid-19-Pandemie genutzt, um sich zu reorganisieren und erneut Anschläge auszuführen. Sie greifen staatliche Sicherheitskräfte oder feindliche Milizen an. Im April 2020 konnten sie sich in den Wüstenregionen Syriens und Iraks nahe der Grenze auf abgelegenen Straßen weitgehend ungehindert bewegen. Abu Ibrahim al-Haschimi al-Kuraschi, Nachfolger von Baghdadi und neuer Führer des IS, kehrte nach Irak zurück. Doch sollte die Terrororganisation erneut versuchen, zusammenhängende Gebiete zu beherrschen, wird sie wahrscheinlich auf die geballte Macht der irakischen Schiiten stoßen, die in diesem Fall sicher wieder internationale Unterstützung erhalten. Der IS wird seine Macht im Irak dennoch erst vollständig verlieren, wenn sich die politischen Verhältnisse in dem Land grundsätzlich ändern und sunnitische Politiker in Bagdad die Interessen der Menschen im Nordwesten des Landes vertreten können. Sollte sich die Lage in Irak wandeln, wird der IS mittelfristig wieder zu einer Geheimorganisation werden. Dann dürfte sich langfristig die Konkurrenz zwischen den beiden Terrororganisationen abschwächen. Ich glaube sogar, dass sie wegen des Drucks der Verfolgung, der sie ausgesetzt sind, irgendwann erneut zusammenarbeiten oder sich möglicherweise sogar wieder zusammenschließen werden.

Die weltweite Verbreitung des Terrors

Die amerikanische Unterstützung für die afghanischen Mujahedin und der von den USA begonnene Krieg gegen den Terror haben in den vergangenen Jahren entscheidend zu dessen globaler Verbreitung beigetragen. Sowohl Al-Kaida als auch im Anschluss der IS haben vor allem in abgelegenen, von der Globalisierung nicht erfassten Regionen weltweit Anhänger gefunden. Sie waren insbesondere in gescheiterten Staaten oder in unterentwickelten Gebieten mit schwach ausgebildeten staatlichen Strukturen erfolgreich. Dabei dürfte die Konkurrenz zwischen Al-Kaida und dem IS ihre Ausbreitung in den vergangenen Jahren behindert haben, insbesondere wenn sie, wie zum Beispiel in Afghanistan, gegeneinander Krieg führten. In den Staaten Subsahara-Afrikas und im Süden der Philippinen sind die islamistischen Organisationen stärker geworden, auch weil sie die durch den Klimawandel ausgelösten Konflikte nutzen konnten.[149]

Hatten das Scheitern der meisten Protestbewegungen und die Bürgerkriege Al-Kaida geholfen, so ist es dem Islamischen Staat nach dem Tod Bin Ladens und durch seine Erfolge in Syrien und Irak gelungen, Teile des weltweiten Al-Kaida-Netzwerks auf seine Seite zu ziehen. Ein Beispiel für einen derartigen Wechsel ist die Umorientierung der nigerianischen Terrororganisation Boko Haram. Im März 2015 schloss sie sich dem IS an und schwor dessen Anführer al-Baghdadi die Treue. Seither kämpft sie auch in den Nachbarstaaten Niger und Tschad. Saudi-Arabiens Missionierung war in abgelegenen Gemeinschaften, bei denen es keine Modernisierung durch Mobiltelefone, Internet et cetera gegeben hat, besonders erfolgreich. Als ein Kommando der US-Streitkräfte Baghdadi am 27. Oktober 2019 getötet hatte und Trump dessen Tod noch am selben Tag als Erfolg darstellte, hieß es in einer IS-Erklärung, mit der drei Tage später al-Kuraschi als Baghdadi-Nachfolger genannt wurde: «Amerika, hast du nicht begriffen, dass der Islamische Staat sich im Vorfeld Europas und Westafrikas befindet?»[150]

Jedenfalls brachte die Spaltung der Terroristen Europa eine neue Belastung. Denn mit dem Einfluss des IS hat sich die Art der Terroranschläge gewandelt. Al-Kaida hatte die Attentäter des Anschlags von London am 7. Juli 2005 noch in seinen Lagern ausgebildet, ausgerüstet und geleitet. Dieses Vorgehen entsprach der Logik einer Geheimorganisation, die ihre Mitglieder gezielt einsetzen und, wenn nötig, auch bezahlen kann. Bin Laden und sein Stellvertreter Zawahiri oder Führungskader hatten Kontakt zu den Basiszellen ihrer Organisation und konnten die Anschläge ihrer Mitglieder bestimmen, möglicherweise sogar planen oder zumindest beeinflussen.[151]

Auch der Terrorismus wird in den arabischen Staaten ein Ende finden, da es sich bei seiner Entstehung vor allem um eine Reaktion auf die Politik westlicher Staaten handelt. Der Terrorismus islamischer Prägung ist ein Aufbäumen des Islam, der als letzte Form des Widerstandes gegen westliche Dominanz entwickelt wurde, nachdem sich Nationalismus und Sozialismus als stumpfe Waffe in der Auseinandersetzung erwiesen hatten.

Die ab dem Frühjahr 2017 in Europa ausgeführten Anschläge folgten einem anderen Muster. In der Regel handelt es sich um Einzeltäter, die in Europa aufgewachsen und nicht unbedingt Mitglieder des IS waren. Sie organisierten oder begingen Terrorakte einzeln oder in Gruppen; im Anschluss wurden ihre Taten dem IS zugeschrieben. Selbst wenn kein direkter Kontakt bestand, bekannte sich die Organisation meist sogar sehr schnell zu den Taten. Dies gilt vor allem für Länder wie die ehemaligen

Der Terrorismus und die Mitschuld des Westens

Kolonialmächte Großbritannien und Frankreich, in denen viele der Einwanderer aus den alten Kolonien in trostlosen Vorstadtghettos leben und nur schwer in den Gesellschaften Fuß fassen können. Während Al-Kaida Freiwillige aus Europa in ihren Lagern ausbildete und dann für Anschläge nicht zuletzt in Europa selbst einsetzte, werden Sympathisanten des IS ermutigt, selbständig zu handeln. Es entsteht ein Tätertyp mit islamischem Hintergrund, der sich für sein individuelles Scheitern an einer letztlich fremden Gesellschaft rächen will. Oft sind es Kleinkriminelle, die in ihrer Ausweglosigkeit Zuflucht zu überkommenen Werten und religiösen Überzeugungen suchen.[152]

Ein Zentrum zum Terror bereiter Islamisten war der Brüsseler Stadtteil Molenbeek. Der belgische König Baudouin hatte dem saudischen König im Jahr 1967 erlaubt, als Gegenleistung für billige Öllieferungen in Molenbeek eine große Moschee für Brüssel zu bauen.[153] Wahhabitische Prediger aus Saudi-Arabien formten die schlecht bezahlten Araber vor allem aus Nordafrika zu Islamisten, deren Radikalität so groß war, dass sie auf alle Nachbarstaaten ausstrahlte. Viele spätere Attentäter stammten aus diesem Milieu. Selbst einer der beiden Männer der Al-Kaida, die zwei Tage vor den Anschlägen von New York Ahmad Schah Massoud, den Kriegsfürsten und ehemaligen Mujahedin-Führer, in Afghanistan ermordeten, kamen aus dem Brüsseler Stadtteil.[154]

Das Attentat auf den Berliner Weihnachtsmarkt am 19. Dezember 2016 verübte ein tunesischer Flüchtling, der ebenfalls erst als Krimineller zum Islamisten wurde. Der dreiundzwanzigjährige Anis Amri konnte die Tat nur begehen, weil er wegen des Fehlers eines deutschen Beamten und der Nutzung unterschiedlicher Namen nicht abgeschoben worden war. Statt ihn als Freiwilligen in ein Ausbildungslager zu schicken, ermunterten ihn dem IS Nahestehende zu einem Terrorakt in Deutschland.

Hatte es im Jahr 2016 vor dem Attentat in Berlin noch mehrere Anschläge oder durch Behörden vereitelte Attentatsversuche gegeben, die mit dem IS in Verbindung standen, gab es danach keine bedeutenden mehr. Die Terrorwelle in Europa ist seither ausgelaufen, weil der IS in Irak und Syrien militärisch geschlagen wurde und seine Anziehungskraft auf Freiwillige verloren hat. Doch in anderen Regionen der Welt existiert er weiter, auch wenn die entsprechenden Gruppen keinen großen Einfluss auf mögliche Attentäter in Europa ausüben. Gleichzeitig haben die Sicherheitsdienste der verschiedenen europäischen Staaten gelernt, Anschläge im Vorfeld zu verhindern.[155] Dies ist vereinfacht worden, weil Terroristen immer größere Probleme haben, als Flüchtlinge nach Europa zu kommen. Ein weiterer Grund ist, dass Saudi-Arabien zum Terrorismus auf Distanz geht und kaum noch Gelder für die Missionierung bereitstellt. Die Geistlichkeit hat in dem Land an Einfluss verloren, und die Öleinnahmen gehen seit Jahren zurück.

Es wäre jedoch völlig falsch, die Gefahr künftiger Terroranschläge zu unterschätzen. Nicht nur unerkannte Rückkehrer des IS werden versuchen, Attentate durchzuführen, auch gut getarnte Al-Kaida-Mitglieder oder sogar Kommandogruppen des IS werden äußerste Anstrengungen unternehmen, um mit Großanschlägen die Anziehungskraft ihrer Organisation zu vergrößern. Denn der moderne Terrorismus geht davon aus, durch spektakuläre Aktionen neue Anhänger gewinnen zu können. Die Nutzung der neuen Medien bestärkt Täter nicht nur in diesem Irrglauben, sondern erleichtert auch ihre Propaganda. Sicher kann man mit geheimdienstlichen Techniken Anschläge verhindern. Doch wird dies nicht gänzlich gelingen, solange vor allem junge Männer islamischer Herkunft ihr Scheitern verschleiern, indem sie sich in Radikalität und Selbstverleugnung flüchten.[156]

Der Terrorismus und die Mitschuld des Westens

Iran: Der jahrzehntelange Konflikt mit den USA

Iran könnte als beispielhafter Fall für die politische Wirkungslosigkeit von Sanktionen in die Geschichte eingehen. Über den Iran, vor und nach dem Sturz des Schahs, sind viele falsche Berichte im Umlauf. So halte ich ausführliche Vorbemerkungen für notwendig, bevor ich auf die besonderen Beziehungen Irans zum Westen eingehe.

Bereits in den Jahren der Revolution hatten viele Iraner Schwierigkeiten, die Aufstandsbewegung und die Veränderungen danach richtig einzuordnen.[157] Ihnen fehlte der notwendige Abstand zu den Ereignissen. Je mehr sie versuchten, die Situation zu beschreiben, desto mehr offenbarten sie über ihre eigene Position und Haltung. Dies liegt auch in der Komplexität der iranischen Politik begründet, die eine Beurteilung aus der Ferne, also «von außen», erst recht erschwert. Im Iran machten, und dies ist meist heute noch so, die Linken Amerika für alle Probleme verantwortlich. Nationalisten sahen in Großbritannien die Quelle allen Übels. Und für Anhänger der USA führte die Sowjetunion Regie bei den politischen Entwicklungen. Erst während des achtjährigen Krieges mit Irak änderte sich diese generelle Schwäche, auch wenn es vielen Iranern weiterhin nicht gelang, die alten Brillen abzuwerfen, durch die sie die Ereignisse bloß verzerrt wahrnahmen. Wenn schon im Iran eine Einschätzung und die Bewertung der Entwicklung sehr oft nicht gelingen, dann ist dies aus der Ferne noch schwieriger. Das Iranbild westlicher Medien macht es nicht einfacher, auch weil Regierungspositionen meist die Berichte beeinflussen.

Iran ist ein islamisches Land, gehört aber nicht zur arabischen Welt. Während die Menschen dort meist Sunniten sind, machen die Schiiten mit ihrem Bevölkerungsanteil von 90 Prozent den Iran zum größten Schiitenstaat der Welt. Das Land ist flächenmäßig knapp fünfmal so groß wie Deutschland, hat aber mit knapp 84 Millionen Menschen etwa genauso viele Einwohner. Es verfügt neben riesigen Öl- und Gasvorkommen über enorme Mengen anderer Rohstoffe, unter anderem unterschiedlichste Erze.[158]

In seiner Geschichte war Iran politisch den arabischen Staaten meist einen Schritt voraus, machte viele Erfahrungen Jahrzehnte eher. Dies liegt zum Teil darin begründet, dass Iran niemals eine Kolonie war. Zwar wurde das Land im Zweiten Weltkrieg von britischen und sowjetischen Truppen besetzt, doch war es wie zuvor das Persische Reich immer selbständig.

Mitte des 19. Jahrhunderts erneuerte der Ministerpräsident Amir Kabir das Steuerwesen und modernisierte das Gesundheitssystem. Er förderte Studienaufenthalte in Frankreich und wollte europäische Entwicklungen übernehmen. Vierzig Jahre später, von 1890 bis 1892, kam es im Land zu den sogenannten Tabakunruhen, weil die Bevölkerung gegen die Vergabe der Tabakrechte an eine britische Firma protestierte. An diesem Kampf beteiligten sich auch Geistliche. Die Unruhen endeten erst, als der Schah die dem britischen Unternehmen erteilten Rechte zurückzog. Gut zehn Jahre später, im Jahr 1905, forderten Demonstranten die Beschneidung der absoluten Macht des Schahs und erzwangen die Einführung eines Parlaments mit ständischen Verfassungsreformen.

Das Ringen um Modernität, der Kampf gegen ausländische Bevormundung oder wirtschaftliche Einmischung und die Auflehnung gegen autoritäre Macht haben im Land also Tradition.

Weil Iraner im Vergleich zu anderen Staaten der Region Erfahrungen und Entwicklungen früher gemacht und durchlaufen haben, blieb ihnen auch mehr Zeit, diese wirtschaftlichen und politischen Eindrücke kollektiv zu verarbeiten.

Ein weiterer wesentlicher Unterschied zu den anderen Staaten der Region besteht darin, dass die Stämme in Iran vor Jahrzehnten ihre Stärke einbüßten. Reza Schah Pahlawi, ein machtbewusster und skrupelloser Diktator, dem nach dem Ersten Weltkrieg der Aufstieg vom einfachen Soldaten zum iranischen Schah gelungen war, hatte begonnen, die Macht von Stammesführern zu brechen.[159] Für ihn waren sie ein Hindernis bei der Errichtung eines iranischen Staates, in dem unterschiedliche Nationalitäten lebten. Reza Schah schaffte damit die Grundlagen für einen modernen, einheitlichen Iran. Die unter seiner Herrschaft aufgebauten Strukturen bilden bis heute das Fundament der nationalen Wirtschaft. Diese politische Entwicklung ist vergleichbar mit der Türkei, wo Mustafa Kemal Atatürk Stammesführer ausschaltete.

1960 verloren die Stammesführer, die als Großgrundbesitzer in verschiedenen Provinzen Einfluss behalten konnten, unter Reza Schah Pahlawis Sohn, Mohammed Reza, während der sogenannten «Weißen Revolution» ihre Ländereien und damit ihre letzten gesellschaftlichen Machtpositionen. Nur im Südosten des Landes konnten weder Reza Schah Pahlawi noch sein Sohn im von Sunniten bewohnten Belutschistan etwas gegen die Stämme ausrichten. Viele Belutschen kämpfen bis heute für eine nationale Unabhängigkeit. In der Provinz wird bewaffneter Widerstand gegen die Regierung in Teheran geleistet. 2002 gründeten Al-Kaida-nahe Aufständische die Organisation Djundallah. Nicht nur in Teheran halten sich Meldungen, dass auch diese Aufständischen von den USA unterstützt werden. Ausländische

Versuche, sich in die inneren Angelegenheiten des Landes einzumischen, werden von den iranischen Medien sofort verbreitet und als Angriffe gewertet, auch wenn es sich nur um ungeprüfte Hinweise handelt.

Die Angst vor ausländischen Interventionen geht zurück auf den Sturz des gewählten Ministerpräsidenten Mohammed Mossadegh im Jahr 1953 durch – hauptsächlich – die CIA. Auch der britische Geheimdienst MI 6 war an den Vorbereitungen des Putsches (Operation Ajax) beteiligt. Diese Mitwirkung konnte keineswegs überraschen, war doch die britische Anglo-Persian Oil Company (APOC), die seit 1909 die Rechte an den iranischen Ölvorkommen besaß, Hauptbetroffene der 1951 erfolgten Verstaatlichung der Ölindustrie gewesen. Nach dem Putsch gegen Mohammed Mossadegh am 19. August 1953 erhielt Mohammed Reza Pahlawi, der das Land verlassen hatte, seine alte Machtposition als Schah zurück. Die Verstaatlichung der Ölindustrie wurde rückgängig gemacht.

Fünf amerikanische Ölkonzerne wurden von Mohammed Reza Pahlawi, dem Sohn des alten Schahs[160], bei der Neuvergabe der Konzessionen beteiligt. Sie erhielten mit 40 Prozent genauso viel wie die von APOC zunächst in Anglo-Iranian Oil Company (AIOC) umbenannte spätere British Petroleum Company (BP). Für das kollektive iranische Nationalbewusstsein hat die Beteiligung der CIA an dem Putsch und die Vergabe der Rechte an die ausländischen Ölkonzerne eine große Bedeutung. Anhänger der von Mossadegh gegründeten Nationalen Front und der prosowjetischen kommunistischen Tudeh-Partei wurden unter dem wieder erstarkten Schah verfolgt. Da ein Flügel der Geistlichkeit den Sturz Mossadeghs begrüßt hatte, wurden gläubige Gegner des Schahs seltener Opfer von dessen Regime.

Kritiker der islamischen Herrschaft in Iran verweisen gern

darauf, dass die islamische Bewegung die geringere Unterdrückung während der Zeit des Schahs zu ihren Gunsten nutzen
konnte. Sie unterschätzen jedoch die große Volksfrömmigkeit
der Bewohner und die tiefen Wurzeln des Islam im Land. Die
große Gefolgschaft Ayatollah Khomeinis mag westliche Beobachter überrascht haben.[161] Doch war der Geistliche nicht nur
seit Jahrzehnten als Gegner des Schahs aktiv und deshalb sehr
bekannt, er war auch ein genialer Politiker, der meist die richtigen Worte fand, um seine Anhängerschaft in Iran ständig zu vergrößern. Ich habe 1978 in Iran erlebt, dass Millionen Iraner ihm
folgten und bedingungslos ergeben waren.

Es ist heute wichtig, sich daran zu erinnern, dass die Islamische Revolution die erste Revolution war, in der ohne einen
vorherigen Krieg ein politisches System gestürzt wurde. Das
Ende der Monarchie durch eine islamische Bewegung brachte
völlig neue politische Strukturen, während die wirtschaftlichen
Verhältnisse weitgehend unverändert blieben.[162] Zwar flohen
neben Regimegegnern auch Familien, die sich während der Diktatur des Schahs bis 1979 bereichert hatten, mit ihrem Kapital
ins Ausland.[163] Große und wichtige Firmen brachen zusammen
und mussten später saniert werden. Dreißigtausend amerikanische Militärberater, für die das alte Regime mehrfach höhere
Gehälter als für Iraner mit gleicher Qualifikation gezahlt hatte,
wurden überhastet abgezogen.[164] Doch die Islamische Republik
blieb bestehen, auch deshalb, weil die durch den Machtwechsel
verursachten Probleme und die Neuordnung der Gesellschaft
mit Hilfe der Öleinnahmen bewältigt werden konnten.

Mit der Besetzung der US-Botschaft rissen die Anhänger
Ayatollah Khomeinis bei den amerikanischen Bürgern eine
Wunde, die bis heute, nach vierzig Jahren, nicht richtig geheilt
ist und die in den USA ein politisches Trauma ausgelöst hat.

Dabei wertete die Mehrheit der Iraner die Besetzung aufgrund der intensiven Propaganda der Khomeini-freundlichen Medien als Akt der Verteidigung, der das Land vor einem weiteren von den USA organisierten Putsch bewahren sollte. Die zusammen mit der organisierten Begeisterungswelle erfolgten innenpolitischen Verschiebungen sind heute meist vergessen.[165] Erst nach 444 Tagen, zeitgleich mit der Vereidigung von Präsident Ronald Reagan, wurden die in der Botschaft gefangen genommenen Diplomaten freigelassen.

Während in der westlichen Welt vor allem der Sturz des Schahs und die Besetzung der US-Botschaft in Erinnerung blieben, standen für Iraner die Opfer und Leiden durch den iranisch-irakischen Krieg im Vordergrund. Sie haben nicht vergessen, dass die Staaten des Westens den Angriff Saddam Husseins im September 1980 unterstützt haben. In dem achtjährigen Krieg starben Hunderttausende Iraner. Die islamische Führung nutzte den Krieg, um alle innenpolitischen Widersacher auszuschalten und die Widersprüche zwischen religiösen und nationalen Überzeugungen abzuschwächen.[166] Seither gebraucht die Staatsführung sowohl den Islam als auch den Nationalismus als politische Werkzeuge, um Probleme zu lösen.

Doch die vergangenen vierzig Jahre sind von der Auseinandersetzung politischer Lager geprägt. Gegner der Islamischen Republik werten sie als Scheinauseinandersetzungen, Anhänger als Beweis für eine demokratische Kultur. Doch Vorhersagen über ein Ende der islamischen Herrschaft sind immer wieder zu voreilig, weil übersehen wird, dass die Menschen in Iran zwar Veränderungen wollen, aber nicht bereit sind, sich an einem, wie sie argwöhnen, von den USA unterstützten gewaltsamen Umsturz zu beteiligen. Nach bald siebzig Jahren ist die Erinnerung an Mossadeghs Sturz nach wie vor lebendig.

Die Rolle der USA seit dem Zweiten Weltkrieg

Wer die Beziehungen zwischen dem Iran und den Vereinigten Staaten behandelt, offenbart seine Position bereits durch die Bestimmung des zeitlichen Anfangs dieses Verhältnisses. Es existieren zwei typische Einstiege. Eine Erzählweise beginnt mit der Besetzung der US-Botschaft, die andere mit dem Putsch gegen Mossadegh. Diese beiden Ereignisse, bei denen gegen das Völkerrecht verstoßen wurde, nutzen Anhänger der USA und Irans, um den eigenen Standpunkt deutlich zu machen. Es bestehen jedoch gleich mehrere Gründe, die Geschichte der Beziehungen mit dem Auftreten der USA in Iran während des Zweiten Weltkriegs zu beginnen. Damals liefen Transporte der von den USA an die Sowjetarmee gelieferten Waffen meist über Iran.

Zur Sicherung der Wege wurden dort amerikanische Soldaten stationiert. Im Jahre 1944 befanden sich etwa dreißigtausend von ihnen im Land. Dies waren die Anfänge, Iran zum Brückenpfeiler der USA im Mittleren Osten auszubauen. Nach dem Zweiten Weltkrieg entwickelte sich das Land zum Frontstaat des Westens gegen die Sowjetunion, obwohl es ursprünglich zwischen Ost und West positioniert war. Das lässt sich anhand der Teheraner Konferenz verdeutlichen, die vom 28. November bis 1. Dezember 1943 stattfand und auf der der britische Premierminister Winston Churchill, US-Präsident Franklin D. Roosevelt und der sowjetische Staatschef Josef Stalin ihre Allianz gegen das Deutsche Reich festigten und die Eröffnung einer zweiten Front beschlossen. Schon damals gab es erste Versuche von US-Ölfirmen, Verträge mit der iranischen Regierung zu schließen. Doch scheiterte das Vorhaben, die Monopolstellung Großbritanniens bei der Ausbeutung iranischer Ölquellen zu brechen.

Erst nach Ende des Zweiten Weltkrieges und dem Zerfall der Allianz musste Großbritannien die USA schrittweise als politischen sowie militärischen Partner und wirtschaftlichen Konkurrenten in der Region akzeptieren.[167] Auch dabei spielte Iran eine wichtige Rolle. Stalin war erst auf Druck der Vereinigten Staaten bereit, den prosowjetischen Republiken in Iranisch-Aserbaidschan und Iranisch-Kurdistan die Unterstützung zu entziehen. Der junge Schah hatte 1941 seinen Vater ersetzt, den Großbritannien wegen seiner engen Zusammenarbeit mit Deutschland zur Abdankung gezwungen hatte. Während seiner Regentschaft hatte der alte Pahlawi in unterschiedlichen Verhandlungen den Briten Verbesserungen bei den Ölverträgen abgerungen. Sein Sohn Mohammed Reza war dagegen zu einer engeren Kooperation mit den USA bereit.

Innenpolitische Auseinandersetzungen boten den Vereinigten Staaten die Möglichkeit, ihren Einfluss in Iran auszubauen. 1951 wurde die Ölindustrie im Land verstaatlicht, und der Schah ernannte Mohammed Mossadegh zum Ministerpräsidenten. Nachdem britische Kriegsschiffe den Transport von iranischem Öl verhindert hatten, kam es wegen des Ausfalls der Öleinnahmen zu wirtschaftlichen Problemen im Iran. Während Mossadegh dafür eintrat, die Verstaatlichung der Ölindustrie voranzutreiben, wurden Politiker, die die Zusammenarbeit mit Großbritannien fortsetzen wollten, von einigen Abgeordneten und Teilen der Bevölkerung unterstützt. Doch Mossadegh konnte sich durchsetzen, und der Schah verließ das Land.

Großbritannien und die USA arbeiteten inzwischen zusammen und organisierten einen Militärputsch, der den Schah am 19. August 1953 an die Macht zurückbrachte. Dieser war zuvor mit dem Versuch gescheitert, Mossadegh durch einen Erlass abzusetzen. Mitarbeiter der Geheimdienste Großbritanniens und der

USA heizten die Unruhen an, die nach dem Ausfall der Ölexporte entstanden waren. Mitglieder von Kraftsportclubs erhielten von ihnen sogar Geld, um gegen die Mossadegh-Regierung zu protestieren. Es ist möglich, dass Mossadeghs Verstaatlichung der Ölindustrie letztlich gescheitert wäre. Doch die Vereinigten Staaten setzten die CIA ein, um eine gewählte Regierung in einem anderen Land zu stürzen und eine absolute Monarchie[168] aufzubauen. Amerikanische Firmen wurden nach dem Putsch an der Förderung und dem Verkauf iranischen Öls beteiligt. Die USA übernahm allmählich die Vormachtstellung in Iran. Großbritannien akzeptierte die Veränderung, verfügte aber weiterhin über einen großen Einfluss. Dabei war der britische Auslandsgeheimdienst MI6 wie die CIA am Putsch beteiligt gewesen. Die Regierung in London hatte die Hälfte der Kosten für dessen Vorbereitung und Ausführung übernommen. Doch die USA nutzten ihre wirtschaftliche Stärke und ihre militärtechnologische Überlegenheit, um ihre Position schrittweise auszubauen.

Ziel der amerikanischen Politik war es, Iran zum Bollwerk gegen die Sowjetunion zu entwickeln. Doch der Schah schaffte es nicht, dafür die Unterstützung seiner Untertanen zu gewinnen.[169] Die meisten Iraner sahen in ihm eine US-Marionette. Die Menschen hatten ein gespaltenes Verhältnis zu ihrem Staatsoberhaupt und den USA. Während der Schah sein Image als Marionette nicht abschütteln konnte, galt die Lebensweise in den Vereinigten Staaten den meisten Iranern als vorbildlich, zugleich lehnten sie jedoch die Politik der USA als imperialistisch ab. Genauso wie Iraner die eigene Mitverantwortung an dem Sturz Mossadeghs verdrängten, war vielen nicht bewusst, dass die USA nur einen sehr begrenzten Einfluss und keine wirkliche Macht in Iran ausüben konnten.

Es fehlte die Zustimmung der Bevölkerung für die enge

Zusammenarbeit der Regierungen beider Länder. Die Gegner des Schahs nutzten diese Lücke für ihre Proteste, die mehr und mehr von Anhängern Khomeinis organisiert wurden. Ende 1978 erkannten sogar die führenden Politiker der vier größten Industriestaaten, dass die USA nicht mehr in der Lage waren, mit Hilfe des Schahs und seines Machtapparats Iran zu kontrollieren. So beschlossen sie, mit den Führern der Islamischen Bewegung Kontakt aufzunehmen, um mit ihnen zusammenzuarbeiten.[170] Doch statt den Rückzug der Vereinigten Staaten aus der iranischen Innenpolitik zu begrüßen und den neuen Spielraum dafür zu nutzen, Iran zu einem unabhängigen Land zu machen, wurde auf den Straßen weiter gegen die USA demonstriert.

Auf ihrem Höhepunkt schlug die Ablehnung der Vereinigten Staaten in Hysterie um. Am 4. November 1979 hatten radikale Anhänger von Ayatollah Khomeini die amerikanische Botschaft gestürmt. Der Revolutionsführer nutzte die Wut seiner Anhänger, die nicht verstehen wollten, dass dem Schah erlaubt worden war, für eine medizinische Behandlung in die USA einzureisen. Khomeini ließ nicht nur zu, dass seine Gefolgsleute den letzten Stützpunkt der USA in Iran besetzten, er sorgte auch dafür, dass die politische Stimmung im ganzen Land immer aufgebrachter wurde. Er nutzte die politische Atmosphäre, um seinen innenpolitischen Gegenspieler Ayatollah Mohammed Kazem Shariatmadari auszuschalten, der vor allem in Westiran und in den Reihen der Geistlichkeit viele Anhänger hatte. Ayatollah Shariatmadari lehnte die Übernahme der politischen Macht durch Geistliche ab. Er trat für eine Politik des Ausgleichs ein. Als er Kritik an der Botschaftsbesetzung übte, wurde er unter Hausarrest gestellt. Der Jahrestag der Botschaftsbesetzung wird in der Islamischen Republik mit großen Demonstrationen begangen.

Während die Botschaftsbesetzung von vielen Amerikanern

als Schmach empfunden wird, für die Vergeltung geübt werden sollte, gilt sie bei Anhängern des heutigen iranischen Staatsoberhaupts Khamenei als Symbol für ein notwendiges Vorgehen gegen die USA. Die Gefühle beider Seiten sind von Hassliebe geprägt. Iraner lehnen die politische Einmischung ab und bewundern die nichtimperialen Teile der US-Kultur mit ihren demokratischen Elementen. Viele US-Bürger hassen umgekehrt die islamische Republik, beneiden Iran aber wegen seiner alten Kultur. Eine ähnlich gespaltene Einstellung entwickeln die Iraner auch hinsichtlich ihrer Erdöl- und Erdgasvorkommen. Vor allem die Nationalisten wünschen sich nichts sehnlicher, als von den Verkäufen der Brennstoffe unabhängig zu werden. Gleichzeitig lieben sie aber auch das Öl, weil die Petro-Dollar ihren Lebensstandard verbessern.

Zu Zeiten des Schahs wollten seine Gegner, vor allem Moslems, Nationalisten oder Kommunisten, die Ölabhängigkeit Irans überwinden. Seitdem die USA im Rahmen der von Trump verfügten Sanktionen ernsthaft versuchen, iranische Ölverkäufe zu verhindern, wird dem Land diese Politik von außen aufgezwungen. Die Auswirkung treffen Iran hart, weil die Zeit seit dem Sturz des Schahs nicht immer ernsthaft genutzt wurde, die Abhängigkeit vom Ölexport zu beseitigen.

Das Scheitern der Sanktionspolitik

Um die US-Sanktionspolitik zu bewerten, muss man sie in zwei Phasen unterteilen. Die erste reicht vom April 1981 bis Juli 2015. In diesen vierunddreißig Jahren wurde der Sanktionskatalog zwar regelmäßig erweitert. Doch die Wirkungen blieben begrenzt. Anfangs sollte Iran gezwungen werden, die gefangenen Mitarbeiter der amerikanischen Botschaft freizulassen. Doch dieses Problem wurde durch Verhandlungen zwischen Iran und den USA gelöst.

Die zweite Phase begann im Mai 2017 mit der Aufkündigung der Wiener Nuklearvereinbarung (JCPOA). Ein ausgesprochen komplizierter Mechanismus zur Begrenzung des iranischen Atomprogramms war in jahrelangen Verhandlungen zwischen den ständigen Mitgliedern des Weltsicherheitsrates (USA, Russland, China, Frankreich und Großbritannien) sowie Deutschland und der EU auf der einen und Iran auf der anderen Seite erzielt worden. Hier sollen weder die Einzelheiten des Kompromisses noch die Dauer der Verhandlungen dargelegt werden. Die ersten Gespräche über Irans Atomprogramm begannen die Außenminister Frankreichs, Großbritanniens und Deutschlands (Dominique de Villepin, Jack Straw und Joschka Fischer) am 20. Oktober 2003 in der iranischen Hauptstadt.

Damals wurde in einer «Teheraner Erklärung» die Zusammenarbeit Irans mit der Internationalen Atomenergieorganisation (IAEO) vereinbart, die Irans Recht auf eine friedliche Nutzung der Atomtechnologie bekräftigt.[171] Im Atomabkommen von 2015 wurden weitergehende Zugeständnisse gemacht. Im Kern geht es bei der Übereinkunft darum, das Verhältnis Irans mit anderen Staaten zu normalisieren und die sogenannte Schwellenfähigkeit

Irans in der Atomtechnologie zu verhindern, also die Fähigkeit, selbständig Atombomben bauen zu können. Bestimmte Regelungen sollen bewirken, dass die Islamische Republik hierfür zumindest längere Zeit benötigt.

Der frühere Direktor der Internationalen Atomenergiebehörde (IAEA), Mohamed El-Baradei, möchte, dass Irans atomare Bemühungen begrenzt werden sollen.[172] Er schreibt, dass die USA mit ihren Sanktionen nicht in der Lage gewesen wären, das Atomprojekt Irans zu stoppen. Strafmaßnahmen würden das Land so lange nicht an der Herstellung von Atomwaffen hindern, solange die Gründe für dieses Ziel weiter existierten.[173] Ein Beispiel für die Wirkungslosigkeit politischen Drucks bildet die Politik des iranischen Präsidenten Ahmadinejad. Der Iran hat während seiner Amtszeit von 2005 bis 2013 trotz der US-Sanktionen mit etwa 750 Milliarden Dollar höhere Einnahmen aus Ölverkäufen erzielt als in den hundert Jahren zuvor. Ahmadinejad verfügte direkt zu Beginn seiner Regierung, dass mit der Anreicherung von Uran begonnen werden sollte. Die Mehrheit der Iraner hielt es damals für richtig, dass ihr Land dem weltweiten Druck nicht nachgab und nicht auf die Anreicherung verzichtete. Ihr Argument lautete: Was anderen erlaubt ist, darf uns nicht verboten werden.

El-Baradei beschreibt detailliert, dass die Ursprünge des iranischen Atomprogramms in die Schahzeit zurückreichen und dass die USA und Deutschland damals entscheidende Beiträge geleistet haben, Iran den Aufbau einer Atomindustrie zu ermöglichen.[174] In den zehn Jahren vor dem Sturz des Schahs war Deutschland nicht nur der wichtigste Handelspartner Irans, sondern auch führend auf dem Feld der atomaren Zusammenarbeit.

Der erste Versuch: 1980 bis 2015

Offizielles Ziel der von den USA verhängten Sanktionen war anfangs die Freilassung der in Iran inhaftierten Botschaftsmitarbeiter. Doch die erfolgte erst nach Verhandlungen. Dennoch verlängerten die US-Präsidenten seit den 1980er Jahren jährlich die Sanktionen. Die iranische Wirtschaft reagierte auf eine schleichende Verschärfung mit einer Ausweitung der Herstellung bestimmter Produkte. Fehlten nach der Revolution in den Regalen der Supermärkte Milch und Käse aus dem eigenen Land, so sind heute ausländische Molkereiprodukte Mangelware, und in den Armenvierteln fehlen eingeführte teure Waren grundsätzlich.

Die Sanktionen haben Iran zwangsweise vom Weltmarkt abgekoppelt und damit wie ein Schutzzollsystem gewirkt. Durch Inflationsschübe wurden und werden die Staatsausgaben für die Bezahlung von Beamten und anderen Mitarbeitern drastisch verringert. Die Importe schrumpfen, weil sie mit der teurer werdenden einheimischen Währung bezahlt werden müssen. Es ist paradox: Internationale Währungsinstitutionen empfehlen Ländern des globalen Südens seit Jahren eine ähnliche Politik, um die Wirtschaft des eigenen Landes zu stärken und Einfuhren durch die Herstellung heimischer Güter zu ersetzen. Dabei müssen jedoch bestimmte Voraussetzungen erfüllt sein, wie sie in Iran in beispielhafter Weise bestehen. Das entsprechende Land sollte mehrere Millionen Einwohner haben, damit sich ein Binnenmarkt entwickeln kann. Es sollten Ressourcen, in der Regel Rohstoffvorkommen, vorhanden sein, um sie für den Aufbau der Wirtschaft nutzen oder um mit deren Verkaufserlösen notwendige Einfuhren bezahlen zu können.[175] Subventionen und Schutzzölle in den Industrieländern bewirken oft, dass die Entwicklung der Staaten des globalen Südens gelähmt wird, insbesondere wenn mit ihnen Freihandelsabkommen geschlossen wurden. Vor diesem Hintergrund ist es überraschend, dass diese paradoxen Wirkungen der gegen Iran verhängten Sanktionen der USA in vielen westlichen Medien nicht gesehen wurden. Dies ist auch ein Ausdruck ihrer Gefügigkeit gegenüber existierenden Großmachtinteressen.

Auch in Iran bewirkten die Sanktionen, dass sich Unternehmer darauf spezialisierten, im Land benötigte Produkte selbst herzustellen. Wegen der vergleichsweise geringen Energie- und Transportkosten wurden einige dieser Waren sogar in Nachbarländer verkauft, deren Abgelegenheit dazu führte, dass sich die Belieferung insbesondere mit schweren oder verderblichen Weltmarktprodukten verteuerte. Die iranischen Waren sind im Orient an vielen Orten konkurrenzfähig. Exportorientierte Wirtschaftszweige wurden sogar mit den Einnahmen des Erdöls gefördert. Denn die Führung in Teheran achtete darauf, dass trotz der US-Sanktionen weiter Öl verkauft wurde, um mit den Erlösen die Herstellung eigener Produkte unterstützen zu können. Irans Stellung auf dem Weltmarkt hat sich seit Gründung der Islamischen Republik deutlich verändert.

Während sich der Handel mit Deutschland, dem ehemals größten Partner, in den Jahren zwischen 2006 und 2015 von 4,56 auf 2,38 Milliarden Euro halbierte, verfünffachte er sich mit China in derselben Zeit von 3,81 auf etwa 19 Milliarden Dollar. Auch die Zahlen zur Entwicklung der iranischen Wirtschaft verdeutlichen die tatsächliche Wirkung der Sanktionen. Nach Ende des Krieges gegen den Irak wuchs Irans Bruttoinlandsprodukt für 19 Jahre, von 1989 bis 2007, mit gut 4,9 Prozent jährlich relativ stark.[176] Doch während der Amtszeit Ahmadinejads fiel der Wert der im Land hergestellten Waren und Dienstleistungen wegen der hohen Ölpreise (2008–2012) jährlich um ein Prozent. In der Zeit seiner Präsidentschaft hob sich der Lebensstandard der Bevölkerung, weil mit den zusätzlichen Öleinnahmen auch steigende Importe von Fertigprodukten finanziert werden konnten. Dies war vor allem möglich, weil die Zentralbank mehr Devisen für die Stabilisierung der Landeswährung aufwenden konnte.

Mit dieser Politik schaffte es Ahmadinejad, aufkommende Proteste der damals noch starken Mittelschicht gegen die staatlich organisierte islamische Bevormundung zu dämpfen und seine Herrschaft zu festigen. Als die Ärmeren begannen, seine Amtsführung zu kritisieren, verfügte er im Jahr 2010 die direkte Auszahlung von Ölgeldern an alle Iraner. In Iran wurde nicht die Stützung der Importe kritisiert. Gegner Ahmadinejads beschuldigten diesen, er und eine kleine Gruppe ihm nahestehender Politiker würden sich an den Öleinnahmen persönlich bereichern. Weitestgehend unkritisiert blieb seine Politik, mit den Ölgeldern den Kurs der Landeswährung zu stützen und damit einen Anstieg der Preise für Importwaren zu verhindern.

Ahmadinejad begünstigte den Mittelstand, weil sich die Armen keine Importgüter leisten konnten. Praktisch lief seine Politik darauf hinaus, die hohen Öleinnahmen an den begüterten Teil der Bevölkerung zu verteilen.[177] Er beendete damit auch Versuche, den Anstieg von Petro-Dollars dafür zu nutzen, die iranische Wirtschaft von Öleinnahmen unabhängig zu machen. Diese Aufgabe «übernahm» Trump fünf Jahre nach Ende von Ahmadinejads Amtszeit mit dem Rückzug der USA aus dem Atomabkommen und der Verhängung eines verschärften Sanktionsregimes gegenüber Teheran. Die von Ahmadinejads Amtsvorgänger Khatemi begonnenen Bemühungen, einen Teil der hohen Öleinnahmen als Rücklagen für schwierige Zeit anzusparen, baute Ahmadinejad also nicht aus. Sein Nachfolger Rohani muss jetzt die zunehmende Kritik insbesondere von Seiten der Mittelschicht bewältigen.

Der zweite Versuch: 2017

Es ist bezeichnend, dass die Sanktionen ausgerechnet einen Staatspräsidenten treffen, der nicht dem konservativen Lager zuzurechnen ist. Es wäre falsch, Präsident Rohani dem Flügel der Hardliner zuzuordnen. Er wurde von der Bevölkerung als Kandidat der Reformer gewählt und versuchte, die Islamische Republik durch die Unterzeichnung eines Atomabkommens aus der Isolation und zurück in den Weltmarkt zu führen.

In seiner zweiten Amtszeit ist er jedoch vor allem damit beschäftigt, die Auswirkungen der noch größer gewordenen Isolation Irans zu bewältigen, weil die von Trump verhängten Sanktionen das Land schwer treffen. Während sein Vorgänger Ahmadinejad trotz der Sanktionen hohe Öleinnahmen vergeuden konnte, fehlt Rohani dieses Geld. Verstärkend wirken die im Jahr 2020 gefallenen Ölpreise. Ahmadinejad standen jährlich etwa hundert Milliarden Dollar zur Verfügung, Rohani kann nicht einmal mit zehn Prozent davon rechnen. Trotz großer Erfahrungen bei der Umgehung von Sanktionen kann er nur etwa zwanzig Prozent der gewohnten Menge verkaufen, da auch China als Großabnehmer ausfällt. Seit der Verhängung der US-Sanktionen fällt das iranische Wirtschaftswachstum um jährlich mindestens fünf Prozent. Hinzu kommen die verheerenden Folgen der Covid-19-Pandemie, zu deren Bewältigung die iranische Regierung strenge Maßnahmen beschlossen hat.

Zwar wird die Islamische Republik wohl nicht zusammenbre-

chen, aber innenpolitisch droht eine Vernichtung des Reform-
flügels. Wirtschaftlich wird trotz der gestiegenen Probleme eine
Anpassung erfolgen. Die anhaltend hohe Inflationsrate wird dazu
führen, dass sich immer weniger Iraner Importprodukte leisten
können. Auch wenn die Reallöhne erkennbar fallen, wird die
Arbeitslosigkeit deutlich niedriger sein als in Nachbarländern
wie Irak, der Türkei oder Afghanistan. Dabei wird der Lebensstandard der Iraner drastisch sinken. Selbst einige der hei-
mischen Güter konnten nicht in gleicher Stückzahl hergestellt
werden, da für ihre Fertigung importierte Teile benötigt werden.
Vor allem die wichtige Automobilindustrie ist davon betroffen.

Wirtschaftlich werden die Probleme auch bei einer Steigerung der Produktion zunehmen, da der Gegensatz von Arm und
Reich noch schneller als in den vergangenen Jahren wachsen
wird. Damit ähneln die gesellschaftlichen Verhältnisse immer
mehr denen der letzten Jahre unter dem Schah. Auch wenn
die Herrschaft der Geistlichkeit langfristig beendet sein dürfte,
so wird die derzeitige US-Politik bis auf weiteres nur zu einer
Zementierung der konservativen Macht in Iran führen. Ob langfristig eine Militärdiktatur entsteht oder Erzkonservative eine
Dauerherrschaft errichten, wird die Zukunft zeigen. Die Bevölkerung, die unter einem Revolutionstrauma leidet, wird nicht
noch einmal wie 1978 für einen radikalen Machtwechsel auf die
Straße gehen, zumal anders als in den letzten Tagen des Schahs
die Machthaber bereit sind, die Sicherheitskräfte gegen die
eigene Bevölkerung einzusetzen.

Iran: Der jahrzehntelange Konflikt mit den USA

Kommt Krieg oder kommen
neue Verhandlungen?

Die größte Gefahr eines Krieges besteht zunächst in der Zeit unmittelbar vor den Präsidentschaftswahlen in den USA. Weniger weil die islamische Führung den Konflikt eskalieren lässt, sondern vielmehr weil Präsident Trump sich wenige Tage vor dem 3. November 2020 aus Wahlkampfgründen dazu hinreißen lassen könnte, einen Angriffsbefehl zu geben. Er ist sich der möglichen Wirkung sehr bewusst. Hatte er doch kurz vor und auch nach der Wiederwahl seines Vorgängers Obama in vier Tweets davor gewarnt, dass dieser einen Krieg mit Iran beginnen wolle, um seine Popularitätswerte zu steigern.[178] Da Iran Geheimverhandlungen mit den USA über die Lösung der Spannungen verweigert,[179] könnte Trump aus Ärger darüber, keinen neuen «Iran-Deal» zu erzielen, der seine Kampagne positiv beeinflusst, einen Angriff starten, wenn er denkt, dass dieser ihm den Wahlsieg sichern würde.

Mit den hohen Rüstungsausgaben hat Trump die militärischen Voraussetzungen für einen Krieg geschaffen. Im August 2018 hat er den Verteidigungsetat der USA für das Jahr 2019 unterzeichnet. Mit 716 Milliarden Dollar hatten die USA einen Zuwachs gegenüber 2018 von 67 Milliarden Dollar. Nach Ansicht der Forscher des SIPRI-Instituts in Stockholm umfasst allein dieser Zuwachs mindestens das Vierfache der Militärausgaben Irans für das Jahr 2018. Die angespannte Lage im Persischen Golf bietet genug Vorwände für einen Angriff. Obwohl sich Trump immer gegen einen neuen Krieg ausgesprochen hat, könnte er dennoch einen führen, zumal er wie nahezu alle amerikanischen Politiker falsche Vorstellungen über Iran hat. Die zunehmende

Kritik der iranischen Bevölkerung an der eigenen Regierung wird in den Vereinigten Staaten parteiübergreifend nicht zuletzt als Zustimmung für einen von außen erzwungenen Regimewechsel gewertet. Tatsächlich würde der Sturz des religiösen Systems in Iran die von den USA bewirkte Zerrüttung des Mittleren Ostens nur weiter vorantreiben.

Trump könnte aber auch aus einem weiteren Grund den Angriffsbefehl geben. Er hat sich Israels feindliche Haltung gegenüber Iran zu eigen gemacht, indem er wie Ministerpräsident Benjamin Netanyahu die Islamische Republik Iran als Terrorstaat ansieht. Statt die Mitverantwortung der USA für das iranische Vorgehen im Mittleren Osten zu erkennen und durch einen Konfliktabbau zur Demokratisierung der Gesellschaften des Orients beizutragen, verstärkt Trump die Spannungen in der Region. Damit forciert er die Bildung einer Achse Moskau-Peking-Teheran. So führten iranische, chinesische und russische Kriegsschiffe kurz vor Weihnachten 2019 im Indischen Ozean nahe der Meerenge von Hormuz bereits gemeinsame Manöver durch. Wirtschaftsabkommen werden vorbereitet.

Iran wird in einem Krieg mit den Vereinigten Staaten nur in Ausnahmefällen mit direkter Unterstützung anderer Staaten rechnen können, doch auch den USA werden in einem solchen Fall Bündnispartner fehlen. Dem gesamten Mittleren Osten droht weitere Zerstörung, da Iran alles daransetzen wird, den Krieg regional zu führen. Irak oder Afghanistan, also vor allem Irans Nachbarstaaten oder solche, die dem Land militärische Möglichkeiten oder Bündnisse bieten und in denen US-Soldaten stationiert sind, werden Schauplätze von Tod, Leid und Zerstörung sein.

Iran kann nur in einem asymmetrischen Krieg gegen die USA bestehen. Seine Streitkräfte haben sich seit Jahren auf diesen

Konflikt vorbereitet. Sie werden versuchen, dem amerikanischen Militär mit den geringsten Kosten größtmögliche materielle und personelle Schäden zuzufügen. Das bedeutet vor allem, dass vergleichsweise billige Raketen, Attentäter oder Kämpfer verbündeter ausländischer Milizen eingesetzt werden. Ein solcher Krieg dürfte aus mehreren Gründen sehr schnell eskalieren und sich auf die gesamte Region ausbreiten.

Iran wird im Falle eines Angriffs sein Raketenarsenal sofort einsetzen und Posten der 70000 US-Soldaten angreifen, die in der Region stationiert sind. Die meisten dieser Raketen, die an den Landesgrenzen in Stellung gebracht worden sind, haben eine mittlere Reichweite. Von ihnen sind seit mindestens zehn Jahren täglich mehrere hergestellt worden. Nur durch einen schnellen Einsatz können die iranischen Streitkräfte verhindern, dass die amerikanische Armee den größten Teil dieser stationären Raketen bereits in den ersten Kriegstagen zerstört, da sie davon ausgehen müssen, dass viele ihrer Stellungen dem US-Militär bekannt sind.[180]

Iran wird versuchen, durch eine möglichst rasche Eskalation und vor allem durch eine Ausbreitung der Kriegsgebiete die USA zu einer zeitnahen Einstellung der Kämpfe zu bewegen. Die Regierung in Teheran muss befürchten, dass ein langer Krieg ihre Machtstellung gefährdet oder gar zu ihrem Sturz führt.

Die verbündeten Milizen, die von Iran beeinflusst werden können, würden wahrscheinlich erst in einer zweiten Phase in den Krieg eingreifen. Sie müssen genau wie Tausende von Freiwilligen, die in Iran auf einen Einsatz vorbereitet wurden, erst organisiert und mit konkreten Aufgaben ausgestattet werden.

Die Führung in Teheran ist offensichtlich bereit, zumindest bis zu den US-Präsidentschaftswahlen ein Kriegsrisiko zu tragen, um Selbstbewusstsein zu demonstrieren. Bis dahin droht nicht nur ein Angriffsbefehl von Trump, es besteht auch die Möglichkeit, dass sich ein begrenzter militärischer Konflikt zu einem Krieg entwickelt, wie es ihn in den Jahren 2019 und 2020 gegeben hat. Nach den amerikanischen Wahlen rechne ich mit einer Änderung der iranischen Politik.

Im Falle des Wahlerfolges des demokratischen Kandidaten Joe Biden wird Iran versuchen, den mit der Wiener Nuklearvereinbarung eingeschlagenen Weg möglichst schnell fortzusetzen. Die stufenweise Fortführung des zivilen Atomprogramms mit der möglicherweise angestrebten Fähigkeit, Atomwaffen selbst herstellen zu können, wird aufgegeben. Iran dürfte versuchen, entweder die Wiener Vereinbarung von 2015 zu beleben oder ein neues Abkommen zu erreichen.

Sollte Trump jedoch wiedergewählt werden, ohne einen Krieg ausgelöst zu haben, wird Iran wahrscheinlich bereit sein, mit den USA geheim zu verhandeln, um ein neues Atomabkommen zu schließen. Mit einem Ergebnis ist jedoch nicht vor den iranischen Präsidentschaftswahlen im Mai 2020 zu rechnen. Bei diesen Wahlen dürfte sich ein Kandidat der Konservativen durchsetzen.

Nur für den unwahrscheinlichen Fall, dass es Iran gelingt, die neuen Sanktionen schneller als erwartet zu bewältigen, oder eine neue Regierung glaubt, sie bewältigen zu können, ist mit einer Verlängerung der militärischen Spannungen zu rechnen.

Wahrscheinlich wird es auf lange Sicht Verhandlungen zwischen Iran und den USA geben, da beide Seiten einen Krieg fürchten und ihn vermeiden wollen. Iran hat trotz der Sanktionen eine eigenständige Wirtschaft entwickelt und wird versuchen, die Hemmnisse zu beseitigen, um fossile Brennstoffe (Öl und Gas) oder deren Produkte und andere Industrieerzeugnisse frei verkaufen zu können. Beide Länder werden daran arbeiten, ihr Verhältnis zu entkrampfen. Die Staaten der Golfregion dürften Verhandlungen unterstützen, da deren Regierungen immer deutlicher erkennen, dass ihre Länder in einen Krieg hineingezogen würden und ihre eigene Herrschaft dadurch gefährdet würde.

Saudi-Arabien: Konkurrent auf tönernen Füßen

Seit dem Sturz des Schahs durch die Islamische Bewegung existiert in Europa ein meist sehr lückenhaftes und oft falsches Bild vom Iran. Vor allem Saudi-Arabien ist dadurch viel Kritik erspart geblieben. Um ein Beispiel anzuführen: Während die Frauen im Iran die Männer in der Bildung überholten und doppelt so viele Frauen wie Männer studierten, wurden westliche Medien nicht müde, vor allem wegen des Kopftuchzwangs – der nicht beschönigt werden soll, ebenso wenig wie die anderen Unterdrückungsmaßnahmen – über Iran zu berichten, wenn sie Repressionen in der islamischen Welt beschreiben wollten.[181] Zwar fand auch Erwähnung, dass Frauen in Saudi-Arabien nicht Auto fahren durften. Sofern negative Punkte in einem vermeintlichen islamischen Alltag dargestellt werden sollten, stand das Königreich jedoch nicht im Brennpunkt. Natürlich war die Berichterstattung aus Saudi-Arabien wesentlich schwerer als aus dem Iran. Doch es gab deswegen keine großen diplomatischen Proteste, und diese Einschränkungen wurden akzeptiert, weil Saudi-Arabien der größte Öllieferant der westlichen Industriestaaten und ein großer Abnehmer westlicher Waffensysteme war.[182]

Seit der steigenden Einmischung Irans in die Innenpolitik Iraks, Syriens und des Libanons und den zunehmenden Spannungen mit den USA wird oft über den Kampf zwischen Sunniten und Schiiten berichtet. Die geschichtlichen Wurzeln dieser Auseinandersetzung bleiben aber unerwähnt. Vor allem wird selten gezeigt, dass sie genutzt werden, um Waffenexporte aus Industrieländern an arabische Ölstaaten zu begründen. Dabei widerspricht das Klischee des Konflikts zwischen Schiiten und

Sunniten dem weitgehenden Frieden, der zwischen den beiden Religionsgruppen seit ihrer Spaltung in der Frühzeit des Islam herrschte. Die Frontstellung entstand mit der Verbreitung des Wahhabismus in Saudi-Arabien und der Beteiligung wahhabitischer Geistlicher an der politischen Macht in den Wüstenregionen der Arabischen Halbinsel. Doch heute dient diese Konfrontation dazu, eine Zusammenarbeit der Industriestaaten mit Saudi-Arabien zu rechtfertigen.

Dabei ist die Herrschaft der Königsfamilie gefährdet. Sie versucht vergeblich, ihre Stellung im Land selbst und gegenüber anderen Staaten durch den Einsatz der Öleinnahmen zu festigen. Dass im Jahr 2020 die Ölpreise gefallen sind, vergrößert diese Probleme zusätzlich. Seit 2018 konnten die etwa zweitausend Prinzen nur noch deshalb versorgt werden, weil die Herrscher auf Anlagenwerte aus den Jahren hoher Ölpreise zurückgreifen konnten. Auch der Plan «Vision 2030», mit dem die Abhängigkeit Saudi-Arabiens von seinen Ölexporten verringert werden soll, dürfte scheitern. Der gestürzte iranische Schah wollte für sein Land die «große Zivilisation» bringen.[183] Um dieses Ziel zu erreichen, startete er die «Weiße Revolution» und wurde vertrieben.

Wenn auch in anderer Form, könnte sich die Geschichte wiederholen. Der saudische Kronprinz verordnet seinem Land die von einer US-Beratungsfirma entwickelte «Vision 2030». Etwa zehn Millionen Migranten, von denen viele unter sklavenähnlichen Bedingungen leben müssen, arbeiten in der Wirtschaft Saudi-Arabiens. Doch die Arbeitslosenquote der saudischen Staatsbürger liegt bei mindestens 10 Prozent. Jeder vierte junge Saudi hat kein festes Einkommen. Noch kann sich das Königreich derartige Verhältnisse leisten, da die meisten älteren Saudis im Staatsdienst oder bei staatlichen Firmen arbeiten und mit guten Gehältern große Familien versorgen können. Doch stößt das familiäre Versorgungssystem auch in dem reichen Ölstaat an seine Grenzen: Etwa zehn der dreiunddreißig Millionen Einwohner des Wüstenstaates sind unter sechzehn Jahre alt. Dies führt zu einer sprunghaften Zunahme der Arbeitskräfte. Etwa 200 000 junge Saudis kommen jährlich auf den Arbeitsmarkt. Allein diese Zahlen verdeutlichen die Probleme, die auf Dauer nicht gelöst werden können

Das Einkommen des saudischen Durchschnittsbürgers entspricht dem der Iraner. Auch der Gegensatz zwischen Armen und Reichen ist ähnlich groß. Die derzeitigen Probleme Saudi-Arabiens ähneln denen Irans in den Jahren vor der Islamischen Revolution. Während der Schah Anfang der 1970er Jahre iranische Truppen zur Aufstandsbekämpfung in die omanische Provinz Dhofar schickte, begann Saudi-Arabien im März 2015 den wesentlich kostspieligeren Krieg gegen die Huthi im Jemen. Haben CIA-Mitarbeiter Iran nach dem Sturz Mossadeghs beraten, so arbeiten heute Angestellte der US-Beraterfirma McKinsey die Modernisierungspläne für Saudi-Arabien aus.

Der Anteil der Einnahmen für Öl und Gas am Bruttoinlandsprodukt soll von siebenundvierzig auf elf Prozent im Jahr 2030 sinken. Die Zielsetzungen des Planes «Vision 2030» können jedoch wegen der zunehmenden Finanzprobleme und des anhaltenden Wachstums der Bevölkerung nicht erreicht werden. Wenn Saudi-Arabien in gut vierzig Jahren das Öl ausgeht, dürfte die Abhängigkeit vom Petro-Dollar nicht beseitigt sein. Doch so lange dürfte das Königshaus gar nicht an der Macht bleiben.

Bereits drei Jahre nach seiner Ankündigung ist der Plan, Saudi-Arabien ohne radikale politische Veränderungen zu modernisieren, weitgehend gescheitert.[184] Zudem hat seit der Ermordung des Journalisten Jamal Khashoggi im Oktober 2018 die Kritik an Saudi-Arabien zugenommen. Es wird weit mehr über die dortigen Menschenrechtsverletzungen, Hinrichtungen, die hohe Zahl der politischen Gefangenen und die Zensur der Medien berichtet als in den Jahren zuvor, und selbst in den USA steigt die Kritik an der Zusammenarbeit mit dem Königreich. Mitglieder der Demokratischen Partei forderten im Kongress von der US-Regierung, die Untersuchungsergebnisse zum Khashoggi-Mord zu veröffentlichen, in den der Kronprinz wahrscheinlich direkt verwickelt war und dessen Hintergründe er zu verwischen versuchte.

Präsident Trump bestand trotz allem darauf, die enge Zusammenarbeit mit Saudi-Arabien fortzusetzen. Er war stolz auf die Rüstungsverträge. Trotz zunehmender Kritik bleibt die atomare Zusammenarbeit zwischen den USA und Saudi-Arabien aber weitgehend geheim. Sie wurde bereits im Jahr 2008 beschlossen. Im April 2020 hieß es in einem Bericht des überparteilichen US-Rechnungshofes (GAO),[185] Ausschüsse des Kongresses würden nicht in der notwendigen Weise informiert. Saudi-Arabien hat das Zusatzprotokoll zum Sicherungsabkommen der IAEA, das Iran 2003 unterschrieben hat, bis heute nicht unterzeichnet. In dem Protokoll ist festgelegt, dass und wie Vertreter der Wiener Atombehörde zivile Bestandteile der Atomtechnologie, die auch militärisch genutzt werden können, untersuchen dürfen.

Das Königreich ist durch die Tradition der Beduinenstämme geprägt, die fern der Großstädte leben. Sie bilden den Großteil der Bevölkerung und hatten sich bereits in früheren Jahrhunderten der Kontrolle durch das Osmanische Reich oder durch Großbritannien, als das Empire die Küstenregionen beherrschte, weitgehend entziehen können. Diese Geschichte trägt heute zu einem großen Selbstbewusstsein und einer starken Ablehnung alles Fremden bei. Die Wirkungen des schnellen Einbruchs der Moderne mit dem hohen ölfinanzierten Konsumangebot wird den Widerspruch zwischen den Bewohnern der wenigen großen Städte und denen der abgelegenen, gering besiedelten Regionen verstärken. Ob sich eine junge städtische, eher von westlichen Ideen beeinflusste Kultur oder eine, die eher beduinisch-religiös geprägt ist, durchsetzen wird, dürfte zunächst der Ausgang der Machtkämpfe im Clan der Königsfamilie Al Saud entscheiden. Auf lange Sicht werden die Städter die Politik dominieren und die Königsfamilie entmachten.

Die arabischen Küstenstaaten der Golfregion unterscheiden sich deutlich von Saudi-Arabien. Die Herrscher dieser Staaten wurden früher von den britischen Kolonialherren bezahlt. Die meist städtischen Bewohner haben wesentlich schneller als die Saudis Teile der Lebensweise westlicher Industriegesellschaften übernommen. Bisher wurde die Macht der Herrscher nicht gebrochen, weil sie ihren Luxus mit den Öleinnahmen der Region finanzieren konnten. Da sie ebenfalls nicht in der Lage waren, eine nachhaltige Wirtschaftsentwicklung in ihren Staaten anzustoßen, werden auch sie auf lange Sicht ihre Macht verlieren.[186]

Der allmähliche Rückzug der USA aus dem Orient

Während der Präsidentschaft von George W. Bush haben die USA begonnen, sich militärisch aus dem Mittleren Osten zurückzuziehen. In seiner zweiten Amtszeit wurde der Rückzug der US-Truppen aus Irak (2008) vereinbart und das Afrikanische Kommando der Vereinigten Staaten (AFRICOM, 2007–2008) mit dem Hauptquartier bis 2020 in Stuttgart aufgebaut. Die Kommandozentrale koordiniert die amerikanischen Militäreinsätze in Afrika, bei denen Antiterrormaßnahmen im Vordergrund stehen. Bushs Nachfolger Obama hat den Abzug der US-Truppen aus Irak abgeschlossen, denn für ihn stand der Einsatz von Drohnen im Krieg gegen den Terror im Zentrum. Einerseits setzten die Vereinigten Staaten bei ihrem Vorgehen gegen den Terror weltweit immer mehr Drohnen ein, andererseits verlagerten sie ihre militärischen und politischen Schwerpunkte in den pazifischen Raum.[187] Trump hat diese Orientierung beibehalten, nur finden Veränderungen der Militärtaktik und Umgruppierungen der US-Streitkräfte unter ihm weitestgehend verdeckt statt.

Die Kriege in Afghanistan und Irak stehen für eine dramatische weltpolitische Veränderung. Die größte Weltmacht USA muss ihr bisheriges Machtmonopol aufgeben. Daran würde auch ein gegen Iran drohender Krieg nichts ändern, da die USA versuchen würden, ihn so begrenzt wie möglich zu führen und ihre Truppen anschließend möglichst schnell zurückzuziehen. In den vergangenen zehn Jahren hat sich eine multipolare Weltordnung entwickelt. China ist als aufstrebende Weltmacht zu einem Konkurrenten der Vereinigten Staaten geworden. Russland übernimmt zum Teil die Rolle der Sowjetunion. Das Land versucht, weltweiten Einfluss zurückzugewinnen, und setzt dabei auch auf militärische Einsätze, zum Beispiel in Ländern wie Syrien oder Libyen, die schon die Sowjetunion in ihren Einflussbereich bringen wollte. Russland sucht verstärkt in Regionen vorzudringen, aus denen sich die USA zurückziehen mussten oder wollten. Doch Russlands Schwäche wird diese Politik begrenzen und nur in Einzelfällen eine Herausforderung für die USA darstellen.

Die Weltmacht am Rande ihrer Möglichkeiten

Die USA ziehen sich aus dem Mittleren Osten und den anderen Teilen der arabischen Welt schrittweise zurück, weil sie die dortigen Belastungen nicht mehr tragen wollen und können. Präsident Trump möchte, um weitere hohe Kosten zu vermeiden, keinen neuen Krieg im Mittleren Osten beginnen. Dabei denkt er nicht nur an Menschenleben.[188] Der militärische Riese steht finanziell auf Streichholzbeinen. Die Staatsfinanzen werden für einen gigantischen Rüstungshaushalt genutzt, doch bereits bei der Besetzung von Diplomatenstellen beginnen die Sparmaßnahmen. Auch wenn Trump diese Veränderungen als Teil einer neuen Politik zu verkaufen sucht, fehlen den USA die Mittel, ihre Ziele im Mittleren Osten durchzusetzen oder die Region zu kontrollieren. Hauptnutznießer der von ihnen geführten Kriege in Afghanistan und Irak ist Iran. Dessen große Feinde in der Region, die afghanischen Taliban und der irakische Diktator Saddam Hussein, wurden von den USA zwar militärisch beseitigt, doch es gelang der westlichen Supermacht nicht, das politische Vakuum zu füllen.

Es ist bezeichnend, dass eine vergleichsweise kleine Macht wie Iran von dieser fehlerhaften Großmachtpolitik profitieren konnte. Dabei geht es nicht allein um die militärische Stärke. Finanziell, wirtschaftlich und politisch konnten die Staaten des Westens unter der Führung der USA ihren Einfluss nicht wie geplant ausweiten. Sie mussten sich sogar zurückziehen. Zwar war es den Vereinigten Staaten gelungen, mit 30 000 Soldaten den militärischen Widerstand Iraks zu brechen, den Diktator zu stürzen und das Land zu besetzen. Aber 150 000 Soldaten reichten nicht, um das Land zu befrieden. Ihr Ziel, eine Zivilgesellschaft aufzubauen, haben die USA verfehlt. Natürlich haben die Staaten des Westens versucht, dieses Ziel in Afghanistan und Irak auch mit dem Einsatz von Geld zu erreichen. Sie sind vor allem daran gescheitert, dass sie die Miss- und Vetternwirtschaft der von ihnen ausgewählten Politiker unterschätzt und die Bevölkerung der besiegten Länder völlig ignoriert haben. Zudem wäre es notwendig gewesen, die Entwicklung der gesamten Region mit einem langfristigen Programm voranzutreiben, wie es die USA mit den Staaten Europas gemacht haben. Es fehlte ein Marshallplan für den gesamten Orient. Schließlich traten die USA als neokoloniale Macht auf und verstärkten damit das in der Region bestehende Misstrauen.[189]

Je gravierender diese Fehler waren und je größer die zu lösenden Probleme wurden, desto schneller wuchs das tiefsitzende Misstrauen der dort lebenden Menschen. Wenn dann, wie in Afghanistan oder Irak, politische Feinde der USA bei Friedenslösungen übergangen wurden, konnten diese aus dem Misstrauen Nutzen schlagen. In den Jahren nach dem Zweiten Weltkrieg handelten die Vereinigten Staaten bei ihrem Vorgehen in Europa vorsichtig. Sie waren unter anderem deshalb so erfolgreich, weil es weltweit einen großen wirtschaftlichen Aufschwung gab. In dessen Folge und im Zuge der Ausweitung des Weltmarktes wuchs ihre eigene Wirtschaft, was es ihnen ermöglichte, die hohen Vorkosten zu tragen. Die USA bemühten sich, aus den politischen Fehlern nach dem Ersten Weltkrieg zu lernen, und deshalb wurden die Besiegten nicht gezwungen, für die Kriegskosten in großem Umfang zu zahlen.

Im Orient hingegen waren die Vereinigten Staaten von der eigenen Vormachtstellung geblendet. Ihnen fehlte nicht nur die Weitsicht, sich der Begrenztheit der eigenen Macht bewusst zu sein, ihnen mangelte es auch an Mitteln für ein langfristiges

Konzept, die vor Ort bestehenden Probleme durch nachhaltiges Auftreten lösen zu können. Hinzu kommt, dass die USA ihr politisches Vorgehen zu stark auf militärische Lösungsversuche verengt hatten. Die Idee, am amerikanischen Wesen werde der Orient genesen, führte in die Sackgasse. In der Geschichte hat sich der Einsatz militärischer Mittel nur dort als erfolgreich erwiesen, wo er mit der Entwicklung wirtschaftlicher und kultureller Stärke einherging und die Kultur und Lebensweise der Kriegsmacht nicht abgelehnt wurde. In Afghanistan und Irak fehlten die Anreize, diese Kultur zu übernehmen. Allenfalls in den Zentren der großen Städte lebten Menschen, die einen westlichen Lebensstil anstrebten und deswegen auch zu einer Zusammenarbeit mit Ausländern bereit waren. Während des Ersten und des Zweiten Weltkrieges bewegten sich die Streitkräfte der USA bei ihren Europa-Einsätzen in einem bekannten Umfeld. Spätestens in Vietnam zeigte sich, dass sie bei Einsätzen in einer für sie fremden Umgebung nicht in der Lage waren, ihr militärisches Vorgehen anzupassen. Das eigentliche Problem besteht darin, dass in der Regel kein Bewusstsein existiert, dass ein fremdes kulturelles Umfeld eine Anpassung des Auftretens erfordert. In der Heimat trainiertes Vorgehen provoziert oft Reaktionen, mit denen nicht gerechnet wird. Statt Lehren aus derartigen Vorfällen zu ziehen, wird eine nachweislich falsche Taktik immer weiter angewandt. Es wird sogar versucht, die Fehler durch eine Ausweitung des Einsatzes auszugleichen.

Der neue Weltölmarkt

Das Scheitern der westlichen Staaten und die veränderte Politik im Orient fiel mit weitreichenden Veränderungen auf dem Weltölmarkt zusammen. Das Verhältnis der USA zum Öl hat sich seit etwa 2015 grundsätzlich gewandelt. Ging es ihnen bis zu diesem Zeitpunkt vor allem darum, die weltweite Ölversorgung zu sichern, so steht seither das Interesse im Vordergrund, sich Anteile an den Öleinnahmen der Staaten der Golfregion anzueignen.

Ursprüngliches Ziel war, dass ausreichende Ölmengen zu möglichst niedrigen Preisen den Weltmarkt und damit die Industriestaaten erreichten. Hierfür nutzten die Vereinigten Staaten vor allem die sogenannte «Swing-Capacity» Saudi-Arabiens. Diese bot die Möglichkeit, durch eine Vergrößerung oder Verknappung der Fördermengen den Markt mit mehr oder weniger Öl zu versorgen und dadurch den Preis zu lenken. Die USA konnten durch politische Einwirkung auf den Staat mit den weltgrößten Ölvorkommen den Markt beeinflussen und sogar regulieren.

Präsident Jimmy Carter hatte 1980, nach der Islamischen Revolution in Iran, die Golfregion zum Einflussgebiet der USA erklärt. In seiner Ansprache zur Lage der Nation führte er im Januar aus, dass dieser Anspruch notfalls auch militärisch durchgesetzt werde.[190] Die Industriestaaten waren in diesen Jahren zunehmend auf das Öl der arabischen Golfstaaten angewiesen.[191] Die USA erhöhten während der Amtszeit Carters (1977–1981) den Haushalt des Verteidigungsministeriums, um ihre Vormachtstellung in der Golfregion und die Transportwege in dieses weltgrößte Erdölgebiet sichern zu können. Im Zentrum des Interesses stand auch damals Saudi-Arabien.

Seit der Gründung des Königreichs Saudi-Arabien im Jahr 1932 pflegten die USA auch wegen der bald danach geschlossenen Ölverträge gute Beziehungen. 1945 hatten der erste saudische König Abd al-Aziz ibn Saud und US-Präsident Franklin D. Roosevelt bei einem Treffen die Grundlagen für die bis heute bestehenden Sonderbeziehungen geschaffen und eine verstärkte Zusammenarbeit bei der Förderung und dem Verkauf von Öl vereinbart. Der saudische Herrscher gab seine Zustimmung zum Bau eines amerikanischen Luftwaffenstützpunkts, der in der Nähe der großen Ölfelder nicht weit entfernt vom heutigen Damman entstand.[192]

Seit die Vereinigten Staaten die Menge ihres im eigenen Land geförderten Öls durch den Einsatz der Fracking-Technologie gesteigert haben, hat China die USA als weltgrößtes Ölimportland abgelöst. Seither sind die USA nicht mehr auf die Kontrolle der Ölvorkommen in der Golfregion angewiesen. Diese Veränderungen vollzogen sich während der zweiten Amtszeit von Bill Clinton. Dass Donald Trump im Frühjahr 2020 für die Erhöhung der Ölpreise und für die Drosselung der Förderung eingetreten ist, zeigt die politischen Auswirkungen dieser Veränderung. Die USA sind zwar noch der weltgrößte Verbraucher fossiler Energien, doch weil die inländische Produktion gesteigert wurde, sind sie gleichzeitig der weltgrößte Erdölproduzent geworden. Je höher der Ölpreis steigt, desto größer sind die Gewinne der amerikanischen Ölindustrie. Die US-Regierung ist, wie Trumps Ratschlag, die Förderung zu reduzieren, zeigt, an einem hohen Ölpreis interessiert, da die Anwendung der Fracking-Technologie nur gewinnbringend eingesetzt werden kann, wenn der Preis etwa 50 US-Dollar pro Barrel beträgt.

Weil die USA weniger Devisen für Ölexporte aufbringen müssen, China dagegen als weltgrößter Importeur bei höheren

Ölpreisen mehr Devisen an die Staaten der Golfregion zahlen muss, gewinnt die Region wegen ihrer weltgrößten Ölreserven für die USA ein neues Interesse. Für sie geht es bei schwindenden Einfuhrmengen darum, den Ölpreis konstant auf einem möglichst hohen Niveau zu halten und sich gleichzeitig einen möglichst großen Anteil an den großen Öleinnahmen der Golfstaaten zu sichern. Auch eine Steigerung der Spannungen in der Region kann den Ölpreis stabilisieren. Selbst die Sanktionen gegen Iran können für eine derartige Politik genutzt werden. Die sicherste Methode, sich an den Öleinnahmen der Golfstaaten zu beteiligen, sind hohe Ausfuhren in die Region. Dieses Ziel erreichen die USA durch die Lieferung militärischer Güter (Waffenexporte) und der hochwertigen Ausrüstung für die Ölindustrien der Golfstaaten.

Der Anstieg der Ölproduktion Saudi-Arabiens Anfang März 2020 und der dadurch fallende Ölpreis entsprachen deshalb nicht den Interessen der USA. Mit der Fracking-Technologie erschlossene amerikanische Ölfelder waren nicht mehr rentabel und mussten stillgelegt werden. Doch der durch die Covid-19-Pandemie bewirkte starke Einbruch der Ölpreise dürfte Saudi-Arabien über kurz oder lang zu einer Umorientierung zwingen, da im Staatshaushalt gut 50 Prozent höhere Öleinnahmen eingeplant sind und die Königsfamilie die sozialen und politischen Folgen dauerhaft niedriger Ölpreise fürchten muss. Deshalb ist es wahrscheinlich, dass Saudi-Arabien spätestens im Jahr 2021 geringere Mengen fördern wird, um die Ölpreise in die Höhe zu treiben, zumal die Fracking-Produktion wegen monatelanger Niedrigpreise einen Teil ihrer Bedeutung verloren hat.

Der Wendepunkt globaler Entwicklung

Das Scheitern der westlichen Politik und die Veränderungen auf dem Ölmarkt hatten direkte Auswirkungen auf die Außenpolitik der USA. Bereits unter Obamas Präsidentschaft wurde der Schwerpunkt der US-Politik in den pazifischen Raum verlagert. Sein Nachfolger Trump begann die wirtschaftlichen Auseinandersetzungen mit China. Mit dieser Umorientierung geht der Verlust der weltpolitischen Dominanz einher. Trump will dagegen den Eindruck erwecken, Ziel seiner Politik sei die Erringung einer erneuten amerikanischen Monopolstellung. Wohin dieser Abstieg auf Raten führt, wird sich zeigen. Doch die Entwicklung in den vergangenen dreißig Jahren lässt nichts Gutes erwarten. Die veränderte Lage läuft auf eine Konfrontation zwischen den USA und China hinaus. Sie haben seit Jahren die weltweit höchsten Rüstungsausgaben.

Die größte Dichte von Seestreitkräften beider Staaten existiert im Südchinesischen Meer, also südöstlich der chinesischen Pazifikküste (südlich von Hongkong). Der chinesische Anspruch auf weit vom Festland gelegene Inseln, die früher unbewohnt waren, hat sich zu einem Weltkonflikt entwickelt, seitdem die Vereinigten Staaten dort als Anwalt der Freiheit der Meere und der nichtchinesischen Anrainerstaaten auftreten. Der Rückzug aus dem Mittleren Osten zeigt, dass die USA nicht mehr dauerhaft große Militärverbände in zwei Weltregionen gleichzeitig konzentrieren können. Auf die amerikanischen Streitkräfte im Raum des Südchinesischen Meeres wird China auf lange Sicht mit einer militärischen Gegenbewegung antworten. Damit dürften wichtige Einheiten der US-Streitkräfte wenigstens mittelfristig im pazifischen Raum gebunden bleiben, zumal die wirtschaftliche und politische Konkurrenz zwischen den beiden Staaten eher zunehmen dürfte.

Die USA verlieren ihre Vormachtstellung

Die Vereinigten Staaten haben ihre weltpolitische Monopolstellung und unter Trump auch ihre globale Führungsrolle verloren, weil sie diese nicht mehr ausfüllen können und wollen. Nach dem Zweiten Weltkrieg hatte sich eine bipolare Weltordnung entwickelt. Die USA standen im Kalten Krieg bis zu deren Ende der Sowjetunion gegenüber. Beide hochgerüsteten Mächte führten einen Zusammenschluss aus Staaten mit ähnlichen Strukturen und Wertesystemen an. Die gegenseitige atomare Bedrohung wurde als Patt empfunden.

Nach dem Zerfall des Warschauer Pakts und dem Zusammenbruch seiner Mitgliedstaaten dominierten die Vereinigten Staaten die Weltpolitik; mit dem Jahr 1992 begann eine monopolare Ordnung. Die Bewunderer der USA sahen bereits das Ende geschichtlicher Entwicklung und den Beginn eines dauerhaften amerikanischen Zeitalters. Mit der von den Vereinigten Staaten geförderten Globalisierung sollten die Geißeln der Menschheit wie Krieg, Hunger, Armut oder Unterentwicklung besiegt werden. Doch es sollte anders kommen. Die Kriege in Afghanistan und Irak stehen für diese Veränderung.

In den vergangenen zehn Jahren hat sich eine multipolare Weltordnung entwickelt. China wurde als aufstrebende Weltmacht zum neuen Konkurrenten der USA. Russland versuchte, das Erbe der Sowjetunion anzutreten, und stieg zu einem weiteren Machtzentrum auf. Auch die EU könnte ein solches werden und zum Konkurrenten der USA werden, wenn sich die Mitgliedstaaten auf ein Zusammenwachsen einigen.

Noch während der Finanzkrise im Jahr 2008 hatten die Vereinigten Staaten eine weltweite Führungsrolle übernommen, heute lehnen sie diese ab. Präsident Trump setzt auf Protektionismus und möchte das Rad der Geschichte zurückdrehen und, wenn möglich, die verlorengegangene globale Machtstellung für die USA zurückgewinnen. Doch er wird dieses Ziel nicht erreichen. Seine Politik wird weltweit belächelt, und sein Motto «Make America Great Again» verfängt nur noch bei seinen Anhängern.

Doch auch die Mehrheit der Wähler der Demokratischen Partei stemmt sich gegen den Machtverlust der USA. Sie wollen, dass ihr Land unter einem Präsidenten Joe Biden wieder zur globalen Führungsmacht wird und weltweit für Demokratie, Frieden und Wohlstand eintritt. Aber trotz aller Bemühungen von Politikern werden die USA nur eine unter mehreren Großmächten bleiben. Während Trump die Stärke der USA nutzen dürfte, um anderen Staaten etwas abzutrotzen oder Leistungen mit Gegenleistungen zu verrechnen, wird das Land unter einem demokratischen Präsidenten seine Position als weltgrößte Macht einsetzen, um ohne großen Widerspruch im Einzelfall wirtschaftliche Vorteile zu erzielen.

Doch die Konkurrenz mit China wird auch in Zukunft bestehen, und die Vereinigten Staaten werden sich daran gewöhnen müssen, Entscheidungen von weltweiter Bedeutung mit anderen Mächten abzustimmen oder sogar für die Stärkung internationaler Organisationen einzutreten, in erster Linie für die der Vereinten Nationen und ihre Unterorganisationen. Die Machtgrenzen der USA wurden während der Covid-19-Pandemie deutlich. Weder übernahmen sie eine Führungsaufgabe bei den weltweiten Bemühungen, die Pandemie einzudämmen, noch dienten ihre Maßnahmen als globales Vorbild im Kampf gegen die Krankheit. Im Gegenteil, die schlechte medizinische Infrastruktur und die fehlende Vorbereitung auf die Krise verstärkten einen bereits existierenden weltweiten Vertrauensverlust.

Die neue Weltordnung und ihre Zentrifugalkräfte

Die Grenzen von Macht und Reichtum der USA und der Bedeutungsverlust der westlichen Staaten werden auch am Verlauf der Globalisierung deutlich. Galt die weltweite Ausweitung eines (neo-)liberalen Wirtschaftssystems seit dem Zusammenbruch des Ostblocks und der darauf folgenden Auflösung des Rates für gegenseitige Wirtschaftshilfe (RGW) als Garantie dafür, Elend zu beseitigen und Wohstand zu schaffen, so steht die Welt knapp dreißig Jahre später vor Trümmern.

Die Globalisierung ist in ihrem ersten Anlauf gescheitert. Zwar wurden die Grenzen für Kapital, Reisebewegungen (und auch die Verbreitung von Viren und Seuchen) zwischen vielen Ländern eingerissen, aber Kriege, Hunger und Elend sind geblieben. Zweimal wurde gemeinsam der Versuch unternommen, Fehlentwicklungen zu korrigieren. Beide Male trafen sich Staats- und Regierungschefs auf einer Generalversammlung der Vereinten Nationen. Der erste Versuch war der sogenannte Millennium-Gipfel. Doch die auf der 55. Generalversammlung im Jahr 2000 verabschiedeten Ziele, vor allem die Halbierung der Armut bis zum Jahr 2015, wurden verfehlt. Damals verfügten zwanzig Prozent der Weltbevölkerung über weniger als einen US-Dollar pro Tag für ihren Lebensunterhalt. Auf der Generalversammlung von 2016 unternahmen die Staats- und Regierungschefs den zweiten Versuch und einigten sich auf siebzehn Ziele für eine nachhaltige Entwicklung. Dutzende Millionen Menschen lebten in Kriegsgebieten, Hunderte Millionen hungerten oder waren unterernährt.

Doch geändert hat sich nichts Wesentliches, die Kriege wurden fortgesetzt, der Hunger ist ungebrochen, Millionen Kinder erhalten keine Schulbildung, in weiten Teilen der Welt haben Menschen nicht einmal Trinkwasser. Dabei würden nach UN-Einschätzungen die Kosten für den Umbau der Welt jährlich etwa zwei Billionen Euro betragen, also etwa die Hälfte von dem, was für die 2001 und 2003 begonnenen US-Kriege ausgegeben wurde.

Dass der politische Wille und nicht das Geld fehlt, zeigte sich während der Covid-19-Pandemie. Die reichen Staaten setzten plötzlich Hunderte Milliarden Euro ein, um die Krise zu bewältigen. Damit wurde deutlich, dass Mittel vorhanden sind, Not und Elend auf der Welt zu beseitigen. Für die Friedenserhaltung, die Armutsbekämpfung und den Umweltschutz leisten Politiker nur Lippenbekenntnisse. Sie schreiten erst zur Tat, wenn ihre Wähler und die im Hintergrund handelnden Interessengruppen betroffen sind. Diese Politiker greifen nicht ein, wenn Mängel einer Globalisierung deutlich werden, der sie zu lange vertraut hatten.

Statt sich zu einigen und die anstehenden Probleme zu lösen, tragen die Staaten, die die Weltgeschicke multipolar bestimmen, ihre Widersprüche immer offener aus. Große Teile der Bevölkerungen der jeweiligen Länder befürworten ein entsprechendes Vorgehen. Zwischenrufe, die den Zustand des Planeten beklagen oder eine Änderung des Politikbetriebs oder der Eigentumsverteilung fordern, werden nicht wirklich gehört, letztlich freundlich ignoriert. Die Medien tragen zur Entstehung einer Atmosphäre bei, in der Andersdenkende nicht mehr ernst genommen werden.

Dabei sind die Probleme überdeutlich und werden nur von Ignoranten geleugnet. Die Covid-19-Pandemie hat diese Probleme nur vergrößert und zugespitzt. Auch wenn durch die Pro-

Der Wendepunkt globaler Entwicklung

duktionsausfälle und den Rückgang des Verkehrs kurzzeitig der CO_2-Ausstoß gesunken sein mag: Dem Klima geht es genauso schlecht wie vor der Verbreitung des Virus, die Ungerechtigkeit blieb. Eine schlimme Nebenwirkung ist, dass die Pandemie der Rückbesinnung auf das Nationale einen weiteren Schub gegeben hat. Es droht ein Rückfall in die Zeit der Nationalismen wie vor dem Ersten Weltkrieg.

Damals wie heute bestimmen wenige große Staaten das Weltgeschehen und machen die Schwachen zu ihrer Spielmasse. Bei diesem Ränkespiel wird der Status der Armen als Objekte und Untertanen in den einzelnen Staaten zementiert. Im Verhältnis zwischen den Staaten müssen die Kleinen das umsetzen, was die Großen, die die Macht unter sich aufteilen, für sie beschließen. Im Mittelpunkt solcher Entscheidungen steht nicht das Wohl der Weltbevölkerung, es dominieren die Interessen weniger, seien es die der Superreichen oder die der mächtigen Staaten. Dabei haben die beiden Weltkriege den Wunsch nach Veränderungen hinterlassen. Der Völkerbund und die Vereinten Nationen sollten Plattformen für einen Neuanfang bilden.

Auch heute versuchen politische Kräfte, ihre Interessen auf Kosten aller durchzusetzen. Es zeichnet sich ein Aufbäumen der Mächtigen ab, die, der Vergangenheit nachtrauernd, die jahrhundertelange Vorherrschaft der Weißen gegenüber der Mehrheit verteidigen und die globale Vorrangstellung verlängern wollen. Die Präsidentschaft Trumps in den Vereinigten Staaten und die Entwicklungen in Europa nach der Zunahme der Flüchtlings- und Migrationsbewegung, den US-Kriegen in Afghanistan und Irak sowie dem Scheitern der Globalisierung in Afrika sind erschreckende Beispiele. Die Bewohner der nördlichen Halbkugel und der Länder, denen die Globalisierung weiteren Wohlstand gebracht hat, sind bereit, die Zukunft der Welt aufs Spiel zu setzen und das Elend der Länder des globalen Südens durch weitere Ausbeutung zu vergrößern, um ihre eigene Stellung zu sichern.

Dass sie versuchen, die von ihnen bewohnten Regionen durch Mauern zu schützen, wird ihnen keine Sicherheit bringen. Der Krieg hat in seiner asymmetrischen Form des Terrors Europa bereits vor Jahren erreicht. Allerdings scheint dies erst der Anfang zu sein; noch ist in Europa die Wahrscheinlichkeit größer, von einem Blitz getroffen zu werden, als einem Terroranschlag zum Opfer zu fallen.

Vor allem in armen Ländern werden die Staaten des globalen Nordens versuchen, ähnlich wie im Mittelalter Krieg mit bezahlten Söldnern zu führen, um ihre regulären Armeen zu schonen. In Staaten der Sahelzone kämpfen bereits die Streitkräfte europäischer Staaten, auch Deutschlands, mit Berufs- oder Freiwilligenarmeen.

Während Gewalt in der Heimat selbstverständlich abgelehnt wird, haben sich die meisten Europäer an Kriege, die woanders geführt werden, gewöhnt. Die Schreckensnachrichten aus Syrien, Libyen oder Irak werden hingenommen, solange es den Frieden zu Hause nicht stört. Sie bewerten Menschenleben unterschiedlich: Der Tod eigener Soldaten wird beklagt und betrauert, die Opfer der Gegenseite, seien es Zivilisten, Kämpfer von Terrororganisationen oder Soldaten, werden mit Schweigen übergangen. Nach mehreren überwiegend friedlichen Jahrzehnten in Europa wird in Kriegen, die in anderen Teilen der Welt geführt werden, der Preis für den Frieden daheim und den eigenen Wohlstand gesehen.

Aber die Verteidigung altnationaler oder europäischer Interessen führt in die Irre, weil die eigentlichen Ursachen der Probleme verdrängt werden. Kriege, Bürgerkriege und Flüchtlingsbewegungen sind, wie auf den vorangegangenen Seiten gezeigt, kein Zufall, sondern sie haben ihre Wurzeln auch in der europäischen Kolonial- und der westlichen Hegemonialpolitik und sind in Einzelfällen sogar durch diese ausgelöst worden. Kriege und Hochrüstung gelten als Mittel zur wirtschaftlichen Entwicklung der Industriestaaten und gehören damit zur neuen Weltordnung. Dabei sollten sie eigentlich Grund genug sein, eine derartige Weltordnung zu verändern. Ein radikaler Bruch mit den bisherigen Politikansätzen ist notwendig. Dies lässt sich mit mindestens drei Entwicklungen begründen: Diese sind der Hunger, die weltweite Migration und die Klimaschäden.

Hunger

«Millionen von Menschen, die in von Konflikten zerrütteten Nationen leben, darunter viele Frauen und Kinder, werden an den Rand des Hungertodes gedrängt. Die Hungersnot ist zur sehr gefährlichen Realität geworden.»[193] David Beasley, Direktor des Welternährungsprogramms der Vereinten Nationen, sieht die Welt am Rande einer Hungerpandemie. Das Jahr 2020 könne aus unterschiedlichen Gründen die größte humanitäre Krise seit dem Zweiten Weltkrieg bringen. Nicht nur wegen der Kriege in Syrien und im Jemen, sondern auch wegen der sich verschärfenden Krisen im Südsudan, in Burkina Faso und der zentralen Sahelzone. Es fehlen die Mittel für eine Notversorgung. So wurde zum Beispiel auf einer sogenannten Geberkonferenz für Jemen, die am 2. Juni 2020 in Saudi-Arabien stattfand, nur die Hälfte der Gelder bereitgestellt, die zur Durchführung der Nothilfeprogramme der Vereinten Nationen bis zum Ende des Jahres nötig sind. Darin zeigt sich beispielhaft, dass es meist nur noch um die Linderung der Not geht und das Ziel nicht mehr darin besteht, deren Ursachen zu beseitigen. Die Staaten der Welt sind dabei, vor den von ihnen angerichteten Problemen zu kapitulieren.

Wichtigstes Ziel ist es jetzt, die Zahl der Hungertoten zu senken – von einer Ausrottung des Hungers spricht niemand mehr. Im Gegenteil: Vor allem in Afrika wird der Hunger zunehmen. Nach Einschätzung der Vereinten Nationen werden vor allem Menschen in Zimbabwe und im Kongo zu wenig zu essen haben. Hinzu kommen die Katastrophengebiete in der gesamten Sahelzone. Selbst Millionen Menschen in Afghanistan und Irak müssen vom Welternährungsprogramm mit Nahrungsmitteln versorgt werden.

Wie viele Menschen in der Sahelzone wegen der Klimaveränderungen ihre Lebensgrundlage verloren haben und weiter verlieren, ist ungeklärt. Es ist sehr bezeichnend, dass so wenig über diese Krisenregion bekannt ist. Diese Menschen sind nicht dafür verantwortlich, wenn es weniger als in den Vorjahren geregnet hat und sie auf die Wanderschaft gehen müssen, weil sie sich anders als ihre Vorfahren nicht mehr selbst versorgen können. Das Welternährungsprogramm, die größte Hilfsorganisation der Welt, rechnet mit Ausgaben von etwa zehn Milliarden Euro, um die für achtzig Länder geplanten Programme durchführen zu können. (Man vergleiche das mit den Summen, die die reichen Länder zur Bekämpfung der Covid-19-Krise ausgeben ...) Das US-amerikanische International Food Policy Research Institute (IFPRI) geht in seinem Jahresbericht 2019 davon aus, dass die Zahl der in Afrika wegen des Klimawandels hungernden Menschen bis 2030 etwa um sechzehn Millionen steigen wird, wenn nicht mit modernsten Programmen Gegenmaßnahmen ergriffen werden.[194]

Jeder zehnte Mensch der Weltbevölkerung leidet an Hunger. Es ist nicht zu erwarten, dass es in zehn Jahren keine Hungernden mehr gibt. Hunger entsteht immer dort, wo Armut existiert. Und die wird in Afrika bleiben, so sich nichts an den globalen Machtverhältnissen und an der Verteilung des Reichtums ändert.

Flüchtlinge

Seit 2015 stehen Flüchtlinge vor allem in Europa im Zentrum der Aufmerksamkeit. Über Angela Merkel, die sich im selben Jahr einem – wie sie es nannte – moralischen Imperativ beugte und entschied, die Grenzen nicht zu schließen, schlugen bereits nach kurzer Zeit die Wellen des Unmuts zusammen. Meinungsbildende Medien überboten sich mit Argumenten, warum an den Südgrenzen Europas Barrieren gegen die Opfer westlicher Politik errichtet werden müssten. Nationalistische Politiker verlangten Grenzübertritte mit militärischen Mitteln zu verhindern. Die Forderungen nach einer Verringerung der Flüchtlingszahlen trieben zynische Blüten. Dabei hatten immer mehr Menschen guten Grund, Schutz in Europa zu suchen.

Es sind Menschen mit christlichen Überzeugungen, die sich mit dieser Art von Politik nicht abfinden wollten und die den überlieferten Werten der Nächstenliebe folgten. Dazu kommen junge Aktivisten. Die Gegenseite, mit einer scheinbar modernen Art des Denkens, argumentiert mit Wertesystemen, die auf zunehmender Ungleichheit und Doppelbödigkeit aufbauen und diese gutheißen. Auch viele Menschen, die nicht dem nationalistischen Lager angehören, traten offen für die Abwehr Fremder ein, weil sie ihre Lebensbedingungen gefährdet sahen und diese verteidigen wollten. Doch auch sie tragen Verantwortung, dass

Flüchtlinge heute mit Gewalt an der Wahrnehmung ihrer Rechte gehindert werden. Die Popularität von Politikern beruht auf der stillen Zustimmung zu Maßnahmen, den Zuzug von Migranten zu verhindern. Diese Maßnahmen wirken auf die Bevölkerung des eigenen Landes wie Beruhigungspillen, wenn sie fern der Grenzen des eigenen Landes wirksam werden: Denn so wird verhindert, dass die brutale Wirklichkeit direkt zu spüren ist. Deshalb wird die Abschottung der europäischen Außengrenzen mit großem Aufwand betrieben. Manchmal wird sie sogar als Verteidigung Europas verkauft. Damit schlagen Politiker drei Fliegen mit einer Klappe: Sie treten für die Einheit Europas, die Abwehr von Flüchtlingen und die Erhöhung der Verteidigungsausgaben ein.

Das Ergebnis ist erschreckend. Die Zahl der Mitarbeiter von Frontex, der Europäischen Agentur für die Grenz- und Küstenwache, wurde gegenüber 2015 verfünffacht und die für die Agentur vorgesehenen Gelder von 142 Millionen Euro (2015) auf 1,6 Milliarden (2021) gesteigert. Deutschland stellt jeden fünften Frontex-Mitarbeiter. Ursula von der Leyen, Präsidentin der Europäischen Kommission, versprach Griechenland im März 2020 Unterstützung von Frontex für die Kontrolle der Grenze mit der Türkei (630 Frontex-Mitarbeiter, ein Versorgungsschiff, sechs Patrouillenboote, Hubschrauber, Fahrzeuge und ein Flugzeug sowie 700 Millionen Euro). Dies war eine Reaktion auf die Entscheidung des türkischen Staatspräsidenten Recep Tayyip Erdogan vor allem Syrern wieder den Grenzübertritt in die Türkei zu erlauben. Frontex soll von einer Agentur zur Grenzpolizei der Europäischen Union ausgebaut werden, die nicht nur wie bisher Maßnahmen einzelner Staaten unterstützt, sondern die Grenzen der EU eigenständig schützt. Wenn es um die Abwehr von Flüchtlingen geht, sind sich die Mitglieder der EU einig;

sollen die wenigen, die durchkommen, auf die einzelnen Länder verteilt werden, beginnt sofort der Streit.

Oft dient die Unterscheidung der Migranten in zwei Gruppen dazu, an den Grenzen militante Abwehrstrukturen zu schaffen. Während eine Gruppe offiziell akzeptiert wird und diesen Menschen nach internationalen Vereinbarungen Zuflucht gewährt werden muss, da sie Schutz vor Krieg und Verfolgung suchen, wird die andere Gruppe abgelehnt. Diese Menschen gelten als Wirtschaftsflüchtlinge. Ihr Wunsch nach menschenwürdigen Lebensbedingungen wird als ungesetzlich gewertet. Durch immer unerbittlichere Vorkehrungen werden Menschen auf der Flucht daran gehindert, Grenzen nach Europa zu überschreiten. Auch mit den Stimmen Andersdenkender gewählte Politiker lassen diese Maßnahmen zu, um sich ihre Wiederwahl zu sichern. Dass Tausende im Mittelmeer ertrunken und möglicherweise sogar ähnlich viele Menschen in der Sahara verdurstet sind, ist bekannt. Deutsche Politiker haben die Abwehrsysteme gegen diese Migranten mitentwickelt. Sogar Staaten in Afrika erhalten inzwischen deutsche Unterstützung, wenn sie Grenzübertritte erschweren, die früher üblich waren.

Mittlerweile hat die Türkei eine Art Pufferfunktion bei der Zurückhaltung von Flüchtlingen aus Krisenstaaten wie Syrien, Irak oder Afghanistan übernommen. EU-Geldzahlungen sollen der Türkei bei ihrer Versorgung helfen. Doch mit einem Teil der Gelder wurde auch die achthundert Kilometer lange Mauer an der türkisch-syrischen Grenze gebaut, die auch verhindern soll, dass weitere Syrer in die Türkei fliehen. Dort lebten im Jahr 2018 allein 3,7 Millionen Menschen, die ihr Heimatland verlassen hatten. In den Staaten Mitteleuropas haben wenige Flüchtlinge Zuflucht gefunden. Während die Türkei die weltweit größte Zahl aufgenommen hat, sind es in Deutschland mit immerhin 1,1 Millionen nur dreißig Prozent der von der Türkei aufgenommenen. Die Bundesrepublik ist wirtschaftlich wesentlich stärker, hat jedoch eine ähnlich große Bevölkerung. Aber der durch politische Kontrollen erfolgte Rückgang der Zuwanderung wird auch in Deutschland deutlich. Die Zahl der Asylanträge sank von 2015 bis 2019 von 746 000 auf 166 000, also in fünf Jahren um 78 Prozent.

Die geänderte Haltung gegenüber Flüchtlingen wird an dem Begriff deutlich, der für Menschen genutzt wird, die ihnen bei der Flucht helfen. Sie wurden in Deutschland bis zur Öffnung der Mauer eher neutral «Fluchthelfer» genannt. Inzwischen werden sie durchgehend als «Schlepper» bezeichnet und verfolgt. All diesen Menschen werden finanzielle Motive und ein krimineller Umgang mit Flüchtlingen unterstellt, was aber nicht auf alle zutrifft. Doch das Schlimmste ist, dass Maßnahmen im Kampf gegen Flüchtlinge als Kampf gegen kriminelle Schlepper dargestellt werden. Die systematischen Anreize zur Lüge, die in der Debatte um Migrations- und Fluchtbewegungen meist unerwähnt bleiben, werden unterschätzt. Weil Menschen, die aus wirtschaftlichen Gründen ihre Heimat verlassen, um ein besseres Leben in Europa zu suchen, in der Regel in ihre Herkunftsländer zurückgeschickt werden, stellen viele von ihnen einen Asylantrag mit falschen Angaben. Sie versuchen so, mit Lügen oder Täuschungen eine Aufenthalts- und Arbeitsgenehmigung erhalten zu können.

Ein Schwerpunkt deutscher Politik in Afrika ist die Erfassung biometrischer Daten an den jeweiligen Landesgrenzen. Mit der Nutzung dieser Daten wird die Abschiebung von Migranten aus Deutschland langfristig einfacher, weil man mit den digitalen Informationen ihre Identität kennt. Seit nicht einmal zehn Jahren wird an und mit diesen Datensystemen gearbeitet. Das Auswärtige Amt in Berlin unterstützt Projekte der Deutschen

Gesellschaft für Internationale Zusammenarbeit (GIZ), die aus der Kolonialzeit stammenden Grenzen der afrikanischen Staaten zu sichern und die Übergänge mit biometrischen Vermessungssystemen auszustatten. In den Sahelstaaten können dann auch Nomaden erfasst werden, deren Wanderwege älter als die Staatsgrenzen sind. Diese im Rahmen von Förderprojekten ausgebauten Kontrolleinrichtungen sind langfristig Teil des Versuchs, bereits im außereuropäischen Ausland Migration zu beobachten und zu erfassen, um Einwanderung nach Deutschland zu erschweren. Es ist kein Zufall, dass die Bundesregierung derartige Projekte in Afrika fördert. Bezeichnend ist, dass die Mehrheit der Bundestagsabgeordneten derartigen Vorhaben zustimmt.

Bei dem derzeit erwarteten Bevölkerungswachstum wird wegen der in Afrika weitgehend gescheiterten Globalisierung dort die größte Migrationsbewegung der Welt entstehen. Während heute 1,341 Milliarden Menschen in Afrika leben, werden es Ende des Jahrhunderts nach Schätzungen der UN-Abteilung für Bevölkerungsfragen etwa 4,3280 Milliarden sein.[195] Lebt 2020 der UN zufolge etwa jeder sechste Mensch in Afrika, so wird es in achtzig Jahren etwa jeder dritte sein. Der Zuwachs (3,081 Milliarden) soll fast ausschließlich auf Afrika (2,940 Milliarden) entfallen.[196] Sollte es in den Ländern Afrikas nicht zu einem Entwicklungsschub kommen, ist mit einer entsprechend hohen Migration Richtung Europa zu rechnen, falls diese Menschen auch in Zukunft glauben, in europäischen Ländern besser leben zu können.

Die Hürden für Flüchtlinge werden systematisch erhöht. So wählen Afrikaner auf ihrem Weg nach Europa, vor allem wenn sie aus westafrikanischen Staaten kommen, eine Route durch abgelegene Wüstengebiete, da sie die offiziellen Grenzübergänge und die üblichen Landverbindungen meiden müssen. Die normalen Wege durch die Sahara sind für Flüchtlinge inzwischen oft zu gefährlich. Sie könnten aufgegriffen und bereits in Afrika zur Rückkehr in ihre Heimat gezwungen werden. Menschen, die nach Europa migrieren, umgehen auch die mit westeuropäischen Hilfsgeldern geschaffenen Grenzkontrollsysteme, um nicht erfasst zu werden. Auf häufig befahrenen Wüstenrouten wird nach ihnen gesucht, und es ist verboten, sie auf Fahrzeugen mitzunehmen; also müssen sie auch diese meiden. Ihnen droht nicht nur das Verdursten, sie müssen zudem fürchten, von Soldaten mit Aufständischen verwechselt zu werden.

Klimakatastrophe

Flüchtlinge, Schlepper und Klimakatastrophe sind Begriffe, die ständig für alle möglichen Argumentationen gebraucht werden und deshalb immer schwerer zu fassen sind. Wie beim Hütchenspiel werden die Beobachter dadurch oft verwirrt. Dass Klimawandel, Flüchtlinge und Krieg eng miteinander verwoben sind, ist mir anhand der Probleme der in der Sahelzone liegenden Staaten überdeutlich geworden.

Als ich einen Artikel über den Krieg zwischen Viehzüchtern und Ackerbauern in Nigeria gelesen habe,[197] musste ich an die Terrororganisation Boko Haram und den Klimawandel denken. Dieser Krieg in den fruchtbaren Regionen Mittelnigerias mit jeweils zweitausend Toten in den Jahren 2017 und 2018 ist nur zu verstehen, wenn die Trockenperiode der vergangenen Jahre und der Terrorismus im Norden Nigerias einbezogen werden. In diesem Krieg werden zudem Waffen aus libyschen Beständen der Gaddafi-Zeit genutzt. Seit Jahrhunderten weiden Viehzüchter ihre Herden in den Wintermonaten in der Ackerbauregion Nigerias. Sie kommen aus dem Norden und ziehen sich während der Anbau- und Erntezeit in diese Gegend zurück. In der Vergangenheit gab es auch Streit, doch er wurde in den allermeisten Fällen vor Ort ohne Waffeneinsatz geschlichtet. Krieg herrscht erst seit etwa zehn Jahren. Er dürfte zwei Ursachen haben: den Klimawandel und die zunehmende Gewaltbereitschaft.

Mich hat dieser weitgehend unbekannte Krieg so aufgewühlt, weil ich nicht vergessen konnte, was Peter Maurer, der Präsident des Internationalen Komitees vom Roten Kreuz (IKRK), auf einem Seminar gesagt hatte.[198] Sieben Millionen Menschen würden im Gebiet des Südsahel wegen der zunehmenden Trockenheit «vagabundieren». Hilfsmaßnahmen müssten auch für die Gegenden geplant werden, durch die Menschen ziehen, die vor der anhaltenden Dürre flüchten. So kommt es, dass Konflikte je nach Blickwinkel eine andere Bedeutung erlangen. Die Ackerbauern in Nigeria haben eine andere Sichtweise als die Viehzüchter, wenn sie in den Kampf ziehen. In der Momentaufnahme erscheint ihr Krieg als ein bewaffnet ausgetragener Interessenkonflikt, ohne dass er als eine direkte Folge der Klimaveränderungen verstanden wird. Übergangen wird auch, dass Terroristen die zunehmende Gewalt nutzen, um neue Anhänger zu rekrutieren.

Deutschlands Ausweitung von Bundeswehreinsätzen von Mali nach Niger, Burkina Faso, Tschad und Mauretanien ist der Versuch, mit Waffen Frieden zu schaffen. Das ist zum Scheitern verurteilt, denn die genannten Hintergründe der Kriege bleiben außer Acht. Deutsche Soldaten sollen für eine Beruhigung der Situation sorgen. Doch sie werden diese Aufgabe in dem von Klimawandel, Terrorismus und Staatszerfall betroffenen Sahelgebiet nicht erfüllen können. Auf lange Sicht müssen sie sich darauf beschränken, den Sicherheitsapparat der betreffenden Staaten zu stärken, oder sie werden stärker in Kämpfe eingreifen müssen. Der Klimawandel wird auch weiterhin nicht als Grund-übel der Region in den Blick rücken, wenn das Hauptaugenmerk europäischer Politik darauf gerichtet ist, die Migrationsbewegung nach Europa zu stoppen. Als Ergebnis werden gescheiterte Versuche bleiben, die Herrschaftssysteme vor allem in ehemals französischen Kolonien zu stärken. Mag Frankreichs Staatspräsident Emanuel Macron auch stärker als andere Politiker Europas den Klimaschutz und die Einigung der EU verfolgen, so vertritt er auch koloniale Interessen und versucht für deren Durchsetzung andere EU-Staaten einzuspannen. So hat die Politik seines Landes in der Vergangenheit in den ehemaligen Kolonien eine reiche zur Zusammenarbeit mit europäischen Staaten bereite Elite hervorgebracht. Solange die EU nicht mit diesen Politikern bricht, wird sie keine Impulse für die Entwicklung von Zivilgesellschaften in Afrika entwickeln können.

Die Covid-19-Pandemie und was sie (nicht) verändern wird

Die Covid-19-Pandemie hat die Welt zwar verändert, doch die Probleme sind eher beschleunigt und manche nur aufgeschoben worden. Der Kampf gegen das Virus wurde genutzt, um den gesellschaftlichen Wandel auf einem Pfad voranzubringen, der bereits ausgetreten war. Anstatt neue Wege zu gehen, wurden bestehende Entwicklungen beschleunigt. So wird die Digitalisierung vorangetrieben, auch unter vermehrter Nutzung von persönlichen Daten. Das Virus hat Arme stärker getroffen als Bessergestellte – und das wird so bleiben. Dies gilt sowohl für gesellschaftliche Gruppen als auch für Staaten insgesamt.[199] Und für viele Projekte wird es immer weniger Geld geben. So fehlen zum Beispiel dem Welternährungsprogramm die Mittel für notwendige Maßnahmen, um Schwache besser vor dem Virus schützen zu können. Am deutlichsten wurde der weltweite Verzicht, auf das Problem des Klimawandels zu reagieren. Die Verlangsamung gesellschaftlicher und wirtschaftlicher Prozesse wurde nicht als Gelegenheit genutzt, ein zumindest klimaneutrales Wirtschaften zu fördern.

Beispielhaft dafür sind die von der deutschen Regierung beschlossenen Hilfspakete für die Lufthansa und andere Unternehmen, die das Klima belasten. Mit diesen Maßnahmen sollen Arbeitsplätze gesichert und eine möglichst schnelle Wiederherstellung der wirtschaftlichen Verhältnisse wie vor der Pandemie erreicht werden. Dass in den einzelnen Mitgliedstaaten der EU ähnliche Maßnahmen beschlossen wurden, zeigt nur, dass in einem engen nationalen Rahmen gedacht und gehandelt wurde.

Ein gemeinsames, übernationales Vorgehen fehlt. Bereits die schnelle Schließung der Grenzen hat verdeutlicht, dass der sich weltweit verbreitenden Krankheit vor allem auf nationaler Ebene begegnet wurde. US-Präsident Trump hat mit der Anordnung, die Zahlungen seines Landes an die Weltgesundheitsorganisation einzustellen, diese Entwicklung forciert und überdeutlich gemacht.

Bei den Bewohnern Deutschlands vergrößerte die Pandemie die Angst vor Fremden. Sie förderte Feindbilder und das Gefühl, autoritäre Maßnahmen brächten Erfolge im Kampf gegen die neue Gefahr. Mit dieser nationalen Orientierung könnte Deutschland als treibende Kraft für eine Stärkung des europäischen Gedankens und für ein Zusammenwachsen der Mitglieder der Europäischen Union ausfallen. Dabei ist eine Stärkung der EU möglicherweise deshalb nicht unproblematisch, weil eine Gefahr der Militarisierung besteht. Eine militarisierte EU, die sich an den Konkurrenzkämpfen der großen Weltmächte beteiligt, wird die globalen Entwicklungen verstärken, unter denen mehr und mehr Menschen leiden. Dabei sind die Mittel vorhanden, den Menschen weltweit ein würdiges Leben zu ermöglichen – auch das hat die Pandemie und ihre Bekämpfung gezeigt.

Ich habe mich beim Schreiben mehrfach gefragt, ob es richtig ist, mich vor allem mit den USA auseinanderzusetzen. Ja, es ist richtig, denn ich habe immer wieder erlebt, wie die anderen Industriestaaten sich an ihnen als westlicher Führungsmacht ausgerichtet haben. Die wichtigsten Entscheidungen der vergangenen Jahre wurden von den Vereinigten Staaten getroffen. Die Industriestaaten Europas waren daran beteiligt, sie sind dieser Politik gefolgt und haben sie in zentralen Fragen, wie zum Beispiel beim Vorgehen der Nato, zu ihrer eigenen gemacht. Auch wenn sich eine Umorientierung abzeichnet, wird sich diese erst nach dem Scheitern des Westens vollziehen.

Die weit verbreitete Kritik an Präsident Trump in seiner ganzen Amtszeit hat den Ablösungsprozess von den USA verstärkt. Aber auch unabhängig von seiner Person und Politik beginnen die Industriestaaten der westlichen Welt, der einstigen Supermacht die Gefolgschaft zu verweigern. Doch es muss meiner Meinung nach darum gehen, Veränderungen einzuleiten und nicht alte Fehler in anderer Form zu wiederholen. Ziel sollte sein, mit der Lösung der globalen Probleme, z. B. dem Klimawandel, zu beginnen und dem Völkerrecht und den Menschenrechten umfassend Geltung zu verschaffen. Die gesamte Weltwirtschaftsordnung bedarf eines Umbaus, damit die Reichen nicht noch reicher und die Armen nicht noch ärmer werden. Aufgrund meiner Beobachtungen in den vergangenen Jahren glaube ich nicht, dass diese notwendigen Veränderungen erfolgen, wenn sich Industriestaaten von den USA abwenden.

Ich bezweifele, dass es schon bald gelingen wird, die weltweiten ökologischen und sozialen Probleme zu lösen. Es bedarf mehrerer Anläufe, um die Energie für diesen Umbau aufzubringen, damit die derzeitige Gesellschaft weiter existieren kann. Solange Staaten versuchen, sogenannten systemrelevanten Privatsektoren durch öffentliche Finanzierung ein Überleben zu sichern, wird es kein wirkliches Überleben, sondern nur ein weiteres Funktionieren geben. Die Menschlichkeit wird geopfert. Meine Hoffnungen beruhen darauf, dass die Menschen im globalen Süden die Kraft aufbringen werden, auf den Trümmern der gescheiterten westlichen Politik für sich eine neue Zukunft zu entwickeln.

Mit Absicht bin ich nicht auf das Nahostproblem, den palästinensisch-israelischen Konflikt, eingegangen. Deutschland hat gegenüber Israel eine besondere Verpflichtung, weil der Holocaust in der Geschichte ohne Beispiel ist. Nach dem Zweiten Weltkrieg kam es zu einer politischen Überbewertung der Auseinandersetzung zwischen Israelis und Arabern. Sowohl die arabischen Nationalisten, von Gamal Abdel Nasser in Ägypten bis Saddam Hussein in Irak, als auch die Staaten insbesondere in Nordafrika und der Region des Persischen Golfes haben ihre meist diktatorische Politik mit einer angeblichen Bedrohung der arabischen Welt durch Israel begründet. Sie haben von ihren Untertanen Gefolgschaft gefordert und deren Träume genährt, die Israelis ins Meer zu treiben. Die Kriege arabischer Staaten gegen Israel hatten das Ziel, das Land unter den angreifenden Staaten aufzuteilen. Es ist bezeichnend, dass sich das Verhältnis der arabischen Welt gegenüber Israel in dem Moment geändert hat, als die Palästinenser als selbständige Kraft aufgetreten sind und einen eigenen Staat gefordert haben. Damit verringerte sich das Interesse der arabischen Staaten erheblich, und sie wandten sich den großen Schwierigkeiten im eigenen Land zu. Deshalb ist der Nahost-Konflikt nicht, wie oft behauptet wird, das Kernproblem des Orients.

Nicht eingegangen bin ich auf das Spezialproblem der Christen und anderer religiöser Minderheiten im Orient, wie der Jesiden, obwohl sie Opfer der derzeitigen Veränderungen sind. Es ist sicher kein Trost, dass sie leichter als Moslems die Region verlassen können. Sie können ihr Schicksal oft nur ertragen, weil sie Visa für die Einreise in westliche Staaten oder dort Asyl erhalten und auch nicht wie Moslems auf eine wachsende Ablehnung stoßen.

Ich möchte in diesem Nachwort auch meine immer wieder, nicht zuletzt in diesem Buch, vorgebrachte Kritik am Journalismus begründen, um Missverständnisse auszuräumen. Es geht natürlich nicht darum, Berichte der wichtigen Medien als Lügen abzutun, wie das immer wieder geschieht – Stichwort «Lügenpresse». Das wird der Vielschichtigkeit der Medien nicht gerecht. Besorgniserregend wird es, wenn diese Auffassung von Konsumenten von Boulevard-Medien vertreten wird. In der Regel überbewerten Menschen, die von Lügenpresse sprechen, eventuelle eigene Erfahrungen und ziehen aus ihnen falsche Schlussfolgerungen. Sie werden dann schnell Opfer von Verschwörungstheorien. Sicher stehen die vielgescholtenen Leitmedien oftmals den Herrschenden nahe, zumal sie von diesen in steigendem Ausmaß zur Verbreitung ihnen genehmer Auffassungen und Informationen genutzt werden. Seit Jahrzehnten werden die Medien zunehmend mit auf ihren Bedarf zugeschnittenen und für eine schnelle Veröffentlichung perfekt vorbereiteten Informationen versorgt. Diese Art der Beeinflussung ist besonders wirkungsvoll, da Medienberichte heute mit einem immer geringeren Aufwand entstehen, schließlich muss gespart werden.

Informationen sind zwar seit jeher eine Ware, mit der Geld

verdient wird, doch haben technologische Veränderungen und ein wachsender Sparzwang in den vergangenen Jahrzehnten dazu geführt, dass finanzstarke oder mächtige Interessengruppen ihre Ansichten immer wirkungsvoller platzieren konnten. Die neuen Technologien haben zudem neue Medien hervorgebracht, die als Alternative genutzt werden können. Wer sich ihrer ausschließlich bedient, übersieht oft, dass er durch im Hintergrund arbeitende Algorithmen vorausgewählte und individuell zugeschnittene Informationen erhält. Damit besteht die Gefahr, dass die ausschließliche Nutzung neuer Medien falsche Meinungen und Einschätzungen festigt. Menschen, die den Klimawandel als Propaganda abtun, werden vor allem im Internet auf Informationen stoßen – oder sogar auf sie gelenkt –, die ihre Ansichten bekräftigen. Die Zementierung falscher Ansichten vertieft die Spaltung der Kritiker und verlängert die Herrschaft einer Elite, die von einer manipulierbaren Mehrheit in ihren Positionen bestätigt wird.

Unverständlich war mir, warum angeblich christliche Gesellschaften, die aktiv gegen Krieg auftreten sollten, diesen dennoch geschehen lassen oder ihn sogar unterstützen. Hatte ich doch gedacht, der Wahnsinn des Ersten Weltkriegs sei abschreckendes Beispiel genug. Dabei hätten mich die Entstehung des Nationalsozialismus und die Kriegsbereitschaft der Deutschen lehren müssen, dass die Menschheit nicht immer aus ihren Fehlern lernt. Ein Buch über die studentische Protestbewegung der sechziger Jahre hat mich kuriert und mir vor Augen geführt, dass gesellschaftliche Entwicklungen nicht automatisch zu einer Verbesserung der menschlichen Lebensbedingungen führen müssen.[200] Sie verlaufen nicht gradlinig und nicht automatisch vom Einfachen zum Höheren. Diese Lehre sollten gerade Deutsche verstehen. Deshalb ist für mich auch nicht selbstverständlich,

Persönliches Nachwort

dass aus dem Scheitern des Westens die richtigen Lehren gezogen werden.

Insbesondere das schwindende Eintreten für das Völkerrecht und die allgemeinen Menschenrechte stärkt meine Vermutung, dass die Zivilisation sich nicht zum Positiven ändern wird. In Kriegen, Hunger und Armut sehe ich die Vorboten einer gesellschaftlichen Entwicklung, die durch Egoismus geprägt sein wird. Ich sehe mich nicht als Entwicklungspessimisten in einer Reihe mahnender Greise. Dazu sind meine Erinnerungen an die seit 1978 beobachteten Ereignisse noch zu lebendig. So ist das Buch entstanden, weil ich der Überzeugung bin, dass es zu wenig mahnende Stimmen gibt. Dabei setze ich insgeheim darauf, dass zivilgesellschaftliche Kräfte außerhalb der industrialisierten Welt alteuropäische Ideale zu den ihren machen und ihnen zum Durchbruch verhelfen werden.

Anmerkungen

Warum ich dieses Buch schreibe

1 Brigitte Erler, Tödliche Hilfe. Bericht von meiner letzten Dienstreise in Sachen Entwicklungshilfe, Köln 2003. Die Begriffe «Wirtschaftliche Zusammenarbeit» und «Entwicklungshilfe» werden zu Recht kontrovers diskutiert, weil sie in der Regel für eine Politik genutzt werden, bei der Industriestaaten in Regionen der Welt, die nicht in den Weltmarkt integriert sind oder die als unterentwickelt betrachtet werden, eine wirtschaftliche Entwicklung anstoßen wollen. «Wirtschaftliche Zusammenarbeit» bezeichnet das Gleiche wie «Entwicklungshilfe», die durch den Begriff «Entwicklungszusammenarbeit» ersetzt wurde. Trotz anderer Wortwahl ist das Scheitern der Bemühungen geblieben, da sich die Interessengegensätze nicht geändert haben.

Wo stehen wir heute

2 Beispielhaft ist die größte Stiftung der Welt, die Bill & Melinda Gates Foundation. Microsoft-Mitbegründer Bill Gates galt bis 2017 mit einem geschätzten Privatvermögen von 86 Milliarden US-Dollar als reichster Mann der Welt. Er wurde 2018 von Amazon-Gründer Jeff Bezos abgelöst, dessen Privatvermögen sich laut Forbes von 2017 auf 2018 um 39 Milliarden US-Dollar vermehrt haben soll. Bezos hat Anfang 2020 angekündigt, sich mit 10 Milliarden US-Dollar am Kampf gegen den Klimawandel zu beteiligen. Für mich handelt es sich um den Versuch, Gewinne so niedrig wie möglich oder gar nicht zu versteuern. Mit der Spende will er von der Vermehrung seines Reichtums ablenken. Er übernimmt Aufgaben, die mit Steuergeldern bezahlt werden müssten.

3 Ein armer afghanischer Bauer in einem Dorf bei Tora Bora (in der Nähe des Höhlensystems, in dem sich Al-Kaida-Kommandos im Herbst 2001 verschanzt hatten) machte mir 2004 die Überheblichkeit von US-Präsident George W. Bush deutlich. Der Afghane unterbrach während eines Interviews die namentliche Aufzählung seiner männlichen Vorfahren und sagte: «Als der unser Haus gebaut hat, gab es die USA noch gar nicht.» Der Bauer hatte ein vollständig anderes Verständnis von Kultur und Geschichte als Bush.

4   Als im Krieg zwischen Irak und Iran (1980 bis 1988) Hunderttausende
    getötet wurden, drängten die Kirchen nicht auf ein schnelles Ende der
    Kämpfe. Hätten sich Christen gegenübergestanden, wäre es meiner
    Meinung nach zu großen Protesten der Kirchen gekommen. Wahr-
    scheinlich hätte es sogar direkte Kritik an der Politik westlicher Staaten
    gegeben, beide Seiten mit Waffen zu beliefern, um auch damit diesen
    Krieg zu verlängern.

5   «The End of Asylum» (Das Ende des Asyls) lautet nicht zufällig der Bei-
    trag der Kenianerin Nanjala Nyabola, den die US-Zeitschrift «Foreign
    Affairs» am 10. Oktober 2019 veröffentlichte. Der Untertitel ist bezeich-
    nend: «Eine Säule der liberalen Ordnung bricht zusammen – aber küm-
    mert es jemanden?» Nur darf meiner Meinung nach niemand in diesem
    Zusammenhang sagen: «Wir haben davon nichts gewusst.»

6   Den für mich gelungensten Begriff bei der Darstellung dieser Politik
    benutzt der US-Politologe Bart Bonikowski mit dem Wort «Ethnona-
    tionalismus», in: ders., Trump's Populism. The Mobilization of Nationa-
    list Cleavages and the Future of US Democracy, in: Kurt Weyland/Raúl
    L. Madrid (Hrsg.), When Democracy Trumps Populism. Lessons from
    Europe and Latin America, New York 2019, S. 110–131.

7   Statt die Grundlagen der Politik Donald Trumps schonungslos aufzude-
    cken, werden die Medien nicht müde, die Fehltritte und die Skurrilität
    seiner Politik zu geißeln. Dass Trump der weltweite Vorreiter oder
    Anführer der «White-Supremacy-Policy» ist, gerät dabei in den Hinter-
    grund. Wer diesen Zusammenhang verdeutlichen würde, müsste auch
    die deutsche Regierungspolitik anders darstellen und deren Flücht-
    lingspolitik kritisieren. Die traditionellen Medien vermeiden diesen
    Schritt auch deshalb, weil ihr Publikum nicht mit entsprechenden
    Berichten konfrontiert werden will.

8   Es ist bezeichnend, dass sich nur wenige wissenschaftliche Unter-
    suchungen mit den Gründen für diese Zusammenarbeit zwischen euro-
    päischen Staaten und den USA in Afghanistan und den Misserfolgen
    dieser Politik beschäftigen. Eine norwegische Studie hat ergeben, dass
    der Einsatz des Landes in erster Linie aus Rücksicht auf die transatlan-
    tischen Beziehungen zu den USA erfolgte. Das Eingreifen von norwegi-
    schen Soldaten in Afghanistan wurde nicht in erster Linie mit den Ver-
    hältnissen vor Ort begründet. Es erfolgte, um die guten Beziehungen
    zu den USA aufrechtzuerhalten und um die weitere Existenz der Nato
    zu sichern. Diese Ziele seien mit dem Einsatz norwegischer Soldaten
    auch erreicht worden. Beim Kampf gegen den Terror habe es dagegen
    nur begrenzte Erfolge gegeben, und Norwegens Bemühungen um den
    Aufbau Afghanistans werden als gescheitert bewertet (Norwegian Com-

mission on Afghanistan, A Good Ally. Norway in Afghanistan 2001–2014, Oslo, 6. Juni 2016, https://www.regjeringen.no/en/dokumenter/nou-20 16-8/id2503028/, abgerufen am 13.01.2020).

9 Artikel mit einem selbstkritischen Verständnis sind selten. Es gibt Ausnahmen: Wolfgang Bauer beginnt seinen Kommentar «Afghanistan. Wir sind besiegt» in der «Zeit» (7. März 2018) mit den Worten: «Deutschland ist in Afghanistan gescheitert, militärisch ebenso wie in der Entwicklungshilfe. Dabei fehlt es weniger an Truppen als an Ernsthaftigkeit.»

10 Wer, wie Teile der Linken, fordert, Europa müsse «sich vom mörderischen US-Imperialismus lösen und eine eigenständige Außenpolitik entwickeln», unterschätzt die Wirkungskraft des militärindustriellen Komplexes in der Politik europäischer Länder. Zudem wird die Politik der EU nachhaltig von französischen Interessen bestimmt, die in der Kolonialgeschichte des Landes wurzeln (Oskar Lafontaine, Dynamit in ein Pulverfass, in: Gruppe Wagenknecht – Blog, 4. Januar 2020, https://www.gruppe-wagenknecht.de/blog/dynamit-in-ein-pulverfass/, abgerufen am 11.01.2020).

Das Scheitern der westlichen Politik im Orient

11 Zaman Ghamsharik, ein Führer des Khogyani-Stammes aus der Tora-Bora-Region, berichtete mir 2004 im pakistanischen Peshawar, dass die Parteien des afghanischen Bürgerkrieges, die von den USA und Saudi-Arabien im Kampf gegen die Sowjetstreitkräfte massiv unterstützt worden waren, Bin Laden, den Mitgründer und Anführer von Al-Kaida, aus seinem sudanesischen Exil 1996 nach Afghanistan gerufen hatten. Bin Laden sollte einen Kompromiss zwischen den Kriegsfürsten aushandeln, die früher gegen die Sowjetarmee gekämpft hatten und seit 1989 einen erbitterten Bürgerkrieg führten. Im gleichen Jahr, 1996, begann der Siegeszug der 1994 gegründeten Taliban in Afghanistan. Reinhard Erös, der Gründer der «Kinderhilfe Afghanistan», hat mich zu Ghamsharik geführt. Dieser hatte in jungen Jahren als Kommandeur einer Mudjahedin-Gruppe gegen die Sowjettruppen und 2001 mit seiner Stammesmiliz in der Tora-Bora-Schlacht an der Seite von US-Truppen gegen Al-Kaida-Milizen gekämpft.

12 Der damalige US-Außenminister Colin Powell beschuldigte Irak in einer aufsehenerregenden Rede vor dem Weltsicherheitsrat am 5. Februar 2003, Massenvernichtungswaffen zu besitzen und Attentäter von Al-Kaida zu unterstützen. Trotz des Einsatzes von Spezialeinheiten

konnten die US-Streitkräfte nach der Eroberung Iraks nicht einen einzigen Beweis für diese Beschuldigungen finden. Zehn Jahre später sagte Powell in einem Fernsehinterview, er schäme sich für seine Rede, und bezeichnete sie als Schandfleck. Er begründete sie damit, von verschiedenen US-Geheimdiensten falsche Informationen erhalten zu haben.

13 George W. Bush, President Bush Announces Major Combat Operations in Iraq Have Ended, The White House, 1. Mai 2003, https://george wbush-whitehouse.archives.gov/news/releases/2003/05/20030501-15. html, abgerufen am 10.10.2019.

14 Neta C. Crawford, United States Budgetary Costs of the Post-9/11 Wars, Watson Institute International & Public Affairs, Brown University 2018, https://watson.brown.edu/costsofwar/files/cow/imce/papers/2018/ Crawford_Costs%20of%20War%20Estimates%20Through%20FY2019. pdf, abgerufen am 02.01.2020.

15 Transparency International, Corruption Perceptions Index 2019, https:// www.transparency.org/cpi2019#results, abgerufen am 02.01.2020.

16 Neta C. Crawford, Human Cost of the Post-9/11 Wars. Lethality and the Need for Transparency, Watson Institute International & Public Affairs, Brown University 2018, https://watson.brown.edu/costsofwar/ files/cow/imce/papers/2018/Human%20Costs%2C%20Nov%208%20 2018%20CoW.pdf, abgerufen am 02.01.2020.

17 Barack Obama, Remarks by the President at the United States Military Academy Commencement Ceremony, West Point, New York, 28. Mai 2014, https://obamawhitehouse.archives.gov/the-press-office/2014/05/ 28/remarks-president-united-states-military-academy-commencement-ceremony, abgerufen am 28.11.2019.

18 Diese Neuorientierung der US-Militärpolitik als eine Änderung darzustellen, die Präsident Trump angeordnet hat, verharmlost die Militärlastigkeit der gesamten US-Politik und lenkt von Veränderungen ab, die Trumps Amtszeit tatsächlich charakterisieren.

19 Wichtig ist, dass die US-Militärausgaben von 2018 auf 2019 um 67 Milliarden auf 716 Milliarden US-Dollar angestiegen sind. Trump bezeichnete sie als die geschichtlich «bedeutendste Investition» in das Militär (Donald Trump, Remarks by President Trump at a Signing Ceremony for H. R. 5515, «John S. McCain National Defense Authorization Act for Fiscal Year 2019», Washington, White House, 13. August 2018, https:// www.whitehouse.gov/briefings-statements/remarks-president-trump-signing-ceremony-h-r-5515-john-s-mccain-national-defense-authoriza tion-act-fiscal-year-2019/, abgerufen am 30.11.2019). Bei der Unterzeichnung des vom Kongress verabschiedeten Gesetzes über den Militärhaushalt verschwieg er aber, dass dieser von seinem republika-

nischen Gegenspieler John McCain entwickelt worden war. Trump hat zwar angeordnet, dass der an Krebs verstorbene Senator McCain am 1. September 2018 im Weißen Haus aufgebahrt wurde und eine offizielle Trauerfeier in Washington erhielt. Er selbst nahm aber – auf Wunsch des Verstorbenen – nicht an der Trauerfeier teil.

20 Donald Trump, President Trump Delivers Remarks at the Arab Islamic American Summit, Washington, White House, 21. Mai 2017, https://www. whitehouse.gov/articles/president-trump-delivers-remarks-arab-isla mic-american-summit/, abgerufen am 17.10.2017. In dem vom Weißen Haus verbreiteten Redetext hieß es nur «viele Tausend von Arbeits- plätzen» (Donald Trump, President Trump's Speech to the Arab Islamic American Summit, Washington, White House, 21. Mai 2017, https://www. whitehouse.gov/briefings-statements/president-trumps-speech-arab- islamic-american-summit/, abgerufen am 18.10.2017). Dies ist nur ein Beispiel für die Übertreibungen Trumps und die Widersprüche in sei- nen Aussagen. Die Medien im Mittleren Osten berichteten ausführlich über Gastgeschenke im Wert von mindestens hundert Millionen Dollar, die Trump von der saudischen Königsfamilie erhalten haben soll.

21 Von den Rückkehrern aus Iran und Pakistan haben sich in den vergange- nen Jahren Hunderttausende in den Vororten der größten Städte Afgha- nistans angesiedelt. Eine unbekannte Zahl ist wieder ausgewandert, weil sie die Situation in den Vorstädten nicht ertragen konnten. Neben der Armut ist es die Unsicherheit über die Besitzverhältnisse an Grund und Boden. Oft werden wilde Siedlungen nur so lange geduldet, bis die offiziellen Besitzer das Land anders nutzen wollen. Dann vertreiben Milizen oder Polizisten die Rückkehrer. Zwar gibt es einen Erlass mit einem Bleiberecht in wilden Siedlungen. Dieser hat jedoch nur geringe Wirksamkeit (Elke Grawert, Rückkehr afghanischer Flüchtlinge aus Iran, Bundeszentrale für Politische Bildung, 16.10.2018, https://www. bpb.de/gesellschaft/migration/laenderprofile/277617/rueckkehr-afgha nischer-fluechtlinge, abgerufen am 26.12.2019).

22 Die mittlere Schätzung der Vereinten Nationen geht im Jahr 2050 von einer afghanischen Bevölkerung von 64682974 Menschen aus. Nach der niedrigen wären es 58806307, nach der hohen 70700224 Menschen (UNData, Total population, both sexes combined [thousands], New York, Vereinte Nationen 2019, http://data.un.org/Data.aspx?q=world+ population&d=PopDiv&f=variableID%3a12%3bcrID%3a4%3btime ID%3a181&c=2,4,6,7&s=_crEngNameOrderBy:asc,_timeEngNameOr derBy:desc,_varEngNameOrderBy:asc&v=1, abgerufen am 10.01.2020).

23 Die Forderung der US-Regierung direkt nach den Anschlägen vom 11. September 2001, Osama Bin Laden sofort zum Verlassen des Landes

zu zwingen, musste die von Paschtunen gebildete Taliban-Regierung in Kabul ablehnen, weil sie mit einer Erfüllung gegen das Paschtunwali verstoßen hätte. Unter diesem Gesichtspunkt ist es bezeichnend, dass viele Afghanen bis heute glauben, die USA hätten den Krieg 2001 zu Unrecht begonnen. Sympathisanten der USA haben ihn mir gegenüber als «übereilt» bezeichnet.

24 Jan-Heeren Grevemeyer, Afghanistan. Das «Neue Modell einer Revolution» und der dörfliche Widerstand, in: Kurt Greussing/ders. (Hrsg.), Revolution in Iran und Afghanistan, Frankfurt am Main 1980, S. 140–177.

25 Der einzige friedliche Zeitraum in Afghanistan waren die ersten drei Jahre nach dem Sturz der Taliban. Ausländische Soldaten konnten ohne große Schutzvorkehrungen in den Straßen Kabuls patrouillieren. Kabul war noch völlig zerstört. Erst allmählich wurden die Zerstörungen des Bürgerkrieges beseitigt. Ich habe in Kabul Gruppen britischer Soldaten beobachtet, die in Armenvierteln Streife liefen. Spanische Soldaten, die in Masar-e Sharif stationiert waren, habe ich auf dem Basar der Provinzhauptstadt getroffen, als sie Ersatzteile für die Satellitenanlage ihres Stützpunktes suchten.

26 Soleimani hat seine feindliche Haltung gegenüber den USA erst nach dem Sturz der Taliban entwickelt. Nachdem Präsident George W. Bush in seiner Rede zur Lage der Nation am 29. Januar 2002 neben Irak und Nordkorea auch Iran zur «Achse des Bösen» rechnete, änderte Soleimani – wie die gesamte iranische Führung – die Haltung gegenüber den USA und begann mit den militärischen Vorbereitungen für einen Krieg mit den USA.

27 Die einstelligen Nummern unserer Visa könnten ein Indiz dafür sein, dass Taliban-Gegner erst seit Stunden das Konsulat kontrollierten. Vor lauter Enttäuschung, dass es uns nicht gelungen war, mit Khans Leuten nach Afghanistan zu gehen, habe ich damals die politischen Zusammenhänge nicht gesehen. Möglicherweise wären wir Zeugen der damaligen Zusammenarbeit zwischen den USA und Iran geworden.

28 Sieben Jahre später, 2008, erklärte mir ein afghanischer Bauer, der auf einer Baustelle in Teheran gearbeitet und gelebt hatte, seine Ersparnisse eines halben Jahres hätten gerade gereicht, um ein Solarmodul für sein Haus im Wert von fünfzig Dollar zu kaufen. Afghanen bauten nicht nur die neuen Häuser in den Städten Irans, sondern sie lebten auch auf diesen Baustellen und ernährten sich von Reis, Brot und Tee.

29 Thomas Rüttig, Mitgründer des Afghanistan Analysts Network, erklärte mir auf der XXX. Afghanistan-Tagung am 26. November 2016, dass die Vertreter der Vereinten Nationen in der Vorbereitungsgruppe für die

Petersberger Konferenz auf den ehemaligen König als zentrale Figur für die Übergangsphase gesetzt hätten. Rüttig zufolge lehnte Zahir Schah ab, weil er als überzeugter Republikaner nicht einmal den Anschein einer Wiederbelebung monarchischer Strukturen aufkommen lassen wollte.

30 Joschka Fischer, Rede von Bundesaußenminister Joschka Fischer zur Eröffnung der Afghanistan-Konferenz der Vereinten Nationen, Bonn, 27. November 2001, http://archiv.bundesregierung.de/bpaexport/rede/29/63629/multi.htm, abgerufen am 09.08.2011.

31 Bette Dam, A Man and a Motorcycle. How Hamid Karzai came to power, Utrecht 2014.

32 George Crile, Der Krieg des Charlie Wilson, Wolfenbüttel 2008.

33 Ahmed Rashid, Taliban. Afghanistans Gotteskämpfer und der neue Krieg am Hindukusch, Bonn 2010.

34 Die Ansicht ausländischer Experten, dass auch veruntreutes Geld letztlich die Wirtschaft eines Landes stärkt, trifft in Afghanistan nur in Ausnahmefällen zu. In der Regel wird das Geld sofort ins Ausland geschafft. Diese Afghanen haben sich vor allem in den Vereinigten Arabischen Emiraten, aber auch in anderen Golfstaaten Häuser und Wohnungen gekauft.

35 Joschka Fischer, Afghanistan im Prozess politischer Neuordnung: Bilanz und Perspektive. Rede des Bundesministers des Auswärtigen, Joschka Fischer, auf der Afghanistan-Konferenz, Berlin, 31. März 2004, https://www.bundesregierung.de/breg-de/service/bulletin/rede-des-bundesministers-des-auswaertigen-joschka-fischer--792788, abgerufen am 08.06.2020.

36 Ein Mitarbeiter der diplomatischen Vertretung der EU erklärte mir im Jahr 2007 während eines Fluges von Kabul nach Dubai, die Staaten des Westens betrieben eine «policy of pretention», eine Politik des Vortäuschens oder Heuchelns. Ohne diesen Faktor zu berücksichtigen, könne man die Verhältnisse in Afghanistan nicht verstehen.

37 Diese Position vertrat Fischer, als ich ihn im Jahr 2009 auf dem Alpensymposium im Schweizer Interlaken traf.

38 Ahmed Rashid, Sturz ins Chaos. Afghanistan, Pakistan und die Rückkehr der Taliban, Düsseldorf 2010.

39 Auch die deutschen Streitkräfte und Regierungsinstitutionen oder Privatfirmen im Bereich der wirtschaftlichen Zusammenarbeit kooperieren mit den alten Kriegsfürsten, um sich vor Angriffen zum Beispiel im Umfeld ihrer Stützpunkte in Mazar-e-Sharif und Kunduz zu sichern. Bei der Auswahl von Wachpersonal wurden nach Aussagen von im Gebiet ansässigen Afghanen Günstlinge oder Verwandte von Milizführern bevorzugt.

40 Im Jahr 2002 hatte der damalige Verteidigungsminister Peter Struck (SPD) mit der Aussage «Die Sicherheit der Bundesrepublik Deutschland wird auch am Hindukusch verteidigt» die Debatte um die Ausweitung des Einsatzes der Bundeswehr angeheizt. Heute hat sich die Bundeswehr zu einem Instrument zur Durchsetzung «nationaler Interessen» gewandelt.

41 Tilman Brück/Olaf de Groot/Friedrich Schneider, Eine erste Schätzung der wirtschaftlichen Kosten der deutschen Beteiligung am Krieg in Afghanistan, in: DIW Wochenbericht Nr. 21 (2010), 26. Mai 2010, https://www.diw.de/documents/publikationen/73/diw_01.c.356890. de/10-21-1.pdf, abgerufen am 14.02.2012.

42 Craig Whitlock, At War with the Truth, in: The Washington Post, 09.12.2019, https://www.washingtonpost.com/graphics/2019/investiga tions/afghanistan-papers/afghanistan-war-confidential-documents/, abgerufen am 20.12.2019.

43 In deutschsprachigen Medien ist eine dermaßen umfassende Enthüllung nicht vorstellbar, weil die notwendigen finanziellen Mittel für derartige Berichte nicht mehr bereitgestellt werden. So hat der reichste Mann der Welt, Jeff Bezos, die Washington Post 2013 für 250 Millionen US-Dollar (0,2 Prozent seines heutigen Besitzes) gekauft und den Wandel zur Digitalisierung eingeleitet. Damit waren weiterhin Recherchen möglich, die von anderen Zeitungen aus Kostengründen vermieden werden. Die Feuerprobe wird kommen, wenn die Trump-Gegnerschaft keine hohen Auflagen mehr möglich machen sollte. In den deutschen Medien fehlt bezeichnenderweise eine genaue Darstellung der gesamten Kosten des Einsatzes der deutschen Streitkräfte in Afghanistan ebenso wie die des schleichenden Wandels ihrer Einsätze. Eigene Recherchen werden nur zu oft gestrichen oder auf ein Minimum reduziert, weil sie «zu teuer» sind.

44 Craig Whitlock/Leslie Shapiro/Armand Emamdjomeh, A Secret History of the War, in: The Washington Post, 09.12.2019, https://www. washingtonpost.com/graphics/2019/investigations/afghanistan-papers/ documents-database/, abgerufen am 21.12.2019.

45 Später erzählte mir mein afghanischer Producer, dass der Offizier in einer Provinz ein Passamt geleitet habe. Während dieser Zeit habe ein Pass etwa vierzig Dollar gekostet, unter seinem Nachfolger sei ein Pass zehnmal teurer geworden.

46 In Irak erzählte mir ein Freund, er müsse sein zwei Jahre zuvor gekauftes Haus aufgeben. Der ehemalige Besitzer, der während der Herrschaft Saddam Husseins enteignet und vertrieben worden war, fordere seinen Besitz zurück. Zwei übliche Wege, die Rückgabe zu vermeiden, lehne

er ab. Er werde nicht wie andere für weniger als hundert Dollar einen Berufsmörder anheuern und den Vorbesitzer beseitigen lassen, und er werde auch nicht mehrere tausend Dollar an einen Richter zahlen, um die Rechtmäßigkeit seines Hauskaufes in einem Gerichtsverfahren bestätigen zu lassen.

47 Ein Aufsichtsratsmitglied eines Dax-Unternehmens hat mir berichtet, dass der Vorstandsvorsitzende des Konzerns eine hohe Zahlung aus Saudi-Arabien erhalten habe. Der Rat habe sich mit dem Fall beschäftigen müssen. Dabei sei die Zahlung bereits dem Finanzamt bekannt gewesen. Das Brisante habe darin bestanden, wie der Vorgang der Öffentlichkeit erklärt werden solle, falls er bekannt würde.

48 Hasnain Kazim, Betrüger flogen Millionen in Servierwagen aus, in: Der Spiegel, 28.11.2012, https://www.spiegel.de/wirtschaft/unternehmen/afghanistan-kabul-bank-betrueger-schafften-viele-millionen-ins-ausland-a-869833.html, abgerufen am 20.10.2019.

49 Allein der Tageskonsum von Opium soll in der iranischen Hauptstadt Teheran täglich zwei Tonnen betragen. Oft tragen Afghanen das Opium über die Grenze, wenn sie keinen Pass besitzen oder ihn nicht bezahlen können. Drogenhändler nutzen ihre finanzielle Not, um den iranischen Markt mit Opium beliefern zu können. Seit dem Krieg 2001 wird das Opium aber zunehmend in Afghanistan zu Heroin verarbeitet, da dieses nur noch 10 Prozent des Gewichtes von Opium hat und einfacher transportiert werden kann. Auffällig ist, dass die Heroinhändler es schaffen, die benötigten Chemikalien in Tanklastzügen nach Afghanistan zu bringen und die Drogenlabore zu beliefern. Dies dürfte ohne ein Mitwissen afghanischer Beamter nicht möglich sein.

50 UNODC, World Drug Report 2019, Wien 2019, https://wdr.unodc.org/wdr2019/prelaunch/WDR19_Booklet_2_DRUG_DEMAND.pdf, abgerufen am 28.12.2019.

51 Ein Beispiel ist das kriminelle System von Unterverträgen, bei dem der gesamte Auftrag zu einem geringeren Preis verkauft und darüber ein neuer Vertrag abgeschlossen wird. Eine Kette derartiger Unterverträge führt dazu, dass der Betrag, der für die Verwirklichung zur Verfügung steht, immer niedriger wird. Von einem bestimmten Betrag an wird klar, dass gar keine Absicht besteht, den Vertrag zu erfüllen, da die Erfüllung des Auftrags zu dem dann vereinbarten Betrag nicht mehr möglich ist. So wurde Geld für den Bau von Siedlungen gezahlt, ohne dass ein einziges Gebäude entstand. Es ist ausgesprochen schwer, jemanden für diesen von Anfang an geplanten Betrug zu bestrafen. Denn man kann nicht beweisen, dass die erste Vertragspartei nur ein Scheingeschäft eingegangen ist, um mit dem Verkauf der Unterlagen Geld zu verdienen.

Betrüger versuchen auch, sich an Hilfsprojekten zu bereichern, die mit Spendengeldern bezahlt wurden. Hilfsorganisationen hinterlassen ihre Zeichen oder Namen oft in den Betonteilen von Bauwerken. Auf die Frage, warum derartige Zeichen eingesetzt und ob dadurch nicht die Empfänger erniedrigt würden, erhielt ich die Antwort, es handle sich um einen Versuch, zu verhindern, dass Betrüger für dasselbe Bauwerk noch einmal Hilfsgelder kassierten.

52 Ashraf Ghani/Clare Lockhart, Fixing Failed States. A Framework for Rebuilding a Fractured World, Oxford/New York 2008.

53 Es braucht ein Erwachen, um diesen Mechanismus zu durchschauen. Mir wurde bei der Beschäftigung mit dem Terrorismus klar, warum mit finanziellen Zahlungen aus dem Ausland oft das Gegenteil des Beabsichtigten erreicht wird. Jahrelang haben die USA Milliarden Dollar an Pakistan gezahlt, damit die pakistanischen Streitkräfte den Kampf gegen die Taliban führen. Dabei hat der Geheimdienst der pakistanischen Streitkräfte die Taliban in Afghanistan unterstützt und aufgerüstet. Die afghanischen Taliban nutzen Pakistan weiter als Schutzgebiet. Mir wurde klar, wenn die Ziele erreicht worden wären, hätte Pakistan deutlich geringere Finanzhilfen von den USA erhalten. Also werden pakistanische Offiziere gar kein Interesse entwickeln, die an die Zahlungen geknüpften Vorgaben zu erfüllen.

54 Donald Trump, Remarks by President Trump on the Strategy in Afghanistan and South Asia, Washington, White House, 21. August 2017, https://www.whitehouse.gov/briefings-statements/remarks-president-trump-strategy-afghanistan-south-asia/, abgerufen am 18.10.2017.

55 Combined Forces Air Competent Commander, 2013-2019 Airpower Statistics, 31. Dezember 2019, https://www.afcent.af.mil/Portals/82/Documents/Airpower%20summary/(U)%20APPROVED%20Dec%202019%20APS%20Data.pdf?ver=2020-01-27-023439-697, abgerufen am 30.01.2020.

56 UNAMA, Annual Report 2019. Kabul, United Nations Assistance Mission in Afghanistan, Februar 2020, https://unama.unmissions.org/sites/default/files/afghanistan_protection_of_civilians_annual_report_2019_-_22_february.pdf, abgerufen am 25.02.2020.

57 Dirk Niebel, von 2009 bis 2013 Bundesminister für wirtschaftliche Zusammenarbeit und Entwicklung und seit 2015 Berater des Rüstungsunternehmens Rheinmetall, hat als Mitglied der Bundesregierung dafür gesorgt, dass deutsche Hilfsgelder in Afghanistan nahezu ausschließlich für Projekte in Einsatzgebieten deutscher Soldaten ausgegeben werden. Dabei hatte Deutschland traditionell in den Siedlungsgebieten der Paschtunen, also in den südlich und östlich gelegenen Provinzen, den

heutigen Hochburgen der Taliban, vor allem Afghanistans Bildungs-projekte gefördert und damit einen guten Ruf erlangt.

58 Dabei hatten sich die Sowjetunion und die USA nach dem Abzug der sowjetischen Truppen darauf geeinigt, die Regierung in Kabul zu unter-stützen, um einen erneuten Zusammenbruch des Landes zu verhindern. Der damalige Staatspräsident Mohammed Nadschibullah versuchte vergeblich, innenpolitische Feinde zu versöhnen und die Schäden von Besatzung, Krieg und Bürgerkrieg zu beseitigen. Weder die Sowjetunion und später Russland noch die Staaten des Westens leisteten dem Land in dieser weitgehend aussichtslosen Situation die notwendigen Hilfen.

59 Die folgende Geschichte erzählte mir ein Freund in Erbil, der Haupt-stadt der im Nordirak lebenden Kurden: Der kurdische Geheimdienst habe einen Selbstmordanschlag verhindert und den Täter verhaftet. Als dieser in einer Schimpfkanonade den Beamten vorwarf, verhindert zu haben, dass er mit Mohammed (dem Propheten) zu Abend essen könne, begannen diese, nach einem Mohammed zu fahnden. Diese wahre Geschichte soll zeigen, dass Kurden eher national eingestellt sind und weniger in religiösen Kategorien denken.

60 Schiiten in Irak sind sich dieser Massaker bewusst. Offiziell gab es wäh-rend der Herrschaft Saddam Husseins keine schriftlichen Hinweise auf die Raubzüge der Beduinen aus Saudi-Arabien. Mein irakischer Fahrer, ein Schiit, bestätigte mir die Vorfälle und erzählte, seine Familie habe ein Buch über die Ereignisse in einem Versteck.

61 Die Ölreserven Iraks dürften an die Saudi-Arabiens heranreichen. Wenn die Ölsandvorräte Venezuelas und Kanadas nicht mitgerechnet werden, verfügt Irak über die zweitgrößten relativ leicht förderbaren Ölreser-ven der Welt. Diese Informationen erhielt ich 2010 von der Presseab-teilung der staatlichen Gesellschaft Basra Oil Company (BOC), die für die Förderung des Öls im Südirak zuständig ist. Damals, im Mai 2010, wurde mein Team in einem Gerichtsverfahren freigesprochen. Sicher-heitsmitarbeiter der Ölgesellschaft hatten es festgenommen und den Producer, den Kameramann und den Fahrer geschlagen, als diese früh-morgens die Lichtverhältnisse in der Nähe von Erdölfeldern bei Basra erkunden wollten.

62 Janet Wallach, Königin der Wüste. Das außergewöhnliche Leben der Gertrude Bell, München 1999.

63 Joseph Kostiner/Philip S. Khouriy (Hrsg.), Tribes and state formation in the Middle East, Berkeley, CA 1990.

64 Mit Ausnahme eines zerstörten US-Panzers auf einer Zugangsstraße südlich von Bagdad habe ich auch in den Wochen nach der Eroberung der Hauptstadt keine Spuren von Kämpfen gesehen. Ein irakischer

Offizier, der das Gegenteil belegen wollte, erschien mehrfach nicht zu vereinbarten Interviews.

65 Als die US-Marines am 9. April den Firdos-Platz in Bagdad erreichten und ihre Kommandeure im Hotel «Palestine» Quartier bezogen, lehnte ich eine warme Mahlzeit ab, die mir ein einfacher Soldat anbot. Meine Begründung: Ein US-Panzer habe am Vortag das Hotel beschossen und dabei zwei meiner Kollegen getötet. Der Marine ließ meine Begründung nicht gelten. Schließlich habe er am Vortag seinen besten Freund verloren. Der sei im Süden Bagdads im Kampf um eine Brücke getötet worden. Der Soldat erklärte mir stolz: «Wir gehören dem Präsidenten, und der hat befohlen, wenn sie einen von uns töten, sollen wir hundert von ihnen töten.»

66 Die Menschen in Irak hatten tatsächlich «fürchterliche Ehrfurcht» vor dem US-Angriff. Anders als im Kuwaitkrieg 1991 glaubte die irakische Bevölkerung nach den ersten Kriegstagen, dass die USA diesmal tatsächlich Saddam Hussein stürzen wollten. Die Propaganda trug dazu bei, dass die vorrückenden US-Truppen kaum auf Widerstand trafen. Im Rahmen der psychologischen Kriegsführung nutzten sie systematisch die Medien. So hatten die US-Streitkräfte in Kuwait eine Koordinationsstelle für NGOs eingerichtet, die an den Grenzen Iraks Aufnahmelager für Flüchtlinge errichten sollten. Entsprechende Informationen wurden von den Medien verbreitet und änderten in Irak die Haltung vieler Skeptiker. Die hatten die Entschlossenheit der USA bezweifelt, Saddam Hussein stürzen zu wollen. In Irak war die Auffassung verbreitet, Kriegsdrohungen sollten nur von der langjährigen Zusammenarbeit zwischen den USA und dem irakischen Diktator ablenken. Auch Hussein selbst glaubte, wie vor dem Krieg 1991, nicht an einen Angriff der USA.

67 Wenige Tage später habe ich in dem Garten am Ufer des Tigris mit meinem Team das Erdloch gefilmt, in dem sich Saddam Hussein versteckt haben soll. Ein US-Soldat stand dort und stammelte immer wieder, er habe vor wenigen Tagen diesen Garten durchsucht und nichts Auffälliges bemerkt. Damals war mir nicht bewusst, dass er möglicherweise jammerte, weil er glaubte, ihm sei das Kopfgeld von 25 Millionen Dollar entgangen. Saddam Hussein soll in einer kleinen Hütte in der Ecke des Gartens gelebt und diese als eines seiner Verstecke genutzt haben. Auf einer Wäscheleine hingen Tage nach seiner Gefangennahme noch Socken und ein T-Shirt. Um den Garten zu erreichen, soll Hussein mit einem Ruderboot den Tigris überquert haben.

68 In einem Interview erklärte mir ein sunnitischer Untergrundkämpfer, dass seine Gruppe von ehemaligen Armeeangehörigen bewaffnet werde. Diese Saddam-Anhänger würden zwar noch nicht beten, doch dies

werde man ihnen schon beibringen. Diese Worte eines Bäckergehilfen in Bagdad sollten sich als prophetisch erweisen.

69 Diese Truppe war vom US-Verteidigungsministerium in Ungarn ausgebildet worden. Die Exiliraker fühlten sich als Keimzelle des neuen Sicherheitsapparats. Die Freie Irakische Armee wurde wenige Monate später von den neuen Machthabern in Irak aufgelöst.

70 Djalabi war in Jordanien von einem Gericht zu zweiundzwanzig Jahren Haft verurteilt worden. Er soll 1989 durch Betrug den finanziellen Ruin der Petra Bank, der drittgrößten Bank des Landes, verursacht haben. Auch in Europa wurde ein Haftbefehl gegen den Iraker erlassen. 2004 fiel der Günstling neokonservativer US-Politiker bei der Regierung von Bush in Ungnade. Später hieß es sogar, er spioniere für den iranischen Geheimdienst.

71 Ulrich Tilgner, Der inszenierte Krieg, Berlin 2003. Am Vorabend des Treffens vom 15. April habe ich den Politikprofessor Wamid Omar Nadmi in seinem Haus am Tigris besucht. Ich wollte ihn überreden, mit mir zu dem Treffen im historischen Ur zu fahren. Der Professor machte eine Reihe von Telefonanrufen und erklärte mir dann, dass er nicht mitfahren werde, da er niemanden kenne, der an dem Treffen teilnehme. Ich bin ebenfalls in Bagdad geblieben und habe mein Team geschickt. Die Bilder waren ernüchternd, und die Producerin Cornelia Laqua meinte nur, man könne das Treffen, die Zusammenkunft eines «verlorenen Haufens», getrost vergessen. Das Auftreten der Mitglieder der Freien Irakischen Armee (FIF) sei bemitleidenswert gewesen.

72 In der Woche nach der Besetzung Bagdads wurde ich von Kolleginnen aufgefordert, dabei zu helfen, Kliniken gegen Plünderer zu verteidigen. Ärztinnen und Ärzte sowie Pfleger und Krankenschwestern hätten sich bewaffnet und würden Plünderer daran hindern, teure Geräte zu rauben. Nur wenn Fremde die Kliniken verteidigten, könnten sie wieder arbeiten. Von US-Soldaten erfuhr ich Tage später, dass sie den Befehl erhalten hatten, an den Orten Stellung zu beziehen, an denen sie ihren Vormarsch beendet hatten.

73 Songül Cabuk, die turkmenische Vertreterin im irakischen Regierungsrat, hat mir 2009 erzählt, Bremer habe bei dem letzten gemeinsamen Treffen mit dem Gremium Irak – nach seiner Entlassung in die erneute Selbständigkeit – alles Gute gewünscht und gemeint, dass er inzwischen die Auffassung vertrete, das Land benötige einen «positiven Diktator». Auf meine Entgegnung, dies müsse doch als Eingeständnis des Scheiterns seiner Aufbaubemühungen gewertet werden, lachte sie nur. Nach dieser Bemerkung wurde mir erneut bewusst, wie wichtig es ist, die Motive von politisch Verantwortlichen ernst zu nehmen. Ihre Vorsätze

mögen noch so verheerende Auswirkung haben, eine Beurteilung kann erst umfassend sein, wenn diese Motive verstanden werden.

74 In einem Flüchtlingslager berichtete mir ein Familienvater, dass er aus einem Dorf geflüchtet sei, nachdem es Morde zwischen Familien gegeben habe, die Jahrzehnte friedlich zusammengelebt hätten.

75 Bei den ersten Attentaten glaubte ich meinem irakischen Producer nicht, als er sagte, Iraker würden keine Selbstmordanschläge begehen. Ich war davon erst überzeugt, als Kollegen von ABC auf Untersuchungen von US-Instituten hinwiesen, aus denen hervorging, dass die meisten Attentate von saudischen Staatsbürgern begangen würden. Diese müssten für ihre Ausbildung zweitausend Dollar an Al-Kaida zahlen.

76 Schon Anfang 2004 habe ich erlebt, dass sich Frauen in Bagdads Vorort Adhamiya beklagten, ihre Männer seien von US-Soldaten verschleppt worden, obwohl sie mit den Anschlägen in ihrer Straße nichts zu tun gehabt hätten. Aufgefallen ist mir, dass junge Männer verschiedener Familien in derselben Straße gefangen genommen worden waren. Erst in der Rückschau ist mir klar geworden, dass US-Soldaten mit Massenverhaftungen weitere Anschläge verhindern wollten. Bewohner sollten melden, wenn Attentäter Bomben legten. Auch die deutsche Wehrmacht hat während des Zweiten Weltkrieges immer wieder Geiseln genommen, um Partisanen an weiteren Anschlägen zu hindern.

77 Nach einem Gespräch mit dem jungen Scheich hat mir Hussein Abed Nusqef, der Kommandeur der Stammesmiliz, der in einer Spezialeinheit Husseins trainiert worden war, das Dorf und die Gräber gezeigt. In Al Jazeera gab es auffällig viele neue Häuser. Daraus habe ich geschlossen, dass die USA für den Krieg der Stämme gegen Al-Kaida gezahlt haben.

78 Christoph Reuter, Die Schwarze Macht – Der «Islamische Staat» und die Strategen des Terrors, München 2015.

79 Niemals werde ich die Worte meines iranischen Kameramannes Mahmoud Ghalbi vergessen. Er hatte im Jahr 2005 ein Interview mit Abdul Aziz al-Hakim vorbereitet. Dieser war Vorsitzender der Partei und zwei Jahre zuvor nach seiner Rückkehr aus dem iranischen Exil von US-Zivilverwalter Paul Bremer zum Mitglied des Irakischen Regierungsrats ernannt worden. Ghalbi sagte nach seiner Rückkehr aus dem Hauptquartier der Partei, das am Ufer des Tigris lag: «Das sind die gleichen Leute wie in Ghom.» Er meinte auch die Iraner unter den Mitarbeitern al-Hakims.

80 Im sogenannten Truppenstatut von 2008 hatten die Regierungen in Bagdad und Washington einen Abzug der Kampftruppen bis zum Jahr 2011 ausgehandelt.

81 Die Fälschung von Ölexporten beider Länder hat Tradition. Während

der Ölsanktionen durch die Vereinten Nationen exportierte Irak Öl über Iran. Heute dürfte es umgekehrt sein. Manchmal erfolgen diese Exporte ohne das Wissen der jeweiligen Machthaber. Händler können die Ähnlichkeit der Öle nutzen, die manchmal aus Vorkommen stammen, die sich unter der Staatsgrenze befinden. Sie werden von beiden Ländern gefördert und sind nicht zu unterscheiden.

82 Barack Obama, Interview, in: Vice News, 16. März 2015, https://www. youtube.com/watch?v=2a01Rg2g2Z8, abgerufen am 05.01.2020.

83 Deutschland enthielt sich am 17. März 2011 bei der Abstimmung zur Resolution 1973 im Weltsicherheitsrat. Die US-Streitkräfte unterstützten wenige Stunden nach Annahme der Resolution die Aufstandsbewegung. Zwölf Tage kommandierten sie die Kampfeinsätze, an denen sich auch die Streitkräfte Frankreichs und Großbritanniens beteiligten. Ab dem 31. März übernahm die Nato das Kommando.

84 In einem Interview mit dem Nachrichtensender Fox News bezeichnete Obama am 10. April 2016 das militärische Eingreifen der USA in Libyen als den größten Fehler seiner Amtszeit. Auf die Frage, worin der Fehler bestanden habe, sagte er: «Probably failing to plan for the day after, what I think was the right thing to do, in intervening in Libya» (Barack Obama, Interview mit Chris Wallace, Fox News, CGTN America, 11. April 2016, https://www.youtube.com/watch?v=M5qFu3_Jvbk, abgerufen am 28.02.2016).

85 Den Hinweis auf die Verteilung der Ölgelder an alle Fraktionen des Bürgerkrieges verdanke ich Mirco Keilberth, der sehr eindrucksvoll beschreiben kann, wie Milizangehörige in Tripolis genau wie Beamte in Bengasi zu ihren monatlichen Zahlungen kommen.

86 Die Verbände von General Haftar stoppten am Vorabend der Berliner Libyen-Konferenz vom 19. Januar 2020 die Ölexporte Libyens. Doch der auf der Konferenz abgesprochene Waffenstillstand und die Übereinkunft, den Bürgerkriegsparteien die Waffenlieferungen abzuschneiden, dürfte nicht eingehalten werden, da die Kämpfe im Failed State Libyen Teil internationaler Auseinandersetzungen geworden sind.

87 Senat der Italienischen Republik, Gesetzesentwurf, Ratifizierung und Ausfertigung des Vertrages zwischen der Italienischen Republik und der Sozialistischen Libysch-Arabischen Volks-Dschamahirija über Freundschaft, Partnerschaft und Zusammenarbeit, geschehen zu Bengasi am 30. August 2008, Parlamentarische Mitschriften, XVI. Legislaturperiode, Nr. 1333, http://www.proasyl.de/fileadmin/proasyl/fm_redakteure/Newsletter_Anhaenge/155/Vertrag_Italien_Libyen.pdf, abgerufen am 20.12.2019.

88 Karin A. Wenger, Wie Italien mit einem Vertrag aus Berlusconis und

Ghadhafis Zeiten Migranten fernhalten will, in: Neue Zürcher Zeitung, 10. Juli 2018, https://www.nzz.ch/international/italien-und-libyen-wol len-freundschaftspakt-reaktivieren-ld.1401973, abgerufen am 15.07. 2018.

89 Stefan Ehlert, «Gott allein weiß, was wir durchgemacht haben», in: Deutschlandfunk, 27. November 2017, https://www.deutschlandfunk.de/ sklavenhandel-in-libyen-gott-allein-weiss-was-wir.1773.de.html? dram:article_id=401628, abgerufen am 22.11.2019.

90 In einem Geheimabkommen einigten sich am 16. Mai 1916 die britischen und französischen Diplomaten Sir Mark Sykes und François Georges-Picot auf eine Teilung der arabischen Provinzen des Osmanischen Reiches in Einflusssphären der beiden Kolonialmächte. Die Schaffung arabischer Reiche wurde damit verhindert, entgegen britischen Zusagen an Stammesführer, die gegen die osmanischen Truppen gekämpft hatten.

91 In dem jordanischen Christendorf Smakiya habe ich beim sonntäglichen Gottesdienst nur Frauen erlebt. Auf die Frage nach den Männern entgegnete der Priester enttäuscht, die meisten seien Kommunisten und auf einer Parteiversammlung. Da Christen nicht Mitglieder in islamischen Parteien werden können, werden sie oft Nationalisten oder Kommunisten, da die Religionszugehörigkeit bei diesen Parteien keine Voraussetzung bildet.

92 Die Bedeutung der Grenzen ist mir 1983 bewusst geworden, als ich durch die kurdischen Grenzregionen zwischen Irak und Iran gewandert bin. Wegen der großen Hitze kaufte ich mir in jedem Dorf etwas zu trinken. Obwohl die Dörfer eine identische Kultur- und Lebensweise hatten, musste ich in dem ersten Laden auf der iranischen Seite mit iranischen Rial bezahlen. Die Begleiter erzählten dann, die irakische Grenze verlaufe durch das eben durchquerte Tal. Auf der anderen Seite würden die Bewohner der Regierung in Bagdad Widerstand leisten. Wir befänden uns jetzt auf der iranischen Seite, und hier würden die Menschen gegen die Regierung in Teheran kämpfen. Die Grenze sei die Trennungslinie zwischen iranischen und irakischen Kurden.

93 So hatte Ghazi al-Yawar, der irakische Staatspräsident während der Übergangszeit nach dem Sturz Saddam Husseins, einen saudischen Pass, obwohl er ein Führer des ebenfalls im Nordirak siedelnden Schammar-Stammes war und in der dortigen Provinzhauptstadt Mossul geboren wurde. Die Schammar kommen ursprünglich aus der saudischen Wüste und leben heute in mehreren Staaten. Al-Yawar hatte in Saudi-Arabien studiert und dort seinen Pass erhalten. Auch persönlich habe ich erfahren, dass sich Stämme nicht an Staatsgrenzen halten. Ich musste einen Führer des Schammar-Stammes in Abu Dhabi treffen, um

eine Drehgenehmigung für die nordirakischen Grenzgebiete zu Syrien zu erhalten. Er lebte in dem Emirat und empfing mich mit den Worten «Wir sind ein Staat». Das Stammesdenken wurde durch die Kriege der USA wiederbelebt. Doch langfristig werden meiner Meinung nach die in der Kolonialzeit gezogenen Grenzen bestehen bleiben, weil sie von der städtischen Bevölkerung der arabischen Staaten anerkannt werden und der Anteil der in abgelegenen Grenzregionen Lebenden an der Gesamtbevölkerung dieser Staaten stetig abnimmt.

94 Im Sommer 2012 erhielt ich einen Anruf von einem ehemaligen Producer des US-Fernsehsenders ABC. Ich hatte den ehemaligen Offizier des Geheimdienstes der jordanischen Streitkräfte in Bagdad kennengelernt. Der mittlerweile erfolgreiche Medienunternehmer war in den USA und forderte mich auf, nach Antakya zu fliegen, da ein Giftgasangriff der syrischen Sicherheitskräfte bevorstünde. Die US-Streitkräfte würden dann in den Bürgerkrieg eingreifen. Der Sturz al-Assads stünde bevor, es gäbe viel zu berichten, und ich solle sofort starten. Auch so kann eine Schwerpunktberichterstattung vorbereitet werden. Wie von Geisterhand geführt, sind plötzlich die Berichterstatter vor Ort. Was wie ein Zufall aussieht, ist gut orchestriert.

95 In der «New York Times» erschien im März 2013 ein Artikel, in dem die Unterstützung der Aufständischen durch die USA detailliert beschrieben wird. Insbesondere nach seiner Wiederwahl habe Obama die verdeckte Unterstützung durch die USA verstärkt, um den iranischen und den russischen Hilfen für die Regierung in Damaskus entgegenzuwirken. Praktisch wurde der syrische Bürgerkrieg dadurch internationalisiert, verlängert und die Islamisierung der Opposition verstärkt (C.J. Chivers/Eric Schmitt, Arms Airlift to Syrian Rebels expands, With Aid from C.I.A., in: New York Times, 24. März 2013, https://www.nytimes.com/2013/03/25/world/middleeast/arms-airlift-to-syrian-rebels-expands-with-cia-aid.html?hp&_r=2&, abgerufen am 02.03.2019).

96 Die Giftgaseinsätze haben Debatten über die Täter ausgelöst. Meiner Meinung nach haben die syrischen Streitkräfte Giftgas eingesetzt. Meines Wissens haben auch Assad-Gegner Giftgas aus der Türkei nach Syrien gebracht und dort wahrscheinlich verwendet. Nur die Häufigkeit des Einsatzes und die unterschiedlichen Orte sowie die Rücksichtslosigkeit der Luftangriffe seitens syrischer Regierungsstreitkräfte sprechen dafür, dass al-Assads Truppen Giftgas genutzt haben. Dabei ist völlig unerheblich, ob Präsident al-Assad persönlich einen Einsatz befohlen hat.

97 Dabei vertritt die PKK seit 2009 ein rätedemokratisches Modell. Sie wurde im Jahr 1978 gegründet und wollte durch bewaffneten Kampf einen eigenen Staat schaffen. Dieser Kampf forderte etwa 40 000 Tote.

Abtrünnige oder Kritiker in den eigenen Reihen wurden in der von Abdullah Öcalan im stalinistischen Stil geführten Partei ermordet. Doch seit dem Jahr 2000 besteht das Ziel der Kurdenorganisation nicht mehr in der Schaffung eines eigenen Staates. Seither scheiterten verschiedene ihrer Bemühungen, den Krieg mit der türkischen Regierung zu beenden. Seit 2015 werden Anhänger von Kurdenorganisationen in der Türkei wieder systematisch unterdrückt. Prokurdische gewählte Gemeindeverwaltungen werden aufgelöst und gegen von der Regierung in Ankara eingesetzte Verwaltungen ausgetauscht. Dabei hatte die Demokratische Partei der Völker (HDP) noch im März 2019 in 59 Gemeinden Kommunalwahlen gewonnen, darunter in den großen von Kurden bewohnten Städten im Osten des Landes. Die HDP errang bei den Parlamentswahlen im Juni 2015 13,1 Prozent der Wählerstimmen und wurde mit 80 Sitzen drittstärkste Partei. Bei den vorgezogenen Parlamentswahlen im Juni 2018 erhielt die HDP 11,7 Prozent der Stimmen und errang 67 Sitze. Seither wurden mehrere Abgeordnete verhaftet. Der stellvertretende Vorsitzende Selahattin Demirtas sitzt bereits seit November 2016 in Untersuchungshaft.

98 Für die ab 2014 errichtete rund 800 Kilometer lange Grenzanlage hat die Türkei Finanzhilfen der Europäischen Union in Anspruch genommen. Offiziell soll sie als Barriere gegen die Einsickerung kurdischer Kämpfer genutzt werden. Praktisch dient die mit Stacheldraht und 25 Meter hohen Wachtürmen versehene Anlage dazu, syrische Flüchtlinge abzuhalten. Dies erklärt auch, warum Staaten in Europa akzeptiert haben, dass ihre Finanzhilfen für den Bau der Mauer genutzt wurden.

99 Ich habe Nordsyrien mehrfach besucht. 2014 bin ich keinen US-Soldaten begegnet. Im Februar 2018 habe ich auf dem Weg von Raqqa nach Hasaka wiederholt amerikanische Konvois überholt.

100 Trump ordnete zuerst den Rückzug aller US-Militärberater aus Syrien an, nachdem die Türkei einen militärischen Angriff auf den Norden des Landes angekündigt hatte. Trump scheint seine Anordnung widerrufen zu haben, da seine Entscheidung weltweit stark kritisiert wurde. Einige Verbände operieren seither nahe der irakischen Grenze. Auf einer Pressekonferenz in Neu-Delhi erklärte Trump am 25. Februar 2020, es sei Aufgabe der US-Soldaten, die Ölvorkommen zu bewachen, damit mögliche Einnahmen nicht in falsche Hände gerieten.

101 Neben Kämpfern aus Russland und Iran gibt es auch arabische Freiwillige, die für die syrische Regierung in den Krieg ziehen. Sie sind in der Nationalistischen Arabischen Garde (NAG) organisiert. Es sind vor allem junge Männer, die an die arabische Einheit glauben und in den Regierungsgegnern Agenten ausländischer Mächte sehen.

102 Die Zahl der sogenannten Binnenflüchtlinge dürfte mindestens zwei Millionen Menschen betragen. Andere sind zurückgekehrt. Doch viele müssen ihren Irrweg fortsetzen, weil die Häuser, in denen sie gelebt haben, zerstört worden sind (Shabia Mantoo, Interview mit Manuela Reimann Graf, in: Amnesty. Magazin der Menschenrechte, März 2019, https://www.amnesty.ch/de/ueber-amnesty/publikationen/magazin-amnesty/2019-1/jemen-fluechtlinge-vertriebene-interview-shabia-mantoo-unhcr, abgerufen am 17.06.2020).

103 Fünfzehn Monate nach Beginn der Demonstrationen erntete ich Unmut, als ich in der Eröffnungsrede der Ausstellung des WORLD PRESS PHOTO 12 im Mai 2012 den USA unterstellte, in Jemen einen verdeckten Krieg zu führen, und Saudi-Arabien bezichtigte, gegen Oppositionelle in den Staaten auf der Arabischen Halbinsel vorzugehen. Meine Einschätzung damals lautete, eigentlich solle man von einem «arabischen Herbst» sprechen. In meinem Manuskript stand weiter: «Die arabischen Golfstaaten als Bastion autoritärer Herrscher erkaufen sich zunehmenden Einfluss und militarisieren die Auseinandersetzungen. Und was machen die Staaten des Westens, deren Politiker und ein zu großer Teil der Medien? Sie schauen zu.»

104 Mir haben Bauern erzählt, dass die Überweisungen von Verwandten, die in Saudi-Arabien arbeiteten, nicht mehr ausreichten, um die Bohrlöcher zur Nutzung des Grundwassers für die Bewässerung zu vertiefen. Jahr für Jahr müsse das Wasser aus einer größeren Tiefe gepumpt werden. Rückkehrer aus Saudi-Arabien sind oft gezwungen, ihre gesamten Ersparnisse aufzuwenden, um Wasserbohrungen zu bezahlen. Der Grundwasserspiegel fällt landesweit. Heute ist sogar die Versorgung der Bevölkerung mit Trinkwasser nicht mehr gesichert. Hitze und Trockenheit im Sommer sind ein noch größeres Problem als die Überschwemmungen nach den starken Regenfällen zu Anfang des Jahres.

105 Die Blätter der Sträucher werden gekaut und deren Reste in den Wangen gesammelt. Der freigesetzte amphetaminhaltige Saft wirkt auf den Körper wie eine Droge, ähnlich wie Kokain. Ab Mittag beginnen die Jemeniten Kath zu kauen. Sie sitzen in Gruppen zusammen und unterhalten sich angeregt. Arbeit wird zur Nebensache.

106 Auch wenn es zu keinem offenen Bruch zwischen Saudi-Arabien und den VAE gekommen ist, so werden die Unterschiede in den Positionen beider Länder immer deutlicher: Die VAE haben die Abspaltung Südjemens mit der Hauptstadt Aden hingenommen, während Saudi-Arabien weiterhin für ein vereinigtes Jemen kämpft. Auch im Verhältnis zu Iran verstärken sich die Differenzen zwischen den beiden ölreichen

Golfstaaten. Während die Außenpolitik Saudi-Arabiens von einer Feindschaft gegenüber Iran geprägt ist, wird in den VAE eine relative Mäßigung gegenüber Iran spürbar.

107 Mark Lowcock, Briefing to the Security Council on the humanitarian situation in Yemen, New York, 17. Oktober 2019, United Nations Office for the Coordination of Humanitarian Affairs, https://reliefweb.int /sites/reliefweb.int/files/resources/20191017_USG_Statement%20 to%20Security%20Council%20on%20Yemen_AsDelivered.pdf, abger. am 12.03.2020.

108 Jonathan D. Moyer u.a., Assessing the Impact of War on Development in Yemen, UNDP 2019, https://www.arabstates.undp.org/content/rbas/ en/home/library/crisis-response0/assessing-the-impact-of-war-on-development-in-yemen-.html, abgerufen am 20.09.2019. Die Genauigkeit der Schätzung kann ich nicht beurteilen, doch es ist möglich, dass im Jemen 233000 Menschen bis Ende 2019 im direkten Zusammenhang mit dem Aufstand, dem folgenden Bürgerkrieg und dem seit 2015 von Saudi-Arabien geführten Krieg umgekommen sind. In den Medien werden in der Regel nur Zahlen von Toten in Einzelbeispielen angegeben. Als Gesamtzahl der Toten werden meist weniger als 100000 genannt. 1993 hat der Leiter eines Harvard Study Teams bei mir in Amman gewohnt; er war immer wieder schockiert, weil die Gesamtzahl der Opfer des Kuwaitkrieges, die sein Team ermittelte, um ein Mehrfaches über den damals offiziell ausgegebenen Zahlen lag. Heute weiß man, dass nicht alle Fälle registriert werden. Menschen, deren Tod auf die direkten oder indirekten Auswirkungen von bewaffneten Konflikten zurückzuführen ist, werden oft nicht als Kriegsopfer gewertet.

109 Obama, Remarks by the President at the United States Military Academy Commencement Ceremony, West Point, New York, 28. Mai 2014.

110 SIPRI, USA and France dramatically increase major arms exports; Saudi Arabia is largest arms importer, says SIPRI, Stockholm, SIPRI, 9. März 2020, https://www.sipri.org/media/press-release/2020/usa-and-france-dramatically-increase-major-arms-exports-saudi-arabia-largest-arms-importer-says, abgerufen am 15.03.2020.

111 Beispielhaft ist eine Demonstration in Kairo im Januar 2011: Intellektuelle hatten sich über soziale Medien in einem armen Arbeiterviertel zum Schein verabredet. Sie wollten die Geheimdienste irreführen. Obwohl sie sich woanders trafen, begannen die Bewohner des genannten Stadtteils eine große Demonstration, mit der sie gegen den Aufmarsch der Sicherheitskräfte protestierten, die vom irregeleiteten Geheimdienst mobilisiert worden waren.

112 Unter den Exilirakern in Iran gab es zwei Meinungen über die Politik

der USA gegenüber Saddam Hussein. Die junge Generation war für Härte und hoffte, dass die USA die Diktatur durch einen Krieg beenden werde. Die ältere Generation hoffte auf den Sturz des Diktators durch einen Aufstand der irakischen Bevölkerung. Aus der Rückschau würde ich sagen, es geht um mehr als eine Generationsfrage, die Jungen setzten auf eine Amerikanisierung der Verhältnisse, die Älteren hofften auf eine Islamisierung der Gesellschaft. Einig waren sich Jung und Alt in ihrer Ablehnung des Baathismus.

113 Die irakische Führung war darauf spezialisiert, Oppositionelle in Nachbarstaaten zu fördern, um die eigene Position zu stärken. So wurde Journalisten in Jordanien Geld gezahlt und wurden Politiker gefördert, um die proirakische Stimmung im Nachbarland zu verstärken. Ich war völlig überrascht, als ich in den 1990ern erfuhr, dass der einflussreiche jordanische Journalist Tarek Mazarweh monatlich Zahlungen aus Irak erhalten hatte. Ich konnte mir nicht erklären, warum der Oppositionspolitiker Leith Schbeilat immer direkter für Hussein Partei ergriff. Dann erlebte ich, wie er bei seinen Irak-Besuchen mit Vergünstigungen umworben wurde. Syrien nahm in Jordanien Einfluss durch Baathisten, und Israel pflegte besondere direkte Beziehungen zur haschemitischen Herrscherfamilie.

114 Barack Obama, Remarks by the President at Cairo on a New Beginning, The White House, 4. April 2009, https://obamawhitehouse.archives. gov/the-press-office/remarks-president-cairo-university-6-04-09, abgerufen am 20.01.2020.

115 So trat die französische Außenministerin Michèle Alliot-Marie am 27. Februar 2011 zurück, weil sie noch zur Jahreswende, also bereits nach dem Beginn der Unruhen in Tunesien, auf tunesische Kosten Urlaub in dem Land gemacht hatte.

116 Barack Obama, Remarks by the President on the Middle East and North Africa, The White House, 19. Mai 2011, https://obamawhitehouse. archives.gov/the-press-office/2011/05/19/remarks-president-middle-east-and-north-africa, abgerufen am 28.11.2019.

117 In einem Referat zum Arabischen Frühling an der Universität Zürich hatte ich am 29. März 2011 vor dessen Niederschlagung durch die reichen Ölstaaten der arabischen Welt gewarnt und gehofft, dass es in Ägypten nicht zu einer Restauration alter Macht kommen werde. Wichtig war mir, daran zu erinnern, dass auch die bürgerliche Revolution von 1848 in Europa unterschiedliche Anläufe bis zu ihrem Erfolg benötigt hatte. In Deutschland hatte die dauerhafte Etablierung zivilgesellschaftlicher Verhältnisse hundert Jahre gedauert. Dabei revoltierten die Menschen anfangs innerhalb weniger Tage in den unterschiedlichs-

ten europäischen Staaten. Wie 2011 das Internet, so war es 1848 die Einführung der Telegraphie, die die Ausbreitung beschleunigte (Ulrich Tilgner, Plädoyer für Neutralität, in: Martin Meyer [Hrsg.], Zukunft Europas, Zürich 2012, S. 33–53).

118 Auch Sudans Präsident Omar al-Bashir wurde nach großen Demonstrationen am 10. April 2019 vom Militär gestürzt. Damit war eine Forderung der Opposition erfüllt. Doch erst nach weiteren Demonstrationen einigten sich vier Monate später, am 17. August 2019, der herrschende Militärrat und die Opposition unter dem Jubel der Bevölkerung auf die Bildung einer Übergangsregierung. In Bashirs Haus lagerten Banknoten im Wert von mindestens sechs Millionen Euro. Mittlerweile ist der Ex-Diktator zu zwei Jahren Gefängnis verurteilt worden. Weitere Prozesse stehen an. Im Sudan wird debattiert, ihn an den Internationalen Gerichtshof (IGH) der Vereinten Nationen in Den Haag auszuliefern, damit er dort wegen Menschenrechtsverletzungen angeklagt werden kann. Der Sturz des sudanesischen Despoten ist genau wie der erzwungene Rücktritt Bouteflikas in Algerien das Ergebnis neuer Anläufe von Straßenprotesten für die Demokratisierung arabischer Staaten. Doch wie beim Sturz Mubaraks im Jahr 2011 in Ägypten übernimmt die Armee in Algerien und Sudan 2019 eine zentrale Rolle bei der Neuordnung der politischen Verhältnisse. Ihr Rückzug aus der Politik ist in beiden Ländern Voraussetzung für die Schaffung demokratischer Verhältnisse.

119 Der Arabische Frühling 2011 entwickelte einen Teil seiner Dynamik auch deshalb, weil in der Folge der Finanz- und Wirtschaftskrise von 2008 die Sogwirkung der europäischen Staaten auf Auswanderungswillige zurückgegangen war. Dies wurde durch die Rückkehr von Exilanten vor allem aus Frankreich nach Marokko, Algerien und Tunesien verstärkt.

120 Der Kameramann Malek Kanaan erklärte mir in Beiruts Ruinenlandschaft an der sogenannten grünen Linie, an der sich jahrelang Milizen im Bürgerkrieg gegenüberstanden, warum es so viele zivile Opfer gegeben habe. Die Kämpfer hätten bei Gefechten oft nicht aufeinander, sondern auf die Zivilisten der anderen Seite geschossen. Im Einzelfall sei man deshalb in den Milizen, deren Mitglieder aus dem Ausland bezahlt worden seien, sicherer gewesen als unter der Zivilbevölkerung. Diese Praxis ähnelt einer Erfahrung, die mein Großvater während des Zweiten Weltkrieges gemacht hat. Er berichtete mir, er habe als Soldat der deutschen Wehrmacht in einem polnischen Dorf immer zehn Männer auswählen müssen. Die seien erschossen worden, wenn Widerstandskämpfer nachts deutsche Soldaten angegriffen hätten. Ob er an

den verbrecherischen Erschießungen teilgenommen hat, erzählte er mir natürlich nicht. Diese Beispiele verdeutlichen, warum es seit dem Ersten Weltkrieg zu einer beständigen Zunahme von zivilen Opfern in Kriegen, Bürgerkriegen und asymmetrischen Kampfhandlungen oder Terrorakten kommt. Die Zahl toter Zivilisten hat ebenfalls enorm zugenommen, weil immer mehr Wohngebiete aus der Luft angegriffen werden.

121 In Iran gab es Auseinandersetzungen zwischen zwei Flügeln der Staatsführung. Die Radikalen unterstützten die Hisbollah, die Konservativen wollten die traditionelle Amal-Bewegung mit ihrem Leiter, dem Parlamentspräsidenten Nabi Berri (Parlamentspräsident seit 1992) stärken. Dieser prosyrische Politiker ist seit 1981 Vorsitzender der Amal-Bewegung. Die Unterstützung der Schiiten im Libanon ist bis heute ein fester Bestandteil der iranischen Außenpolitik. Mit dem Wandel der iranischen Politik hat sich auch die Rolle geändert, die die Schiiten im Libanon übernehmen sollen. Ging es der islamischen Führung in Teheran in den Jahren nach der Revolution vor allem darum, sie nach eigenem Vorbild zu organisieren und in der Auseinandersetzung mit Israel zu stärken, so dienen sie heute als Werkzeuge im Machtkampf mit den USA.

122 Damit praktiziert Iran in der Außenpolitik nur das, was der Verschiebung der Machtpolitik im Inneren entspricht. Während bei den Demonstrationen der Grünen Bewegung im Jahr 2009 gegen die Wiederwahl von Mahmoud Ahmadinejad und den anschließenden Protesten die Zahl der Toten unter den Demonstranten in etwa jener der Toten unter ihren Gegnern entsprach, war dies bei den Protesten gegen die Benzinpreiserhöhungen in ganz Iran Mitte November 2019 vollständig anders. Amnesty International erklärte am 2. Dezember 2019, die Zahl der von Sicherheitskräften bei den Protesten Getöteten betrage mindestens 208. Die Organisation verfüge über Aufnahmen, die den Einsatz von Schusswaffen gegen die Demonstranten bewiesen (Amnesty International, Iran. Death toll from bloody crackdown on protests rises to 208, Amnesty International, 2. Dezember 2019, https://www.amnesty.org/en/latest/news/2019/12/iran-death-toll-from-bloody-crackdown-on-protests-rises-to-208, abgerufen am 18.12.2019). Die iranischen Behörden haben auch Monate nach den Massakern keine glaubwürdigen Angaben über die Zahl der Getöteten veröffentlicht. Die Brutalität, mit der die Sicherheitskräfte eingesetzt wurden, entspricht dem Machtzuwachs des konservativen Flügels der Staatsführung. Dieser verfügt über die nahezu vollständige Kontrolle des Staatsapparats und setzt seine Politik auch außenpolitisch durch. Vor

dem Hintergrund der zunehmenden Spannungen mit den USA erfolgt dies ohne Rücksichtnahme auf die Einhaltung von Menschenrechten.

123 Irak verfügt neben oder nach Saudi-Arabien über die größten Erdölvorkommen des Mittleren Ostens. Bei einem Export von täglich vier Millionen Barrel hatte das Land bis 2019 Einnahmen von etwa 70 Milliarden US-Dollar. Doch das Geld wurde vor allem an gutverdienende Staatsangestellte gezahlt oder verschwand wegen der Korruption und Misswirtschaft. Die Infrastruktur des Landes befindet sich auch fast zwanzig Jahre nach dem Sturz Husseins in einem katastrophalen Zustand.

124 Al-Mahdi führte sein Amt bis Anfang Mai 2020 weiter, obwohl er am 29. November 2019 zurückgetreten war. Sein von Staatspräsident Barham Salih ernannter Nachfolger Mohammed Taufiq Allawi wurde nicht vom Parlament bestätigt. Daraufhin beauftragte Salih am 17. März Adnan al-Surfi, den ehemaligen Gouverneur von Nadjaf, mit der Bildung einer neuen Regierung. Doch al-Surfi gelang es nicht, eine Regierung zu bilden. Er wurde von Iran abgelehnt. Am 9. April, dem 17. Jahrestag des Einmarsches der US-Truppen in Bagdad, unternahm Präsident Salih mit der Ernennung von Geheimdienstchef Mustafa al-Kadhimi einen weiteren Versuch, die Regierungskrise Iraks zu lösen. Seine Ernennung wurde vom Parlament bestätigt, aber die Abgeordneten haben einige seiner Minister abgelehnt. Sie wollen keine Neuwahlen, um ihre Pfründe nicht zu verlieren. Als Abgeordnete können sie sich bereichern und die Schwäche der Regierung zu ihren Gunsten nutzen.

125 Ammar al-Hakim ist der im iranischen Exil aufgewachsene Neffe von Ayatollah Mohammed al-Hakim und von dessen Bruder Ayatollah Abdul al-Aziz al-Hakim. Während die Hakim-Familie aus dem iranischen Exil gegen Saddam Hussein konspirierte, blieb die Al-Sadr-Familie trotz der Verfolgungen in Irak. 17 Jahre nach dem Sturz Husseins konkurrieren sie immer noch, wobei sich der Kern der Hakim-Anhänger im Südirak und die Hausmacht der Al-Sadr in Bagdad befinden. Beide Gruppen verlieren im Parlament an Einfluss, da die Zahl der Abgeordneten aus ihren Bündnissen zurückgeht, obwohl sie in ihrem Wahlkampf auch nichtreligiöse Themen wie den Kampf gegen den Amtsmissbrauch in den Vordergrund stellen. Es dürfte nur noch eine Frage der Zeit sein, bis sich Al-Hakim und Al-Sadr dem iranischen Einfluss entziehen oder keine Anhänger mehr mobilisieren können. Bis zu den nächsten Parlamentswahlen werden sie aber als Bündnispartner Irans handeln. Es dürften sich Vermutungen von Beobachtern bestätigen, dass die pro-

iranische Parlamentsmehrheit grundsätzliche Veränderungen und vorgezogene Neuwahlen ablehnen wird.

126 Es gibt zahlreiche Berichte von Menschenrechtsorganisationen, in denen die Erschießung von Demonstranten durch auf Dächern postierte maskierte Scharfschützen beschrieben wird. Zudem ist eine unbekannte Zahl von Demonstranten getötet worden, denen man Gasgranaten ins Gesicht geschossen hat. Auch in diesen Fällen dürfte es sich um gezielte Tötungen gehandelt haben. Selbst die vom Parlament eingesetzte Menschenrechtskommission spricht von 22 Morden. Nur werden keine möglichen Täter genannt.

127 Ich habe im Herbst 2012 drei Tage in dem Protestlager der Sunniten verbracht, obwohl ich eigentlich nur wenige Stunden bleiben wollte. Es fand sich anfangs kein Taxifahrer, der bereit war, mich nach Bagdad zu fahren, weil die meisten von ihnen die dortigen Sicherheitskontrollen fürchteten.

128 In einem Bericht von Human Rights Watch heißt es, dass es bei einer Demonstration in Bagdad am 6. Dezember 2019 zwischen 29 und 80 Tote gegeben habe. Unbekannte Milizen seien aufgetreten, nachdem sich Polizei und Militär zurückgezogen hätten. Schwarz Gekleidete hätten von sieben Pick-ups auf friedliche Demonstranten geschossen und später Körper in Bussen und Lastwagen abtransportiert. Minuten nach dem Abzug der Maskierten seien die Sicherheitskräfte in ihre Kontrollposten zurückgekehrt (Human Rights Watch, Iraq. State Appears Complicit in Massacre of Protesters. US, UK, Iran, and Others Should Withhold Military Aid, Human Rights Watch, 16. Dezember 2019, https://www.hrw.org/news/2019/12/16/iraq-state-appears-complicit-massacre-protesters, abgerufen am 16.12.2019).

129 Auf Dauer entstehen Eindrücke, die mit der Realität wenig zu tun haben. Ein entscheidender Grund für das Wiedererstarken der Taliban in Afghanistan waren die nächtlichen Aktionen der US-Streitkräfte, bei denen regelmäßig unbeteiligte Zivilisten getötet wurden. Über diese Angriffe wurde in den deutschsprachigen Medien wenig berichtet. Dies liegt sicher auch daran, dass es nur selten Pressemitteilungen der US-Streitkräfte oder der ISAF über diese Angriffe gab. Wenn zivile Opfer bekannt wurden, hieß es meistens, dem Sprachgebrauch der Militärs folgend, dass untersucht werde, wie es zu diesen gekommen sei. Natürlich hätten die Medien in den Staaten, die Soldaten nach Afghanistan geschickt hatten, diese Berichte über zivile Opfer aufgreifen müssen. Aber diese reagieren meist nur, wenn Zivilisten bei Terroranschlägen umkommen. Vor Ort führen Berichte über tote Zivilisten regelmäßig zur Eskalation der Konflikte. Auch dort werden zivile Tote oft unterschied-

lich gewertet. Während Menschen in ländlichen Regionen zumeist mit einem Sympathieschub für Aufständische reagieren, neigen Städter dazu, bei Terroranschlägen Partei für die Regierung zu ergreifen.

130 Auch wenn die Kriege in Afghanistan und Irak von den US-Streitkräften meist aus der Luft geführt wurden, waren die Kämpfe am Boden entscheidend. In beiden Kriegen konnten die feindlichen Regierungen – das Taliban-Regime in Kabul und jenes von Saddam Hussein in Bagdad – nur gestürzt werden, weil verbündete Afghanen oder US-Divisionen im Einsatz waren.

Der Terrorismus und die Mitschuld des Westens

131 Walter Laqueur, Terrorismus. Die globale Herausforderung, Berlin 1987.

132 Den Begriff «Monster» habe ich von Sima Samar, der ersten Frauenministerin Afghanistans nach dem Sturz der Taliban, übernommen. Sie hatte als junge Frau gegen den Einmarsch der sowjetischen Truppen protestiert und später bis zum Sturz der Taliban im Exil in Pakistan gelebt. In ihren Augen haben die USA mit der Aufrüstung der Mudjahedin die Kräfte gegen die Sowjetunion gestärkt, die sich später zu Terroristen gewandelt haben.

133 Crile, Der Krieg des Charlie Wilson.

134 Dass Behörden die Namen der Attentäter so schnell bekannt gaben, deutet daraufhin, dass sie bereits überwacht wurden. Möglicherweise hatten ein oder mehrere der 17 US-Nachrichtendienste sogar Hinweise auf einen bevorstehenden Anschlag. Nur reichten damals Vermutungen nicht aus, um mögliche Attentäter abzuurteilen, da der sogenannte Patriot Act, ein Bundesgesetz mit einer starken Einschränkung der Bürgerrechte, erst im Oktober 2001 verabschiedet wurde. Deshalb ist es absurd, aus derartigen Vermutungen eine Mit- oder gar Täterschaft von US-Behörden abzuleiten.

135 Hillary Clinton, Interview with Greta Van Susteren of Fox News, US-Department of State, 18. Juli 2010, https://2009-2017.state.gov/secretary/20092013clinton/rm/2010/07/144969.htm, abgerufen am 21.06.2020. Es ist bezeichnend, dass eine US-Außenministerin den afghanischen Widerstand, der von der CIA unterstützt und instrumentalisiert wurde, nicht zur Kenntnis nimmt und den Eindruck erwecken will, die USA hätten die Mudjahedin erst geschaffen. Genau diese Art der falschen Einschätzungen der Verhältnisse in fernen Ländern führt dazu, dass die Probleme eines militärischen Eingreifens nicht erkannt und die späteren Folgen eines derartigen Vorgehens nicht bewältigt werden können.

136 Sabine Feiner, Weltordnung durch US-Leadership? Die Konzeption Zbigniew K. Brzezińskis, Wiesbaden 2000.

137 Die Herrschaft in Saudi-Arabien steht auf zwei Säulen. Neben der Königsfamilie beherrschen die Geistlichen das Land. Sie wollten den Wahhabismus, die Staatsreligion, durch Missionierung weltweit zur stärksten Strömung des Islam entwickeln. Vor allem im vergangenen Jahrhundert war die Königsfamilie der Sauds, die bereits seit zweihundert Jahren mit den Anhängern Ibn Abd al-Wahhabs zusammenarbeitet und ihre Macht auch diesem Bündnis zu verdanken hat, bereit, die Verbreitung des Wahhabismus, der auch als Salafismus bezeichnet wird, durch Missionierung zu bezahlen. Sowohl Al-Kaida als auch der Islamische Staat haben ihre religiösen Wurzeln im Wahhabismus. Ihre besondere Anziehungskraft besteht darin, dass sie – wie die Wahhabiten – eine ursprüngliche Form des Islam vertreten.

138 Da «al» auf Arabisch «der», «die» oder «das» bedeutet, entfällt im Deutschen der bestimmte Artikel vor Al-Kaida.

139 US-Verteidigungsminister Donald Rumsfeld begründete den Abzug der US-Truppen mit den Veränderungen in der Region, die durch die, wie er es nannte, «Befreiung Iraks» erfolgt seien. Nur in Presseberichten wurde auf Zusammenhänge zwischen dem Rückzug der Truppen und der Ablehnung ihrer Stationierung durch viele saudische Geistliche und Al-Kaida sowie zum Terrorschlag in New York hingewiesen. Erst im Herbst 2019 hat Präsident Trump vor dem Hintergrund der Konflikte mit Iran erneut US-Truppen nach Saudi-Arabien verlegt. Damit fand eine Phase zunehmender Spannungen zwischen den USA und Saudi-Arabien ihren endgültigen Abschluss. Die neue Hinwendung der USA zu Saudi-Arabien erfolgte, nachdem im Königreich die Macht und der Einfluss der wahhabitischen Geistlichkeit zurückgedrängt war und König Salman ibn Abd al-Aziz Al Saud und sein Sohn und Kronprinz Mohammed ibn Salman Al Saud ihr Machtmonopol errichtet hatten und die Zusammenarbeit mit den USA verstärkten.

140 Ich erinnere mich genau, dass mir zwei Tage später in Amman für ZDF-Berichte erwünschte Gesprächspartner fehlten, da die gesamte Geheimdienstelite in die USA gereist war, um die dortigen Behörden über Al-Kaida zu informieren. Die Organisation hatte zu diesem Zeitpunkt bereits einen Aufnahmestopp für Jordanier erlassen, weil sie befürchtete, dass es sich um Mitarbeiter des jordanischen Geheimdienstes handeln könnte. Der hatte ein nahezu vollständiges Bild von der Organisation. Es waren vor allem Mitglieder von Beduinenstämmen, die sich Al-Kaida angeschlossen hatten.

141 In den 1990er Jahren verübten sogenannte Afghanen in MENA-Staaten,

also von Marokko bis nach Jemen Anschläge. Auch wenn der Name Al-
Kaida in ihrem Zusammenhang nicht genannt wurde, waren die Täter
meist Männer, die als Freiwillige nach Pakistan gereist waren, um die
afghanischen Mujahedin in ihrem Kampf gegen die Sowjettruppen zu
unterstützen. Sie waren von Bin Laden und mit Hilfe der USA organisiert und ausgebildet worden.

142 Nirgendwo anders ist mir so bewusst geworden, wie weit Worte und
innere Überzeugungen bei Politikern auseinanderklaffen können, als
bei der Außenministerkonferenz der irakischen Anrainerstaaten in
Teheran am 19. Mai 2007. Alle Teilnehmer betonten, sie wünschten der
irakischen Regierung einen vollen Erfolg beim Neuaufbau des Landes
und der Schaffung einer Zivilgesellschaft. Dabei fürchteten alle, dass
sich Irak dadurch zu einem Brückenkopf der USA in der Region entwickeln und auf diese Weise die verkrusteten Herrschaftsstrukturen in
den Nachbarstaaten gefährden könnte.

143 Im April 2003, wenige Tage nach der Besetzung Bagdads, hatte mir Mar-
kus Dolder, der damalige Delegationsleiter des IKRK in Irak, erzählt,
die von seiner Organisation bezahlten irakischen Mitarbeiter, die für
die Stromversorgung zuständig seien, seien nicht bereit, Pionieren der
US-Streitkräfte zu zeigen, wie Bagdad wieder mit Strom versorgt werden könne. Da die Soldaten nicht wussten, dass Stromleitungen wegen
fehlender Sicherungen zum Beispiel mit Stanniolfolien aus bestimmten Zigarettenpackungen überbrückt werden konnten, scheiterten
die Bemühungen, die Stromversorgung wieder zu aktivieren. Anders
als von den meisten Medien berichtet, war die Stromversorgung der
Hauptstadt nicht durch US-Luftangriffe unterbrochen worden. Die
Behörden hatten sie wenige Tage vor Kriegsende abstellen lassen.

144 Die Information, al-Zarkawi verfolge den Plan, einen Krieg zwischen
den USA und Iran auszulösen, um seinen Einfluss weiter ausdehnen
zu können, gab mir Muaffaq al-Rubaei, der Sicherheitsberater des
irakischen Ministerpräsidenten Maliki, während eines Staatsbesuchs
Malikis am 4. Januar 2009 in Teheran, weil ich kurzfristig ein Treffen zwischen Bundeskanzler Gerhard Schröder und Maliki in Berlin
ermöglicht hatte. Diese Information, so al-Rubaei, habe die irakische
Regierung auf einer von Zarkawi genutzten Festplatte gefunden.

145 Reuter, Die Schwarze Macht.

146 Im Herbst 2004 antwortete mir ein Beduine in seinem Wüstenzelt auf
die Frage, ob die Regierung in Bagdad Einfluss auf ihn und seine Familie
habe: «Nein, unser Stamm hat verschiedene Scheichs. Unser Scheich
ist Karim. Meine Familie folgt ihm. Sein voller Name lautet: Karim Mat-
laq. Egal, was er fordert. Wir befolgen alle seine Anweisungen. Nach

Gott kommt der Scheich. Gegen dessen Anordnungen stellen wir uns nicht.» Während des Interviews näherten sich Wüstenpolizisten. Sie drehten aber um, da sie gegenüber Beduinen keine Macht hatten und wir als Team unter deren Schutz standen. Der stammesbasierte Islam enthält eine Art Gruppenideologie, in der Individuen keine Bedeutung zukommt. Das Kollektiv (der Stamm) steht im Zentrum des Wertesystems, aus dem die Verhaltensregeln abgeleitet werden. Auch im Wahhabismus bleibt das Individuum bedeutungslos. Terrorgruppen können das Primat des Kollektivs nutzen, um Freiwillige für Selbstmordanschläge zu gewinnen.

147 Patrick Cockburn, The massacre of Mosul: 40.000 feared dead in battle to take back city from Isis as scale of civilian casualties revealed, in: The Independent, 19. Juli 2017, https://www.independent.co.uk/news /world/middle-east/mosul-massacre-battle-isis-iraq-city-civilian-ca sualties-killed-deaths-fighting-forces-islamic-state-a7848781.html, abgerufen am 20.12.2019.

148 Diese Zahl nannte Chris Woods, der Direktor der NGO Airwars, in einem Interview mit der «tageszeitung» (Jannis Hagmann, Mossul im Schatten Aleppos, in: die tageszeitung, 27. März 2017, https://taz.de/ Kampf-gegen-den-IS-im-Irak/!5392396/, abgerufen am 02.01.2020). Ich bin knapp ein Jahr nach der Vertreibung des IS durch die Trümmerwüsten von Raqqa in Syrien und Mossul in Irak geirrt und war über die ungeheuren Zerstörungen erschrocken. Auch weil die Streitkräfte der westlichen Staaten USA, Großbritannien und Frankreich eine große Verantwortung für die Schäden tragen und diese zu einem sehr großen Teil sogar mitverursacht haben. Sie kümmerten sich weder um den Wiederaufbau noch um die Rückkehr der geflohenen Überlebenden. Damals waren einzelne Privatleute damit beschäftigt, zumindest in den Hauptstraßen die Trümmer zu beseitigen und Geschäfte wiederzueröffnen.

149 Der Einsatz von deutschen Soldaten in Niger und Mali wird mit der Stabilisierung dieser Staaten begründet. Doch deren Destabilisierung ist ein Ergebnis der durch den Klimawandel ausgelösten Dürre. Die Viehzüchter in den Südsahelstaaten verlieren ihre Lebensgrundlage und müssen ihre Heimat verlassen. Immer wenn Ackerbauern deren Wanderbewegung verhindern wollen, kommt es zu bewaffneten Konflikten oder gar Bürgerkriegen, die Terroristen dann nutzen, um größeren Einfluss zu erlangen oder die Gebiete zu kontrollieren.

150 Martin Chulov, Islamic State names new leader after death of Abu Bakr al-Baghdadi, in: The Guardian, 31. Oktober 2019, https://www.the guardian.com/world/2019/oct/31/islamic-state-new-leader-abu-bakr-

al-baghdadi-abu-ibrahim-al-hashimi-al-qurayshi, abgerufen am 25.03. 2020.

151 Die Täterschaft Al-Kaidas wurde von den britischen Ermittlungsbehörden zuerst bestritten. Erst im Folgejahr veröffentlichte der heutige Al-Kaida-Führer Zawahiri Dokumente, die die Ausbildung der Täter in Al-Kaida-Lagern bewiesen. Dagegen machten die US-Behörden die Organisation bereits Stunden nach dem 11. September 2001 dafür verantwortlich.

152 Ein typisches Beispiel für diese Art von Terror sind die Anschläge von Paris am 13. November 2015. Die Attentäter waren in der Mehrheit Belgier oder Franzosen, die nach einem kurzen Orient-Aufenthalt als freiwillige IS-Kämpfer zurückgekehrt waren. In der Regel handelte es sich um gescheiterte Existenzen, von denen einige, wie Salah Abdeslam, der einzige überlebende Täter, in dem Brüsseler Stadtteil Molenbeek gelebt haben. Sein belgischer Anwalt Sven Mary erklärte nach dessen Auslieferung an Frankreich, er sei aus der Kleinkriminalität hervorgegangen.

153 Christophe Lamfalussy/Jean-Pierre Martin, Molenbeek-sur-Djihad, Paris 2017.

154 Erst zu Ende seiner Amtszeit im Jahr 2014, nachdem der IS große Teile Syriens und Iraks besetzt hatte, distanzierte sich der saudische König Abdallah Al Saud von der Terrororganisation. Kurze Zeit später griff ein irakisches IS-Kommando saudische Grenzposten an. Im Land selbst gab es mehrere Attentate, zu denen sich der IS bekannte. Auch Freiwillige und Spenden aus Saudi-Arabien sind wichtige Gründe dafür, dass sich der IS in Irak ab 2003 so schnell entwickeln konnte.

155 Es wäre naiv zu glauben, die Medien würden über verhinderte Anschläge berichten. Ein italienischer Staatsanwalt, dem ich bei einer Veranstaltung zum Thema Terror in der Schweiz begegnet bin, war über die Informationspolitik deutscher Behörden und Politiker irritiert und meinte, gute Arbeit werde schweigend verrichtet, um seinen Feinden keine Hinweise zu geben. Es sieht so aus, als ob diese Lehren jetzt auch in Deutschland beherzigt würden. Jeder weiß, dass der Krieg zwischen Geheimdiensten verdeckt abläuft. So dürfte die Verhinderung von Terroranschlägen heute auch in Deutschland ohne große Meldungen erfolgen.

156 Mich bestürzt es, dass die Toten von Paris und Brüssel nur als Terroropfer betrauert und in ihnen nicht auch Opfer eines Krieges zwischen zwei Parteien gesehen werden. Parteien, die ungleicher kaum sein könnten. Was für die eine Seite der Einsatz von militärischer Hochtechnologie ist, ist für die andere die Nutzung von Terror. Die asym-

metrische Kampfform dürfte die Auseinandersetzungen auf unabsehbare Zeit bestimmen.

Iran: Der jahrzehntelange Konflikt mit den USA

157 Während des Sturzes des Schahs und der folgenden Monate habe ich mich über die Überschätzung der eigenen Kräfte bei den nichtreligiösen Strömungen der Aufständischen geärgert. Zu deren Versammlungen kamen zwar etliche Tausende, aber diese Zahlen waren verschwindend gering verglichen mit denen auf Veranstaltungen der Anhänger Ayatollah Khomeinis. Natürlich waren zum Beispiel die linken Volksfedajin oder die islamistischen Volksmudjahedin besser organisiert. Diese Organisationen verfügten bereits kurz nach dem Sturz des Schahs über disziplinierte Milizen, aber sie wurden von dem neuen Staatsapparat der Reihe nach ausgeschaltet und in den Untergrund gedrängt.

158 Iran verfügt nach Venezuela, Irak, Saudi-Arabien und Kanada über die fünftgrößten Ölreserven der Welt. Bezogen auf Gas besitzt Iran nach Russland sogar die weltweit zweitgrößten Vorkommen. Hinzu kommen im Weltmaßstab erhebliche Vorkommen an Kohle, Eisen, Kupfer, Chrom, Blei und Zink.

159 Als Schah führte er gegen Stammesführer Krieg, ließ sie aburteilen und sogar hinrichten. Er beseitigte ihre regionale Machtstellung, um einen iranischen Nationalstaat zu schaffen. Diese Informationen habe ich von einem Enkel eines dieser Stammesführer.

160 Reza Schah Pahlawi wurde wegen seiner politischen Nähe zu Deutschland von Großbritannien und der Sowjetunion, die große Teile Irans besetzt hatten, im September 1941 zur Abdankung gezwungen, auch um militärische Lieferungen der USA an die Sowjetunion zu ermöglichen. Sein zweiundzwanzigjähriger Sohn Mohammed Reza Pahlawi legte seinen Amtseid als Nachfolger vor dem Parlament ab.

161 Ali Tariverdian, damals Leiter der Humangenetischen Beratungsstelle der Universität Heidelberg, den ich aus meiner Studienzeit in Freiburg als iranischen Schah-Gegner kannte, riet bereits im Sommer 1978, auf Ayatollah Khomeini zu achten. Der sei der eigentliche Führer der Anti-Schah-Bewegung, nicht die Konföderation Iranischer Studenten im Ausland (CISNU), die dies immer beanspruchte.

162 Robert Graham, Iran. Die Illusion der Macht, Frankfurt am Main/Berlin/Wien 1979.

163 Ulrich Tilgner (Hrsg.), Umbruch im Iran. Augenzeugenberichte, Analysen, Dokumente, Reinbek 1979.

164 Im Herbst 1978 habe ich in Teheran einen iranischen Luftwaffentech-
niker interviewt. Der Ingenieur erzählte mir, dass er nur ein Viertel von
dem verdiene, was ein gleich qualifizierter US-Bürger bekomme. Als
Beispiel führte er einen Kollegen an, mit dem er in den USA zeitgleich
alle Lehrgänge durchlaufen habe, um die von den USA gelieferten F-14-
Kampfflugzeuge warten zu können. Mit Stolz fügte er hinzu, dass die
Spitzen der Kampfjets inzwischen mit Porträts von Ayatollah Khomeini
besprüht worden seien. Zur selben Zeit, am 28. Oktober 1978, besuchte
Bundeswirtschaftsminister Otto Graf Lambsdorff Iran und erklärte die
Herrschaft des Schahs für stabil.

165 Vergessen ist auch, dass die US-Botschaft nicht einmal zwei Wochen
nach der Revolution, am 14. Februar 1979, von linken Volksfedajin
besetzt worden war. Bewaffnete Khomeini-Anhänger hatten jedoch
dafür gesorgt, dass sie den USA zurückgegeben wurde und die fest-
genommenen Diplomaten weiterarbeiten konnten. In Iran halten sich
Gerüchte, dass beide Besetzungen von prosowjetischen Kräften ini-
tiiert wurden.

166 Erstmals ist mir die Inanspruchnahme nationalistischer Parolen durch
die islamische Bewegung bewusst geworden, als Ayatollah Khomeini
während des Krieges gegen Irak Armeeangehörige aufforderte, ihre
«islamische Heimat» zu verteidigen. Am Tag zuvor hatte er in einer
ähnlichen Ansprache Revolutionswächter dazu aufgerufen, für den
«Islam» zu kämpfen. Diese unterschiedliche Akzentuierung nutzte Ayatollah Khomeini auch, um religiöse und nationale Emotionen für den
Kampf gegen Irak zu mobilisieren. In den ersten Jahren nach dem Sturz
des Schahs wurden Äußerungen des Nationalismus unterdrückt. Während des Krieges gegen Irak erfuhr der Nationalismus eine Aufwertung.
An der geänderten Haltung zum von Nationalisten gefeierten Jahres-
wechsel Nouruz wurde der Wandel überdeutlich. Die Neujahrsfeiern
gewinnen eine immer größere Bedeutung. Waren sie nach dem Sturz
des Schahs nur geduldet, so werden sie seit Jahren durch Ansprachen
von Staatsführer Khamenei auch durch die Geistlichkeit akzeptiert.

167 Die USA verhielten sich sehr widersprüchlich. Einerseits unterstützten sie britische Ölinteressen, andererseits traten sie an der Seite von
Staaten der Region, wie zum Beispiel Ägypten, gegen die britische
Kolonialpolitik auf. Doch waren diese antikolonialen Elemente einer
zunehmend antisowjetischen Politik geschuldet. In der Regel vereinbarten US-Firmen bei Ölverträgen höhere Zahlungen als die britische
Konkurrenz.

168 Die Einschränkung der Macht des Schahs begann in Iran Ende des
19. Jahrhunderts. Doch ein Ende der Monarchie, wie es Republikaner

Anmerkungen

im Land forderten, scheiterte vor allem am Widerstand Russlands und Großbritanniens. Der Schah verlor schrittweise seine absolute Macht. 1906 kam es zur Bildung einer konstitutionellen Monarchie. Doch die weitere Entwicklung ist durch ein Auf und Ab der parlamentarischen Macht gekennzeichnet. Versuche, eine Republik zu bilden, scheiterten in den 1920er Jahren. Wichtig ist jedoch, dass die Macht des Schahs mit dem steigenden Einfluss der USA ab 1953 wieder zunahm.

169 Im August 1968 habe ich in Teheran eine Demonstration zur Unterstützung des Schahs erlebt. Einige Dutzend Demonstranten zogen lustlos mit handgemalten Plakaten und «Sindebad Shah»-Rufen durch den alten Takhteh-Jamshid-Boulevard Iranische Studenten mussten mich als Fremden erst aufklären, dass der Herrscher nur selten mehr Mitglieder des Geheimdienstes und seiner Einheitspartei «Rastakhiz» aufbieten könne.

170 In Guadeloupe, vom 4. Januar bis 7. Januar 1979, einigten sich die Entscheidungsträger der USA, Frankreichs, Großbritanniens und Deutschlands, den Schah nicht gegen die Islamische Bewegung zu unterstützen, sondern zu versuchen, mit Khomeini und seinen Anhängern zu verhandeln. Auf diesem Gipfeltreffen westlicher Spitzenpolitiker wurde dem Schah zwar die Unterstützung der westlichen Staaten entzogen, doch es ist falsch, den Machtwechsel in Teheran auf diese Entscheidung zurückzuführen. Einige Anhänger des Schah-Regimes führen zur Begründung an, den westlichen Staatsführern sei die Krebskrankheit des Schahs bekannt gewesen, an der dieser noch im Jahr seiner Flucht starb.

171 Bundesaußenminister Fischer bezeichnete die Gespräche als ausgesprochen schwierig. Er betonte, es solle verhindert werden, dass Iran den vollen Kreislauf der Atomtechnologie beherrsche. Denn dann könne das Land eigene Atomwaffen bauen. Deshalb müsse Iran auf die Anreicherung von Uran verzichten. Unklar war für mich, warum europäische Politiker akzeptierten, dass Indien, Pakistan und Israel die Bombe besitzen, Iran aber daran gehindert werden sollte, seine Atomtechnologie zu entwickeln. Dabei hatten Irans Politiker immer wieder erklärt, der Bau einer Atombombe werde aus religiösen Gründen abgelehnt.

172 Mohamed El-Baradei, The Age of Deception. Nuclear Diplomacy in Treacherous Times, New York 2011.

173 Die Richtigkeit der Einschätzung wurde 2007 durch ein amerikanisches Geheimdienstdossier bestätigt, dem zufolge Iran im Herbst 2003 sein militärisches Atomprogramm eingestellt habe. Unabhängig von den iranischen Aussagen ist der Zusammenhang mit dem Sturz Saddam Husseins bedeutsam. Da die Regierung in Washington den Krieg gegen Irak auch mit dessen vermeintlichem Atomprogramm begründet hatte,

muss Iran zugestanden werden, ähnliche Waffensysteme herstellen zu wollen, solange der ehemalige Kriegsgegner angeblich diese Waffen herstellen will. In diesem Zusammenhang ist unerheblich, ob Irak tatsächlich eine Bombe bauen wollte oder ob deren Einsatz geplant war. Irak hatte im Krieg gegen Iran seit 1980 mehrfach international geächtete Massenvernichtungswaffen eingesetzt, ohne dass weltweit Proteste und Gegenmaßnahmen organisiert worden sind.

174 Ich habe am 27. Oktober 2012 Akbar Etemad, den in Frankreich und der Schweiz ausgebildeten ersten Leiter des iranischen Atomprogramms, interviewt. Er sagte damals, der Schah habe ihm bei zwei wichtigen Treffen deutlich gemacht, Ziel der Entwicklung des Atomprogramms sei nicht der Bau von Bomben, sondern die friedliche Nutzung, wozu allerdings die Fähigkeit gehöre, die Bombe bauen zu können, wenn es notwendig sei. Diese Fähigkeit, sofort mit eigenen Mitteln eine Bombe bauen zu können, wird Schwellenfähigkeit genannt.

175 Im Jahr 2003 erklärte mir ein iranischer Minister im Vorgespräch eines Interviews, Sanktionen seien eine reine Frage des Geldes. Wenn es vorhanden sei, könne ein Land alles kaufen. Bei einfachen Konsumgütern wären die Preise bis zu 20 Prozent höher. Bei Dual-Use-Produkten müsse man mit einem Aufpreis von einem Drittel rechnen, und Militärprodukte seien etwa 50 Prozent teurer als vergleichbare offizielle Importe.

176 Bruno Urmersbach, Iran: Wachstum des realen Bruttoinlandsprodukts (BIP) von 1980 bis 2019 und Prognosen bis 2021, https://de.stati sta.com/statistik/daten/studie/259309/umfrage/wachstum-des-brutto-inlandsprodukts-bip-im-iran/#professional, abgerufen am 16.05.2020.

177 Der heute unter Hausarrest stehende ehemalige Parlamentspräsident und Präsidentschaftskandidat Mehdi Karroubi forderte 2005 in seinem Wahlprogramm, große Teile der Öleinnahmen direkt an die Bevölkerung zu zahlen. Weil er in den ländlichen Regionen einen hohen Stimmanteil erhielt, in Teheran aber auf Ablehnung stieß, erhob er den Vorwurf des Wahlbetrugs. Die naheliegende Erklärung, dass die Wähler in der Hauptstadt die Verteilung von Ölgeldern ablehnten und es bevorzugten, sie zum Beispiel für den Ausbau von Industrie und Infrastruktur zu nutzen, haben die dem Reformflügel angehörenden Anhänger Karroubis und die Gegner des islamischen Systems nicht aufgegriffen.

178 Als Donald Trump Barack Obama vorwarf, aus Wahlkampfgründen Iran anzugreifen, in: Der Stern, 3. Januar 2020, https://www.stern.de/ politik/ausland/als-donald-trump-noch-obama-vorwarf--einen-krieg-mit-dem-iran-anzuzetteln-9071812.html, abgerufen am 21.06.2020.

179 Ein entsprechendes Angebot von Trumps Schwiegersohn, Jared Kushner, unter Vermittlung eines Politikers eines arabischen Golfstaates geheim zu verhandeln, um die Spannungen abzubauen, hat die iranische Führung abgelehnt. Sie hofft, dass Trump nicht wiedergewählt wird und die USA unter einem Präsidenten der Demokratischen Partei der Wiener Nuklearvereinbarung wieder beitreten werden.

180 Die modernen iranischen Raketen können von mobilen Abschussrampen gestartet werden. Man kann davon ausgehen, dass Iran den Einsatz dieser Raketen erst in einer späteren Kriegsphase plant, da sie wegen ihrer Beweglichkeit schwerer zerstört werden können als die stationären Raketen.

181 Bei einer Autofahrt durch östliche Provinzen Saudi-Arabiens, die ich in Jordanien begonnen hatte, war ich nicht nur schockiert, dass bei keinem der mir entgegenkommenden Fahrzeuge eine Frau am Steuer saß, es kam auch noch schlimmer: In den Städten der Provinz habe ich nur höchst selten eine Frau gesehen, und wenn, dann nur mit verhülltem Gesicht. Hatte ich mich schon in der jordanischen Gesellschaft wegen der Geschlechtertrennung nicht wohlfühlen können, so bot Saudi-Arabien eine Steigerung.

182 Ich erinnere mich noch genau an eine Diskussion mit einem Vertreter der Commerzbank, die sich bemühte, die Exporte des Kampfpanzers Leopard II (gebaut von Krauss-Maffei Wegmann und Rheinmetall) nach Saudi-Arabien zu finanzieren. Auf meine Bemerkung, nach einem Putsch könnten die Panzer gegen Israel eingesetzt werden, entgegnete der Banker, die Panzerketten seien doch gar nicht wüstentauglich. Die Anbahnung dieses Panzergeschäfts wurde von den Medien meist genauso übergangen wie Israels Rüstungslieferungen an Iran während des iranisch-irakischen Krieges. Antiisraelische Demonstrationen in Teheran wurden dagegen sofort, meist sogar ausführlich, gemeldet.

183 Die in Iran im Jahr 1963 begonnene «Weiße Revolution» war der Versuch, die stärker werdenden wirtschaftlichen und gesellschaftlichen Gegensätze zwischen Stadt und Land abzubauen. Doch die unter US-Beratung entwickelten Maßnahmen scheiterten. Sie waren ein Grund für die Islamische Revolution, auch weil sie die Landflucht vergrößerten und die Landreform zu einer Stärkung des Bankwesens und der Bildung marktwirtschaftlich geleiteter Agrargroßbetriebe führte.

184 Sebastian Sons, Auf Sand gebaut. Saudi-Arabien – Ein problematischer Verbündeter, Berlin 2016.

185 GAO, U.S.-SAUDI NUCLEAR COOPERATION, United States Government Accountability Office, April 2020, https://www.gao.gov/assets/710/705701.pdf, abgerufen am 20.06.2020.

186 Christopher Davidson, After the Sheikhs. The Coming Collapse of the Gulf monarchies, London 2012.

Der allmähliche Rückzug der USA aus dem Orient

187 Mich hat die Verleihung des Friedensnobelpreises an Obama völlig überrascht, da er ihn in meinen Augen nur bekommen hat, weil das Komitee in Oslo die Chance sah, einen US-Präsidenten für eine künftige Friedenspolitik zu verpflichten. Ich glaube nicht, dass Obama seine Politik geändert hat und dass diese nach der Auszeichnung als friedliebend bezeichnet werden kann.

188 Trump begründete die Entlassung seines Sicherheitsberaters John Bolton sogar damit, er habe mit diesem Schritt im September 2019 einen Weltkrieg verhindert. Trump hält es für den größten Fehler der USA, Truppen in den Mittleren Osten geschickt zu haben. Dadurch seien Kosten von acht Billionen Dollar entstanden. Es sei Zeit, die Truppen zurückzuholen. Sie würden Polizeiaufgaben ausführen, die eigentlich von anderen Staaten übernommen werden müssten. Es ist typisch für Trump, einerseits Militäreinsätze zu kritisieren, andererseits zu erklären, mit größeren Militärausgaben könnten die USA künftig wieder Kriege gewinnen. Damit sind für ihn weitere Kriege vorstellbar. Dieses Schwanken kennzeichnet seine Politik und macht sie unberechenbar. Gleichzeitig steht Trump damit für die Fortsetzung der bisherigen US-Politik. Als Ergebnis seiner Amtsführung werden Haushaltskürzungen für Bereiche wie den diplomatischen Dienst und internationale Organisationen bleiben, die der Kriegsvermeidung dienen.

189 Politiker neigen dazu, geschichtliche Hintergründe zu vernachlässigen. Dabei basieren nationale Empfindungen oft auf in der Vergangenheit Erlebtem. Diese Schwäche von Politikern wird verstärkt, weil sie ihre politischen Ziele kurzfristig zu erreichen suchen. Zum einen planen sie deren Verwirklichung in Wahlperioden, so sie ihre Entscheidungen in Demokratien treffen, und zum anderen können sie generell davon ausgehen, dass sich die Regierten vor allem für die Lösung von Alltagsproblemen interessieren und die tiefsitzenden, auf geschichtlichen Erfahrungen basierenden Empfindungen erst in Krisenzeiten in den Vordergrund rücken.

190 Jimmy Carter, State of the Union Address 1980, 23. Januar 1980, The Jimmy Carter Presidential Library and Museum, https://www.jimmy-carterlibrary.gov/assets/documents/speeches/su80jec.phtml, abgerufen am 20.12.2016.

191 Zwar wurden auch US-Ölimporte geschützt, doch vor allem die Ölein-
fuhren der Staaten Westeuropas wurden wegen der sogenannten
Carter-Doktrin vermeintlich gesicherter (BP, Statistical Review of
World Energy, hier: all data, 1965–2018, www.bp.com/en/global/corpo-
rate/energy-economics/statistical-review-of-world-energy.html, abgerufen am 03.06.2020). Auch aus diesem Grund fehlte den Europäern
der Drang, sich zu einen. Sie nutzten die Vorzüge, ihre Wirtschaftskraft
im Windschatten der US-Außenpolitik auszubauen, und entwickelten
sich nicht zuletzt deshalb nicht zum Konkurrenten der Führungsmacht
USA.

192 Erste Probleme mit der gängigen Weise, die Ölpolitik der USA zu
kritisieren, wurden mir bewusst, als in Deutschland unter dem Slogan
«Kein Krieg für Öl» gegen die Absicht der USA demonstriert wurde, die
Souveränität Kuwaits durch einen Krieg wiederherzustellen. Als Kor-
respondent in Bagdad störte ich mich an der Art, mit der verschiedene
Aktivisten aus Deutschland mit Vertretern des irakischen Regimes
zusammenarbeiteten. Öl hatte sicher eine große Rolle bei der Entscheidung des damaligen US-Präsidenten George H.W. Bush für den
Krieg gespielt. Doch in einem Krieg ging es auch um die Verteidigung
des Völkerrechts, dem die USA als führende Weltmacht Geltung ver-
schafften. Die Friedensbewegung in Deutschland dürfte auch deshalb an
Bedeutung verloren haben, weil für sie damals die Ablehnung der amerikanischen Politik im Vordergrund stand, die Verletzung des Völkerrechts und der Menschenrechte damit aber zweitrangig wurden.

Der Wendepunkt globaler Entwicklung

193 David Beasley, WFP-Chef warnt vor Hungerpandemie wegen Covid-19.
Erklärung vor dem UN-Sicherheitsrat, 21. April 2020, World Food Programme, https://de.wfp.org/pressemitteilungen/wfp-chef-warnt-vor-hu
ngerpandemie-wegen-covid-19-vor-un-sicherheitsrat, abgerufen am
22.06.2020.

194 International Food Policy Research Institute (IFPRI), 2019 Annual
Report, Washington, D.C. 2020, https://ebrary.ifpri.org/digital/collection
/p15738coll2/id/133703, abgerufen am 22.06.2020.

195 Die Vorhersagen zur Bevölkerungsentwicklung sind sehr unterschiedlich. Unstrittig sind die Trends. Während in den industrialisierten Ländern von einem Bevölkerungsrückgang ausgegangen wird, gilt Unterentwicklung als Faktor für die Zunahme. Für meine Überlegungen
sind die Trends entscheidend. In den mitteleuropäischen Staaten ist

ein Rückgang der Bevölkerung zu erwarten, während Afrika der Kontinent mit dem größten Wachstum ist. Dieser Gegensatz wird einen starken Bevölkerungsdruck samt Migrationsbewegung auslösen. Dabei unterscheiden sich die Entwicklungen zwischen Nord- und Südamerika und zwischen Europa und Afrika. Während für Nordamerika und vor allem die USA von einer stetigen Zunahme der Bevölkerung ausgegangen werden kann und in den meisten Staaten Südamerikas kein großes Wachstum zu erwarten ist, läuft die Entwicklung zwischen Europa und Afrika auseinander. Deshalb ist es möglich, dass in Europa die Fremdenfeindlichkeit steigt, während sie in den USA zurzeit bereits ihren Höhepunkt erreicht.

196 United Nations Population Division, Probalistic Population Projections based on the World Population Prospects, New York, UN Department of Economic and Social Affairs, Population Division 2019, https://population.un.org/wpp/Download/Probabilistic/Population/, abgerufen am 24.04.2020.

197 Udo Jude Ilo/Ier Jonathan-Ichaver/Yemi Adamolekun, The Deadliest Conflict You've Never Heard of. Nigeria's Cattle Herders and Farmers Wage a Resource War, in: Foreign Affairs, 23. Januar 2019, https://www.foreignaffairs.com/articles/nigeria/2019-01-23/deadliest-conflict-youve-never-heard, abgerufen am 28.01.2019.

198 29. ch-Regierungsseminar, Interlaken 4. bis 6. Januar 2017, veranstaltet von der ch-Stiftung für eidgenössische Zusammenarbeit.

Die Corona-Pandemie und was sie (nicht) verändern wird

199 Dass es in den USA eine vergleichsweise hohe Zahl von Toten gegeben hat, ist auf Fehler der Regierung sowie die Mängel des Gesundheitssystems zurückzuführen.

Persönliches Nachwort

200 Hanning Voigts, Entkorkte Flaschenpost. Herbert Marcuse, Theodor W. Adorno und der Streit um die Neue Linke, Münster 2009.

Literatur

Als Donald Trump Barack Obama vorwarf, aus Wahlkampfgründen den Irak anzugreifen, in: Der Stern, 3. Januar 2020, https://www.stern.de/politik/ausland/als-donald-trump-noch-obama-vorwarf--einen-krieg-mit-dem-iran-anzuzetteln-9071812.html, abgerufen am 21.06.2020.

Amnesty International, Iran. Death toll from bloody crackdown on protests rises to 208, Amnesty International, 2. Dezember 2019, https://www.amnesty.org/en/latest/news/2019/12/iran-death-toll-from-bloody-crackdown-on-protests-rises-to-208, abgerufen am 18.12.2019.

Bauer, Wolfgang, Afghanistan. Wir sind besiegt, in: Die Zeit, 7. März 2018, https://www.zeit.de/2018/11/afghanistan-taliban-deutschland-mili taereinsatz-entwicklungshilfe-gescheitert, abgerufen am 09.12.2019.

Beasley, David, WFP-Chef warnt vor Hungerpandemie wegen Covid-19-Erklärung vor dem UN-Sicherheitsrat, 21. April 2020, World Food Programme, https://de.wfp.org/pressemitteilungen/wfp-chef-warnt-vor-hunger pandemie-wegen-covid-19-vor-un-sicherheitsrat, abgerufen am 22.06. 2020.

Bonikowski, Bart, Trump's Populism. The Mobilization of Nationalist Cleavages and the Future of US Democracy, in: Kurt Weyland/Raúl L. Madrid (Hrsg.), When Democracy Trumps Populism. Lessons from Europe and Latin America, New York 2019, S. 110–131.

BP, Statistical Review of World Energy, hier: all data, 1965–2018, www.bp.com/en/global/corporate/energy-economics/statistical-review-of-world-energy.html, abgerufen am 03.06.2020.

Brück, Tilman/Olaf de Groot/Friedrich Schneider, Eine erste Schätzung der wirtschaftlichen Kosten der deutschen Beteiligung am Krieg in Afghanistan, in: DIW Wochenbericht Nr. 21 (2010), 26. Mai 2010, https://www.diw.de/documents/publikationen/73/diw_01.c.356890.de/10-21-1.pdf, abgerufen am 14.02.2012.

Bush, George W., President Bush Announces Major Combat Operations in Iraq Have Ended, The White House, 1. Mai 2003, https://georgewbush-whitehouse.archives.gov/news/releases/2003/05/20030501-15.html, abgerufen am 10.10.2019.

Carter, Jimmy, State of the Union Address 1980, 23. Januar 1980, The Jimmy Carter Presidential Library and Museum, https://www.jimmy carterlibrary.gov/assets/documents/speeches/su80jec.phtml, abgerufen am 20.12.2016.

Chivers, C. J./Eric Schmitt, Arms Airlift to Syrian Rebels expands, With Aid from C. I. A., in: New York Times, 24. März 2013, https://www.nytimes. com/2013/03/25/world/middleeast/arms-airlift-to-syrian-rebels-ex pands-with-cia-aid.html?hp&_r=2&, abgerufen am 02.03.2019.

Chulov, Martin, Islamic State names new leader after death of Abu Bakr al-Baghdadi, in: The Guardian, 31. Oktober 2019, https://www.theguardian. com/world/2019/oct/31/islamic-state-new-leader-abu-bakr-al-baghdadi-abu-ibrahim-al-hashimi-al-qurayshi, abgerufen am 25.03.2020.

Clinton, Hillary, Interview with Greta Van Susteren of Fox News, US-Department of State, 18. Juli 2010, https://2009-2017.state.gov/secretary/ 20092013clinton/rm/2010/07/144969.htm, abgerufen am 21.06.2020.

Cockburn, Patrick, The massacre of Mosul: 40.000 feared dead in battle to take back city from Isis as scale of civilian casualties revealed, in: The Independent, 19. Juli 2017, https://www.independent.co.uk/news/ world/middle-east/mosul-massacre-battle-isis-iraq-city-civilian-casu alties-killed-deaths-fighting-forces-islamic-state-a7848781.html, abge-rufen am 20.12.2019.

Combined Forces Air Competent Commander, 2013–2019 Airpower Statis tics, 31. Dezember 2019, https://www.afcent.af.mil/Portals/82/Documen ts/Airpower%20summary/(U)%20APPROVED%20Dec%202019%20 APS%20Data.pdf?ver=2020-01-27-023439-697, 30.01.2020.

Cook, John L., Afghanistan. The Perfect Failure, Bloomington, IN 2012.

Crawford, Neta C., Human Cost of the Post-9/11 Wars. Lethality and the Need for Transparency, Watson Institute International & Public Affairs, Brown University 2018, https://watson.brown.edu/costsofwar/files/cow/ imce/papers/2018/Human%20Costs%2C%20Nov%208%202018%20 CoW.pdf, abgerufen am 02.01.2020.

Crawford, Neta C., United States Budgetary Costs of the Post-9/11 Wars, Watson Institute International & Public Affairs, Brown University 2018, https://watson.brown.edu/costsofwar/files/cow/imce/papers/2018 /Crawford_Costs%20of%20War%20Estimates%20Through %20FY2019.pdf, abgerufen am 02.01.2020.

Crile, George, Der Krieg des Charlie Wilson, Wolfenbüttel 2008.

Dam, Bette, A Man and a Motorcycle. How Hamid Karzai came to power, Utrecht 2014.

Davidson, Christopher, After the Sheikhs. The Coming Collapse of the Gulf monarchies, London 2012.

Ehlert, Stefan, «Gott allein weiß, was wir durchgemacht haben», in: Deutsch-landfunk, 27. November 2017, https://www.deutschlandfunk.de/sklaven-handel-in-libyen-gott-allein-weiss-was-wir.1773.de.html?dram:article_id=401628, abgerufen am 22.11.2019.

El-Baradei, Mohamed, The Age of Deception. Nuclear Diplomacy in Treacherous Times, New York 2011.

Erler, Brigitte, Tödliche Hilfe. Bericht von meiner letzten Dienstreise in Sachen Entwicklungshilfe, Köln 2003.

Feiner, Sabine, Weltordnung durch US-Leadership? Die Konzeption Zbigniew K. Brzezińskis,Wiesbaden 2000.

Fischer, Joschka, Rede von Bundesaußenminister Joschka Fischer zur Eröffnung der Afghanistan-Konferenz der Vereinten Nationen, Bonn, 27. November 2001, http://archiv.bundesregierung.de/bpaexport/rede/29/63629/multi.htm, abgerufen am 09.08.2011.

Fischer, Joschka, Afghanistan im Prozess politischer Neuordnung: Bilanz und Perspektive. Rede des Bundesministers des Auswärtigen, Joschka Fischer, auf der Afghanistan-Konferenz, Berlin, 31. März 2004, https://www.bundesregierung.de/breg-de/service/bulletin/rede-des-bundesministers-des-auswaertigen-joschka-fischer--792788, abgerufen am 08.06.2020.

GAO, U.S.-SAUDI NUCLEAR COOPERATION, United States Government Accountability Office, April 2020, https://www.gao.gov/assets/710/705701.pdf, abgerufen am 20.06.2020.

Ghani, Ashraf/Clare Lockhart, Fixing Failed States. A framework for Rebuilding a Fractured World, Oxford/New York 2008.

Graham, Robert, Iran. Die Illusion der Macht, Frankfurt am Main/Berlin/Wien 1979.

Grawert, Elke, Rückkehr afghanischer Flüchtlinge aus Iran, Bundeszentrale für Politische Bildung, 16.10.2018, https://www.bpb.de/gesellschaft/migration/laenderprofile/277617/rueckkehr-afghanischer-fluechtlinge, abgerufen am 26.12.2019.

Grevemeyer, Jan-Heeren, Afganistan. Das «Neue Modell einer Revolution» und der dörfliche Widerstand, in: Kurt Greusing/ders. (Hrsg.), Revolution in Iran und Afghanistan, Frankfurt am Main 1980, S. 140–177.

Hagmann, Jannis, Mossul im Schatten Aleppos, in: die tageszeitung, 27. März 2017, https://taz.de/Kampf-gegen-den-IS-im-Irak/!5392396/, abgerufen am 02.01.2020.

Human Rights Watch, Iraq. State Appears Complicit in Massacre of Protesters. US, UK, Iran, and Others Should Withhold Military Aid, Human Rights Watch, 16. Dezember 2019, https://www.hrw.org/news/2019/12/16/iraq-state-appears-complicit-massacre-protesters, abgerufen am 16.12.2019.

Ilo, Udo Jude/Ier Jonathan-Ichaver/Yemi Adamolekun, The Deadliest Conflict You've Never Heard of. Nigeria's Cattle Herders and Farmers Wage a Resource War, in: Foreign Affairs, 23. Januar 2019, https://www.

foreignaffairs.com/articles/nigeria/2019-01-23/deadliest-conflict-youve-never-heard, abgerufen am 28.01.2019.

International Food Policy Research Institute (IFPRI), 2019 Annual Report, Washington, D.C. 2020, https://ebrary.ifpri.org/digital/collection/p15738coll2/id/133703, abgerufen am 22.06.2020.

Kazim, Hasnain, Betrüger flogen Millionen in Servierwagen aus, in: Der Spiegel, 28. November 2012, https://www.spiegel.de/wirtschaft/unterneh men/afghanistan-kabul-bank-betrueger-schafften-viele-millionen-ins-ausland-a-869833.html, abgerufen am 20.10.2019.

Kirkup, James, Afghanistan conflict could last 40 years, in: Telegraph, 8. August 2009, https://www.telegraph.co.uk/news/worldnews/asia/afgh anistan/5990684/Afghanistan-conflict-could-last-40-years-says-new-head-of-British-Army.html, abgerufen am 07.12.2019.

Kostiner, Joseph/Philip S. Khouriy (Hrsg), Tribes and state formation in the Middle East, Berkeley, CA 1990.

Lafontaine, Oskar, Dynamit in ein Pulverfass, in: Gruppe Wagenknecht – Blog, 4. Januar 2020, https://www.gruppe-wagenknecht.de/blog/dynamit-in-ein-pulverfass/, abgerufen am 11.01.2020.

Lamfalussy, Christophe/Jean-Pierre Martin, Molenbeek-sur-Djihad, Paris 2017.

Laqueur, Walter, Terrorismus. Die globale Herausforderung, Frankfurt am Main/Berlin 1987.

Lowcock, Mark, Briefing to the Security Council on the humanitarian situation in Yemen, New York, 17. Oktober 2019, United Nations Office for the Coordination of Humanitarian Affairs, https://reliefweb.int/sites/reliefweb.int/files/resources/20191017_USG_Statement%20to%20Security%20Council%20on%20Yemen_AsDelivered.pdf, abgerufen am 12.03.2020.

Lynch, Marc, Die neuen Kriege in der arabischen Welt. Wie aus Aufständen Anarchie wurde, Hamburg 2016.

Mantoo, Shabia, Interview mit Manuela Reimann Graf, in: Amnesty. Magazin der Menschenrechte, März 2019, https://www.amnesty.ch/de/ueber-amnesty/publikationen/magazin-amnesty/2019-1/jemen-fluechtlinge-vertriebene-interview-shabia-mantoo-unhcr, abgerufen am 17.06.2020.

Mettelsiefen, Marcel/Christoph Reuter, Kunduz, 4. September 2009. Eine Spurensuche, Berlin 2010.

Moyer, Jonathan D. u.a., Assessing the Impact of War on Development in Yemen, UNDP 2019, https://www.arabstates.undp.org/content/rbas/en/home/library/crisis-response0/assessing-the-impact-of-war-on-development-in-yemen-.html, abgerufen am 20.09.2019.

Norwegian Commission on Afghanistan, A Good Ally. Norway in Afghanis-

tan 2001–2014, Oslo 6. Juni 2016, https://www.regjeringen.no/en/doku
menter/nou-2016-8/id2503028/, abgerufen am 13.01.2020.

Nyabola, Nanjala, The End of Asylum. A Pillar of the Liberal Order Is Col-
lapsing – but Does Anyone Care?, in: Foreign Affairs, 10. Oktober 2019,
https://www.foreignaffairs.com/articles/2019-10-10/end-asylum, abgerufen am 06.11.2019.

Obama, Barack, Interview, in: Vice News, 16. März 2015, https://www.
youtube.com/watch?v=2a01Rg2g2Z8, abgerufen am 05.01.2020.

Obama, Barack, Interview mit Chris Wallace, Fox News, CGTN America,
11. April 2016, https://www.youtube.com/watch?v=M5qFu3_Jvbk, abgerufen am 28.02.2016.

Obama, Barack, Remarks by the President on the Middle East and North Africa,
The Whtite House, 19. Mai 2011, https://obamawhitehouse.archives.
gov/the-press-office/2011/05/19/remarks-president-middle-east-and-
north-africa, abgerufen am 28.11.2019.

Obama, Barack, Remarks by the President at the United States Military Academy Commencement Ceremony, West Point, New York, 28. Mai 2014,
https://obamawhitehouse.archives.gov/the-press-office/2014/05/28/
remarks-president-united-states-military-academy-commencement-
ceremony, abgerufen am 28.11.2019.

Obama, Barack, Remarks by the President at Cairo on a New Beginning, The
White House, 4. April 2009, https://obamawhitehouse.archives.gov/the-
press-office/remarks-president-cairo-university-6-04-09, abgerufen am
20.01.2020.

Rashid, Ahmed, Sturz ins Chaos. Afghanistan, Pakistan und die Rückkehr
der Taliban, Düsseldorf 2010.

Rashid, Ahmed, Taliban. Afghanistans Gotteskämpfer und der neue Krieg
am Hindukusch, Bonn 2010.

Reuter, Christoph, Die Schwarze Macht – Der «Islamische Staat» und die
Strategen des Terrors, München 2015.

Rose, Jürgen, Heldentod am Hindukusch. Die Bundeswehr im Kriegseinsatz in Afghanistan, in: Johannes M. Becker/Herbert Wulf (Hrsg.),
Afghanistan: Ein Krieg in der Sackgasse, Berlin 2010, S. 79–99.

Senat der Italienischen Republik, Gesetzesentwurf, Ratifizierung und Ausfertigung des Vertrages zwischen der Italienischen Republik und der
Sozialistisch Libysch-Arabischen Volks-Dschamahirija über Freundschaft, Partnerschaft und Zusammenarbeit, Bengasi, 30. August 2008,
Parlamentarische Mitschriften, XVI. Legislaturperiode, Nr. 1333, http://
www.proasyl.de/fileadmin/proasyl/fm_redakteure/Newsletter_An
haenge/155/Vertrag_Italien_Libyen.pdf, abgerufen am 20.12.2019.

Semple, Michael, Reconciliation in Afghanistan, Washington, D.C. 2009.

SIPRI, USA and France dramatically increase major arms exports; Saudi Arabia is largest arms importer, Stockholm, SIPRI, 9. März 2020, https://www.sipri.org/media/press-release/2020/usa-and-france-dra matically-increase-major-arms-exports-saudi-arabia-largest-arms-importer-says, abgerufen am 15.03.2020.

Sons, Sebastian, Auf Sand gebaut. Saudi-Arabien – Ein problematischer Verbündeter, Berlin 2016.

Sydow, Christoph, Saudi-Arabiens strahlende Zukunft, in: Der Spiegel, 14. April 2019, https://www.spiegel.de/politik/ausland/saudi-arabien-riads-atomprogramm-strahlende-zukunft-fuer-mohammed-bin-salman-a-1262661.html, abgerufen am 18.10.2019.

Tilgner, Ulrich, Der inszenierte Krieg, Berlin 2003.

Tilgner, Ulrich, Plädoyer für Neutralität, in: Martin Meyer (Hrsg.), Zukunft Europas, Zürich 2012, S. 33–53.

Tilgner, Ulrich (Hrsg.), Umbruch im Iran. Augenzeugenberichte, Analysen, Dokumente, Reinbek 1979.

Transparency International, Corruption Perceptions Index 2019, https://www.transparency.org/cpi2019#results, abgerufen am 02.01.2020.

Trump, Donald, Remarks by President Trump at a Signing Ceremony for H. R. 5515, «John S. McCain National Defense Authorization Act for Fiscal Year 2019», Washington, White House, 13. August 2018, https://www.whitehouse.gov/briefings-statements/remarks-president-trump-signing-ceremony-h-r-5515-john-s-mccain-national-defense-authoriza tion-act-fiscal-year-2019/, abgerufen am 30.11.2019.

Trump, Donald, Remarks by President Trump on the Strategy in Afghanistan and South Asia, Washington, White House, 21. August 2017, https://www.whitehouse.gov/briefings-statements/remarks-president-trump-strategy-afghanistan-south-asia/, abgerufen am 18.10.2017.

Trump, Donald, President Trump Delivers Remarks at the Arab Islamic American Summit, Washington, White House, 21. Mai 2017, https://www.white house.gov/articles/president-trump-delivers-remarks-arab-islamic-american-summit/, abgerufen am 17.10.2017.

Trump, Donald, President Trump's Speech to the Arab Islamic American Summit, Washington, White House, 21. Mai 2017, https://www.white house.gov/briefings-statements/president-trumps-speech-arab-islamic-american-summit/, abgerufen am 18.10.2017.

UNAMA, Annual Report 2019. Kabul, United Nations Assistance Mission in Afghanistan, Februar 2020, https://unama.unmissions.org/sites/default/files/afghanistan_protection_of_civilians_annual_report_2019_-_22_february.pdf, abgerufen am 25.02.2020.

UNData, Total population, both sexes combined (thousands), New

York, Vereinte Nationen 2019, http://data.un.org/Data.aspx?q=world +population&d=PopDiv&f=variableID%3a12%3bcrID%3a4%3bti meID%3a181&c=2,4,6,7&s=_crEngNameOrderBy:asc,_timeEngNa meOrderBy:desc,_varEngNameOrderBy:asc&v=1, abgerufen am 10.01. 2020.

UNODC, World Drug Report 2019, Wien 2019, https://wdr.unodc.org/wdr 2019/prelaunch/WDR19_Booklet_2_DRUG_DEMAND.pdf, abgerufen am 28.12.2019.

United Nations Population Division, Probalistic Population Projections based on the World Population Prospects, New York, UN Department of Economic and Social Affairs, Population Division 2019, https://population.un.org/wpp/Download/Probabilistic/Population/, abgerufen am 24.04.2020.

Urmersbach, Bruno, Iran: Wachstum des realen Bruttoinlandsprodukts (BIP) von 1980 bis 2019 und Prognosen bis 2021, https://de.statista.com/statistik/daten/studie/259309/umfrage/wachstum-des-brutto-inlandsprodukts-bip-im-iran/#professional, abgerufen am 16.05.2020.

Voigts, Hanning, Entkorkte Flaschenpost. Herbert Marcuse, Theodor W. Adorno und der Streit um die Neue Linke, Münster 2009.

Wallach, Janet, Königin der Wüste. Das außergewöhnliche Leben der Gertrude Bell, München 1999.

Wenger, Karin A., Wie Italien mit einem Vertrag aus Berlusconis und Ghadhafis Zeiten Migranten fernhalten will, in: Neue Zürcher Zeitung, 10. Juli 2018, https://www.nzz.ch/international/italien-und-libyen-wollen-freundschaftspakt-reaktivieren-ld.1401973, abgerufen am 15.07. 2018.

Whitlock, Craig, At War with the Truth, in: The Washington Post, 09.12.2019, https://www.washingtonpost.com/graphics/2019/investigations/afgha nistan-papers/afghanistan-war-confidential-documents/, abgerufen am 20.12.2019.

Whitlock, Craig/Leslie Shapiro/Armand Emamdjomeh, A Secret History of the War, The Washington Post, 09.12.2019, https://www.washington-post.com/graphics/2019/investigations/afghanistan-papers/documents-database/, abgerufen am 21.12.2019.

Personen- und Sachregister

Dank

Der größte Dank gebührt meiner Ehefrau, Elisabeth Stimming. Sie hat mir mit ihren jahrelangen Internetrecherchen meinen politischen Horizont enorm erweitert. Den Beginn machte unsere Diskussion über den Finanzsektor. Als sie mir erklärte, dass die Summe der in diesem Bereich zirkulierenden Geldmenge um ein Mehrfaches schneller wachse als die in der Produktion gebundenen Werte, begannen mich allgemeine Entwicklungen neu zu interessieren. Unsere Gespräche über die Veränderungen der Medien verstärkten meinen Willen, umzudenken. Dass Elisabeth während der Entstehung dieses Buches sechs Monate ohne stundenlange Debatten ertragen musste, tut mir weh. Ich hoffe, dass es gelingt, die durch den Ausfall entstandene Lücke wieder auszufüllen.

Edgar Hagen hat mich in den vergangenen Jahren während jeweils mehrtägigen Sitzungen zum bewussten Umgang mit meiner journalistischen Vergangenheit bewegt. Sein Ziel, einen Film über mein Berufsleben und die Entwicklung meiner Weltsicht zu machen, hat meine Selbstreflexion vorangetrieben. Die Treffen haben zu einer ernüchterten Einschätzung journalistischer Wirkungsmöglichkeiten geführt und waren Anlass, Erlebtes neu zu bewerten. Elisabeth und Edgar haben mich darin bestärkt, dass es wichtig ist, radikale Kritik nicht nur in Gedanken zu üben, sondern sie auch zu äußern, insofern haben beide die Zeit nach dem Ende meines Berufslebens in hohem Maß beeinflusst.

Angestoßen wurde das Nachdenken über die Wirkungsmöglichkeiten von einzelnen Journalisten auf einem Flug von Teheran nach Hamburg. Mir wurde klar, dass Einzelkämpfer das

Gesamtbild nicht beeinflussen können. Mir unbekannte ältere Damen machten mich, wahrscheinlich war es im Jahr 2002, für ihre falschen Vorstellungen von Iran verantwortlich. Sie seien mit einem durch deutsche Medien verbreiteten Bild nach Iran gereist, für das ich die Hauptverantwortung trage. Im Land selbst seien sie in den Tagen zuvor einer völlig anderen Wirklichkeit begegnet. Ich musste schlucken, da ich mit dem Selbstverständnis arbeitete, ein wirklichkeitsgetreues Iran-Bild zu vermitteln, das sich von dem unterschied, das in den meisten Medien verbreitet wurde. Diesen Damen möchte ich ausdrücklich für die damaligen Bemerkungen danken.

Dank gebührt auch Isolda Mac Liam und Sebastian Wilde für ihre Arbeit an diesem Text.

Danken möchte ich auch meiner Tochter Mona und meinem Sohn Mani, weil sie mich gelehrt haben, mit aufrechtem Gang die Alltagsprobleme zu meistern. Zudem konnte ich durch Monas Anleitungen meinen Computer effektiver beim Schreiben des Textes nutzen.

Schließlich gilt mein Dank auch dem Rowohlt Berlin Verlag und dessen Sachbuchleiter Ulrich Wank, der es gewagt hat, dieses Buch in sein Programm zu nehmen. Damit hat er meine Motivation gestärkt, die eigenen Erfahrungen zu systematisieren und die in den Gesprächen mit Elisabeth und Edgar entwickelten Gedanken auszuformulieren und konsequent zu Ende zu denken.